U0535024

贵州财经大学学术专著出版基金资助项目

国家社会科学基金项目

# 我国证券市场公平课税与效率课税问题研究

杨志银 著

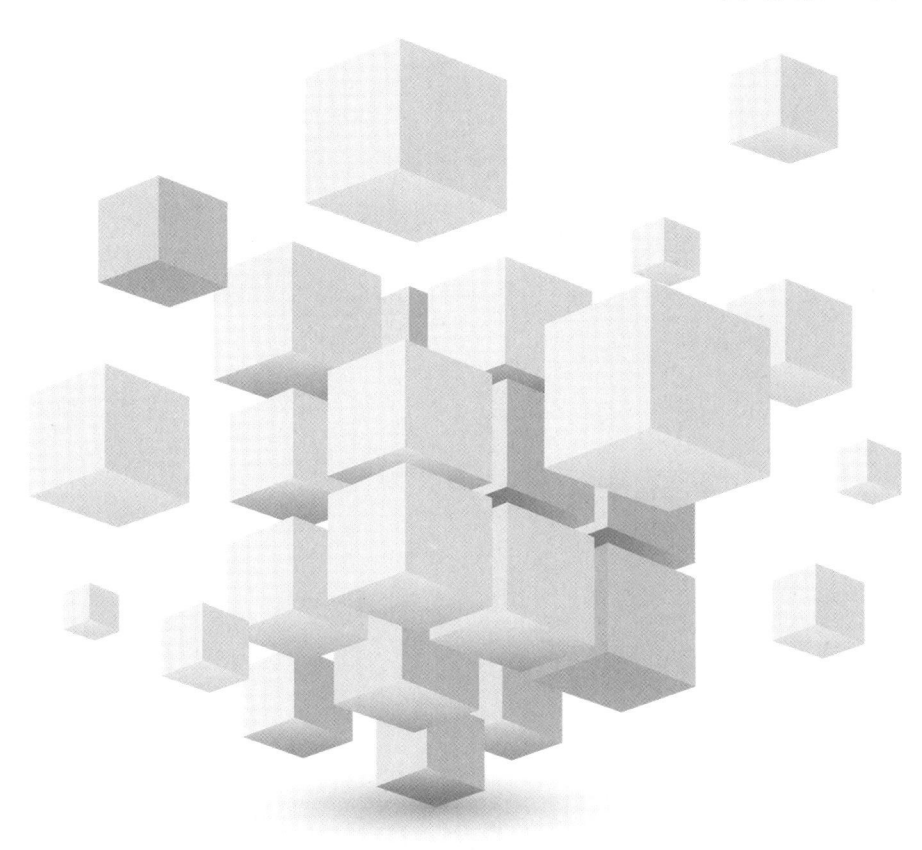

中国社会科学出版社

# 图书在版编目(CIP)数据

我国证券市场公平课税与效率课税问题研究/杨志银著. —北京：中国社会科学出版社，2021.4
ISBN 978-7-5203-7264-0

Ⅰ.①我… Ⅱ.①杨… Ⅲ.①证券市场—课税—研究—中国 Ⅳ.①F812.42

中国版本图书馆 CIP 数据核字(2020)第 180230 号

| | | |
|---|---|---|
| 出 版 人 | 赵剑英 | |
| 责任编辑 | 车文娇 | |
| 责任校对 | 周晓东 | |
| 责任印制 | 王　超 | |
| 出　版 | 中国社会科学出版社 | |
| 社　址 | 北京鼓楼西大街甲 158 号 | |
| 邮　编 | 100720 | |
| 网　址 | http://www.csspw.cn | |
| 发行部 | 010-84083685 | |
| 门市部 | 010-84029450 | |
| 经　销 | 新华书店及其他书店 | |
| 印　刷 | 北京明恒达印务有限公司 | |
| 装　订 | 廊坊市广阳区广增装订厂 | |
| 版　次 | 2021 年 4 月第 1 版 | |
| 印　次 | 2021 年 4 月第 1 次印刷 | |
| 开　本 | 710×1000　1/16 | |
| 印　张 | 20.25 | |
| 插　页 | 2 | |
| 字　数 | 302 千字 | |
| 定　价 | 118.00 元 | |

凡购买中国社会科学出版社图书，如有质量问题请与本社营销中心联系调换
电话：010-84083683
**版权所有　侵权必究**

# 摘　　要

　　党的十九大报告明确提出，要健全金融监管体系，守住不发生系统性金融风险的底线。如何保证不发生系统性金融风险，不仅是一个重大的理论问题，而且也是一个极端重要的现实问题。税收作为国家调控证券市场的重要政策工具，对促进证券市场平稳、有序、健康发展具有举足轻重的作用。虽然关于证券市场课税的研究取得了较大的成就，但是在管理层不断强调通过完善税收制度促进市场稳定健康发展的前提下，针对当前证券市场所普遍存在的市场问题，在确立税收治理的税收调控思路的基础上，税收制度该如何优化布局，如何实现课税制度公平性及其所带来的市场有效调节，在维持税收中性原则的基础上促进市场稳定健康发展等市场问题，并没有相关成果从市场交投的视角予以系统性回答，国内关于证券课税制度的优化研究大部分是基于国际比较和借鉴，较少基于我国证券市场交投实际，详细阐述具体课税制度所存在的问题及其优化设计。结合中国证券市场实际交投情况，特别是上市公司以及市场投资者的交投行为和交投心理预期等实际情况，从不同的方面研究证券市场课税制度问题具有重要的学术价值和现实意义。本书力求从市场交投的视角为证券管理层利用税收手段调节市场提供参考借鉴价值，也为证券市场课税问题的研究拓展市场视角的分析。

　　本书在大量文献解读的基础上，通过对证券市场交投课税理论的一般分析与梳理，结合前人研究，根据我国证券市场的实际交投情况，采用规范分析方法、数理模型与实证研究相结合等研究方法，从市场和社会两个视角探讨对证券市场课税的影响。针对当前我国证券市场发展所面临的上市公司粉饰业绩、包装上市导致的市场质量问题，价值发现与资源配置问题，现金分红比例低和主动分红意愿低以及短期投机交投氛围浓重等问题，本书从保护中小投资者的利益和市场稳定的视角就一级市场和二级市场课税制度设置的公平性与课税制度设置所带来的效率课税问题进行了较详细的分析。本书发现我国当前注重交易行为而忽视所得课税调控的课税制度，使得投资者注重短期投机交易而忽视中长期价值投资，不利于市场的稳定健康发展，是造成市场异常波动的制度性因素之一。本书认为，通过合理的课税制度设置，可以在保护中小投资者利益的同时，合理引导中长期价值投资行为，从而促进市场平稳、有序、健康发展。

第一，通过比较研究发现，利用税收调节证券市场交投行为是世界各国的普遍做法。税收调节手段具有稳定性、间接性、政策导向和监督功能以及获取财政收入的比较调节优势。证券市场课税具有课税作用的强烈性和灵敏性、税基的虚拟性等特殊性，通过心理预期机制和信息机制等作用机理和传导机制影响市场交投行为，对市场价格等产生影响，进而对居民消费、经济增长等产生影响。

第二，从多角度对现有课税制度的分析发现，我国证券市场课税存在一级市场课税税种缺失，一级市场与二级市场各自的不同投资主体之间、不同证券产品之间差别化交投课税，二级市场不同交易环节的课税不合理、缺乏对价值投资的引导、忽略不同层次市场之间联动等问题。从结合市场交投实际情况的课税制度设置的分析中发现，我国证券市场课税注重印花税等行为税的调节，所得税的调节并不明显，这使得市场投资者注重频繁交易，加大了市场的波动性，而缺乏所得税对市场课税制度的公平性和对市场价值投资的引导作用。

第三，结合我国当前证券市场运行所存在的诸多市场问题，本书提出了进一步优化证券市场课税制度的设想。针对一级市场课税设置差异问题，本书主张进行费改税，在发行环节征收证券发行登记税，在认购环节征收印花税，以平衡不同产品发行融资的税收制度公平性问题以及不同主体交投所带来的税收差异性问题；针对一级市场课税制度存在的市场问题，本书提出了将发行溢价收入与上市后业绩承诺挂钩的课税设想。针对二级市场课税存在的制度性问题，以及上市公司主动性回报率低特别是主动性现金分红比例低等课税制度设置带来的市场问题，本书主张取消现行的证券交易印花税，确立以所得课税为主的课税制度，取消现有交易的税收优惠制度，允许投资者的投资亏损税前扣除，以税种结构和税率结构的合理搭配，引导市场中长期持股价值投资，避免短炒等频繁投机交易行为所带来的市场暴涨暴跌、融资与分配不相匹配等市场整体治理问题，增强市场对上市公司的价值发现功能，从而促进资源的优化配置。

全书共分八章，第一章主要从选题背景、国内外研究文献评述、研究的意义、研究的思路和方法对项目进行介绍，进而阐述项目可能的创新之处。第二章主要是从政府角色定位到课税要求视角阐述证券市场课税的相关理论，这是全书理论分析逻辑的起点，也是后面章节内容的理论基石。第三章从宏观与微观两个方面，阐述证券市场课税对市场产生的直接效应和间接效应，主要探讨证券课税带来的市场和社会的影响。第四章从保护中小投资者利益的视角，阐述我国证券一级市场公平课税与效率课税问题。第五章从市场稳定视角，分析我国证券二级市场公平课税问题。第六章从中小投资者利益保护视角分析我国证券二级市场效率课税问题。第七章主要阐述我国证券市场国际化进程中的税权保护问题。第八章在总结前述章节的基础上，阐述我国证券市场公平课税与效率课税的制度选择问题。

第一章，绪论。本章内容主要包括选题背景、研究文献综述、研究述评和研究意义、内容框架、研究思路和研究方法以及研究创新之处。

第二章，是证券市场课税的相关理论——从政府角色到课税要求。证券市场课税首先要回答政府应该做什么、政府需要一个什么样的资本市场、为什么需要税收政策、与其他监管措施比税收政策的优势在哪里等基础性问题，更为重要的是界定好政府应该在资本市场中扮演的角色，以及如何利用税收手段优化和完善政府的角色定位。本章首先阐述政府在证券市场运行中的角色定位与职责范围,进而阐述证券市场税收调控的比较优势。其次,阐述政府介入证券市场的基础理论、课税对市场的传导机制和作用机理以及证券市场课税的特殊性。最后,结合最适课税理论体系,阐述最适课税理论在证券市场中的运用。

第三章,是证券市场课税的经济效应。本章主要阐述证券市场课税的直接效应和间接效应,从市场价格、市场规模、市场结构以及市场效率等方面,采用规范分析方法阐述证券市场课税的微观直接效应,从社会资源配置、居民消费、实体经济结构和经济增长等方面,采用规范和数理模型构建相结合的分析方法,阐述证券市场课税的宏观间接效应。本章采用了不变相对风险厌恶效用函数分析证券市场课税对居民消费的静态效应和跨期消费效应,通过 AK 模型的选择分析证券市场课税对社会经济增长的间接效应。

第四章,研究了我国证券一级市场公平课税与效率课税问题。本章主要采用规范分析的方法,结合当前证券一级市场所普遍存在的问题,从保护中小投资者利益的视角,从课税设置以及我国现行证券课税在不同投资主体、不同产品之间存在的公平课税与效率课税问题出发,提出借鉴国际主要证券发行市场课税制度,通过合理的课税制度设计,优化我国证券一级市场课税思路,构筑将上市公司溢价发行收入与上市后经营业绩承诺挂钩的课税设想,防止"病从口入",从源头上杜绝当前一级市场所普遍存在的包装、粉饰业绩、从高定价等不规范的投机炒作行为,从源头上保护中小投资者利益。

第五章,是我国证券二级市场公平课税问题研究。现代公平观包括起点公平、规则公平和结果公平三个层次的内容。证券二级市场公平课税问题,首先是强调规则公平,其次才是结果公平。本章主要结合我国当前证券市场课税制度,结合证券二级市场运行的实际交投行为,包括交投能力和交投频率等,分析我国不同投资主体、不同交易环节、不同层次市场之间的公平课税问题;阐述交投频率、盈利能力以及投资规模等对机构投资者与个人投资者之间实际税负的影响问题;阐述我国证券市场交易、持有、转让、分配和遗赠环节税收布局所带来的公平课税问题,以及主板、中小板与新三板之间,A 股与 B 股之间，股票市场与期货市场之间，股票与基金和债券之间等不同层次市场之间的公平课税问题。

第六章，是我国证券二级市场效率课税问题研究。本章主要针对我国当前证券二级市场所普遍存在的投机炒作、现金分红比例低、课税对市场整体治理和促使市场价值发现等交投行为问题，从中小投资者利益保护视角，结合我国证券市场课税制度，与国际上主要证券市场交投行为课税制度进行比较，从不同投资主体、不同交易环节和不同层次市场视角，阐述我国证券二级市场存在的效率课税问题。本章指出，我国当前证券市场课税制度不仅存在税收调控思路问题，在具体课税政策上还存在印花税双重性、所得税重复征税以及税率结构选择等制度设计问题。

第七章，是我国证券市场国际化进程中课税问题研究。本章主要针对当前我国存在的对外国投资者的诸多税收优惠政策所带来的税收低洼问题，结合市场交投行为，分析我国证券市场"引进来"和"走出去"双向进程中的税权保护问题。本章借鉴国际上主要证券市场的经验和做法，建议通过完善现有课税制度，从税收模式选择、税种设置以及税率结构选择等方面进行优化设计，增强对我国证券市场国际化进程中的税权保护。

第八章，分析了我国证券市场公平课税与效率课税的制度选择。证券市场课税不仅需要公平，更为重要的是效率，需要坚持效率优先，兼顾公平。税收是国家重要的宏观调控手段，利用税收调节证券市场是世界各国普遍的做法。我国多层次资本市场建设，必然带来多层次证券市场的发展，也就必然要求多层次的课税制度与之相适应。本章主要是基于公平原则与效率原则以及鼓励价值投资、抑制投机的选择原则，阐述优化证券市场课税的思路，从现有证券课税制度出发，分析优化我国证券市场公平课税与效率课税的制度选择问题。秉承税收治理而不是税收养市的调控思路，本章从税种设置、税率结构选择、计税方法、不同交易环节的税收布局等方面阐述了公平课税与效率课税的具体制度选择问题。

在借鉴前人已有的研究成果的基础上，本书主要进行了以下几个方面的创新探索。

（1）研究视角的创新。本书进行了税收学、金融学和制度学的交叉研究。关于证券市场课税的研究，主要体现为对国外课税制度的比较借鉴和对课税主要是印花税的调整对市场运行产生的效应分析。综观国内外的研究成果，虽然存在以印花税调整的效应为对象的研究，但是比较狭窄，过于片面，缺乏系统性的数理分析推导后的市场数据计量印证分析。现有的关于证券市场课税制度优化的研究，虽然成果比较多，但结合中国证券市场实际交投、监管以及市场运行方式情况，特别是上市公司以及市场投资者的交投行为和交投心理等实际情况，将税收作为市场治理手段，结合市场不同交易环节、不同投资主体以及不同层次市场分析现行市场课税制度存在的公平课税与效率课税问题的系统性研究却鲜见。从已有的研究成果来看，本书在研究视角上具有一定的特色和创新之处。

（2）研究内容的创新。本书结合市场从实际交投行为的课税视角进行了制度性分析，还结合市场建设目标和市场运行实际存在的问题，提出了具体的解决思路。这主要体现在以下几个方面：一是提出将上市公司融资收入课税与上市后经营业绩挂钩的思路，解决一级市场与二级市场之间的税收差别，缓解当前我国证券市场发行拥挤，避免上市公司粉饰财务报表上市后欺骗中小投资者的行为。二是探究我国证券市场"走出去"与"引进来"过程中的税权保护问题。综观国内研究成果，这两方面内容的提出属于本书的创新之一。三是在确立证券所得课税的基础上，允许个人投资亏损限额抵扣，提出了通过以持有时间和盈利规模等为依据的累退性课税方法引导市场价值投资，抑制短期投机行为的解决思路。

（3）研究观点的创新。通过研究，本书认为课税不仅不会影响证券市场的流动性，反而可以通过税制的合理设计，优化市场，有效地保护中小投资者利益和本国税权。合理的税收制度是促进证券市场稳定健康发展的重要举措，也有利于提高证券市场的竞争力，避免市场税收流失。通过合理优化税收制度，可以有效地避免损害中小投资者投资利益的市场行为，引导市场投资行为，培育和发展市场机构投资者，稳定市场发展。在经济全球化背景下，证券市场国际税收利益保护成为新兴发展国家不可忽视的问题，不仅需要合理培育国际投资者，而且需要在"走出去"与"引进来"双向进程中，合理保护本国税权。

**关键词**：证券市场；公平课税；效率课税；对策建议

# 目　录

第一章　绪论 ……………………………………………………（1）
　　第一节　选题背景 ………………………………………（1）
　　第二节　公平课税与效率课税的内涵 …………………（10）
　　第三节　研究文献述评 …………………………………（15）
　　第四节　研究述评与研究意义 …………………………（39）
　　第五节　研究框架、研究思路、研究方法和主要
　　　　　　创新之处 ………………………………………（41）

第二章　证券市场课税的相关理论
　　　　——从政府角色到课税要求 …………………………（50）
　　第一节　目标、角色与工具：证券市场税收调控优势 …（51）
　　第二节　证券市场课税的理论依据及特殊性 …………（60）
　　第三节　证券市场课税的作用机理与传导机制 ………（74）
　　第四节　证券市场的最适课税理论 ……………………（87）

第三章　证券市场课税的经济效应 ……………………………（94）
　　第一节　证券市场课税的直接效应 ……………………（94）
　　第二节　证券市场课税的间接效应 ……………………（112）

第四章　我国证券一级市场公平课税与效率课税问题 …………（130）
　　第一节　我国证券一级市场的公平课税问题 …………（131）

第二节　我国证券一级市场效率课税问题 …………………（140）
　第三节　主要国家和地区证券发行市场课税制度借鉴 ………（147）
　第四节　我国证券一级市场优化课税思路 ……………………（154）

**第五章　我国证券二级市场公平课税问题研究** ………………（159）
　第一节　不同投资主体之间的公平课税问题 …………………（160）
　第二节　不同交易环节的公平课税问题 ………………………（173）
　第三节　不同市场层次之间的公平课税问题 …………………（178）

**第六章　我国证券二级市场效率课税问题研究** ………………（190）
　第一节　我国证券二级市场效率课税主要存在的
　　　　　市场问题 ………………………………………………（191）
　第二节　西方发达国家证券二级市场课税效率分析 …………（207）
　第三节　我国证券二级市场效率课税的制度问题研究 ………（223）

**第七章　我国证券市场国际化进程中课税问题研究** …………（233）
　第一节　我国证券市场国际化进程中税权流失问题 …………（233）
　第二节　欧美日各国在证券市场"走出去"和"引进来"过程中
　　　　　税权保护借鉴问题 …………………………………（242）
　第三节　我国证券市场国际化进程中税收利益保护问题 ……（258）

**第八章　我国证券市场公平课税与效率课税的制度选择** ……（264）
　第一节　我国证券市场公平课税与效率课税制度选择的
　　　　　原则和目标 ……………………………………………（264）
　第二节　我国证券市场公平课税的制度选择 …………………（272）
　第三节　我国证券市场效率课税的制度选择 …………………（282）

**结语** ……………………………………………………………（291）
**参考文献** ………………………………………………………（293）

# 第一章 绪论

## 第一节 选题背景

### 一 我国证券市场发展的现实背景

改革开放以来，中国经济稳定发展，社会主义市场经济体制逐步建立并得到不断完善。国内生产总值的高速增长，带来社会资本需求量的不断扩大，也推动了资本市场在我国境内的萌生和发展。上海证券交易所和深圳证券交易所的成立，标志着新中国证券市场开始逐步发展。作为新兴的证券市场，发展壮大的速度快，而且取得了举世瞩目的成就（见表1-1）；不仅实现了中国证券市场从无到有、从小到大的发展历程，而且实现了区域性市场向全国性资本市场的转变。市场参与主体呈现多元化，上市公司行业布局全面，覆盖社会经济发展的各个行业，上海、深圳证券交易所的交易和结算网络实现全国覆盖。券商行业繁荣发展，投资理财观念不断深入社会各阶层。就股票市场而言，根据上海、深圳证券交易所网站统计数据显示，经过20多年的发展，截至2016年12月31日，沪深主板、中小板、创业板上市公司数量分别达到1660家、822家和570家，上市融资公司数量由最初的8家，上升到2016年的3052家；股票发展规模从最初不足10亿元的市值，跃升到2016年的507685亿元，相当于同期GDP的68.23%，中国成为全球第二大市值的股票市场。市场参与主体由2000年有统计以来的6123.24万户，上升到2015年的21477万户，2016年为11741万户。① 证券公司由1987年的第一家，发展到2016年的129家。② 就债券市场而言，2016年年末各类债券发行规模合计达36.1万亿元，比2015年增长54.2%③；债券种类由原来的国库债券的单一市场结构，演变为包括国债、企业债、衍生债券等在内的多品种市场结构。

表1-1　　　　　中国股票市场发展状况：2000—2016年

| 年份 | 上市公司家数（家） | 市场市值（亿元） | 市场市值相当于GDP的比重（%） | 投资者账户数（万户） | 日均成交金额（亿元） | 市值换手率（%） 上交所 | 市值换手率（%） 深交所 |
|---|---|---|---|---|---|---|---|
| 2000 | 1088 | 48090.94 | 47.96 | 6123.24 | 254.54 | 498.80 | 483.10 |
| 2001 | 1160 | 43522.20 | 39.26 | 6898.68 | 159.69 | 243.60 | 206.30 |
| 2002 | 1224 | 38329.13 | 31.49 | 6841.84 | 118.12 | 202.68 | 186.14 |
| 2003 | 1287 | 42457.71 | 30.90 | 6961.02 | 133.26 | 252.07 | 213.29 |
| 2004 | 1377 | 37055.57 | 22.90 | 7106.11 | 174.21 | 304.69 | 301.36 |
| 2005 | 1381 | 32430.28 | 17.31 | 7189.44 | 130.85 | 283.49 | 315.18 |
| 2006 | 1434 | 89403.89 | 40.74 | 7482.11 | 375.39 | 544.39 | 552.01 |
| 2007 | 1550 | 327140.89 | 121.06 | 9279.07 | 1903.13 | 817.72 | 818.67 |
| 2008 | 1625 | 121366.43 | 37.98 | 10449.69 | 1085.83 | 384.11 | 447.24 |
| 2009 | 1718 | 243939.12 | 69.88 | 12037.69 | 2196.67 | 523.12 | 747.76 |
| 2010 | 2063 | 265422.59 | 64.26 | 13391.04 | 2254.69 | 259.25 | 587.29 |
| 2011 | 2342 | 214758.10 | 43.89 | 14050.37 | 1728.05 | 163.75 | 353.48 |
| 2012 | 2494 | 230357.62 | 42.63 | 14045.91 | 1294.58 | 128.19 | 325.84 |
| 2013 | 2489 | 239077.19 | 40.16 | 13247.15 | 1969.44 | 169.22 | 423.79 |
| 2014 | 2613 | 372546.96 | 57.85 | 14214.69 | 3030.14 | 242.01 | 471.99 |
| 2015 | 2827 | 531462.70 | 77.13 | 21477.00 | 10475.20 | 489.63 | 826.28 |
| 2016 | 3052 | 507685.00 | 68.23 | 11741.00 | 5325.00 | 220.89 | 539.68 |

注：数据来源于中经网统计数据库，其中投资者账户数为有效账户数，数据来源于历年《中国证券期货统计年鉴》，日成交金额为沪深两市日成交金额之和。数据经四舍五入。

① 数据来源于中经网统计数据库。
② 数据来源于中国证券业协会网站（http://www.sac.net.cn/hysj/zqgsjysj/201701/t20170125_130277.html）。
③ 数据来源于中国人民银行《2016年金融市场运行情况》，2017年1月22日发布。

经过20多年的发展，我国证券市场规模得到了极大的发展，证券市场制度建设不断完善，以《证券法》为核心的统一市场监管制度建设逐步形成和完善。短短几十年，我国证券市场走完了成熟市场上百年的发展历程。我国证券市场发展的历程证明，资本市场的发展壮大，有力地推动了中国从计划经济向市场经济的转轨，促进国有企业改革转型与现代公司治理制度的建设，在为我国国民经济建设培养了大量企业家和证券金融人才的同时，也培养了人们的投资意识，开拓了市值创富的路径，有力促进了中国经济的国际化发展。

但是与中国经济未来发展所提出的目标要求相比，与境外成熟资本市场相比，甚至与处于类似经济发展阶段的其他新兴市场相比，中国证券市场在诸多方面仍存在差距。市场规模和结构、市场运行效率、上市公司与市场经营机构的管理水平、市场本身的国际竞争力以及配套制度的完善程度等方面，中国证券市场均面临挑战。正如市场投资者普遍反映的，我国证券市场相关配套制度建设不够完善，市场宏观调控措施不当使用，市场投资主体投资水平不够，缺乏价值投资，制度建设和市场调控缺乏前瞻性，短期调控行为比较常见，导致市场投资者预期不确定，使得我国证券市场在成立之后出现了一系列的剧烈波动。2004年股权分置改革，结束了长达4年的熊市，迎来了至今中国股票市场发展的顶峰时期，股指一度从最低点998.23点涨至6124.04点，短短三年时间，涨幅超越600%。然而自此之后，股票市场股价急转直下，2008年11月4日，沪市股指指数跌至1664.93点，一年时间股价市值蒸发73%。经过2009年8月前的缓慢反弹之后，又经历近7年的熊市。2014年8月开始的牛市，在2015年7月就偃旗息鼓，接着就是半年时间的极速暴跌。[①] 急涨急跌成为市场投资者对我国证券市场的普遍共识，中小投资者投资利益受到严重损害，投资者特别是中小投资者的投资信心严重下滑。证券市场的这种剧烈波动不利于市场的稳定发展，也是病症市场的一种体现。

---

① 数据主要是根据沪市股指指数运行统计以及东方财富网站市值统计变化而得。

## 二 我国证券市场税收调控的历程

证券市场的剧烈波动，特别是证券市场剧烈波动导致的融资功能下降，对我国现阶段经济结构的转型升级产生了不利影响，尤其是对国有企业改革、产业转型升级等产生极大的不利影响。如何通过制度建设和市场监管，避免市场的剧烈波动，保护中小投资者的合法权益，维护证券市场对社会闲置资本的"储水池"功能，特别是直接融资功能，增强证券市场对实体经济发展的支撑作用，已经引起社会和政府部门的关注。党的十八届三中全会报告明确提出健全多层次资本市场体系，推进股票发行注册制改革，多渠道推动股权融资，发展并规范债券市场，提高直接融资比重。《关于进一步加强资本市场中小投资者合法权益保护工作的意见》（国办发〔2013〕110号文件）指出，我国资本市场的主要参与主体是中小投资者，但是由于信息弱势，较弱的抗风险能力和弱势的自我保护能力，其合法权益容易受到侵害。文件提出将维护中小投资者合法权益作为证券期货监管的重中之重的工作，夯实我国资本市场持续健康发展的基础。《国务院关于进一步促进资本市场健康发展的若干意见》（国发〔2014〕17号文件）明确提出促进我国资本市场健康发展的指导思想，坚持市场化和法制化取向，维护公平、公正、公开的市场秩序，处理好市场与政府的关系，维护投资者特别是中小投资者合法权益；拓展市场广度和深度，扩大市场双向开放，促进直接融资与间接融资协调发展，提高直接融资比重。实施意见对提高上市公司质量、完善退市制度、规范发展债券市场以及扩大市场开放、营造资本市场良好发展环境等方面进行了详细的规定，明确指出要坚决保护投资者特别是中小投资者合法权益、完善资本市场税收政策。《关于2015年深化经济体制改革重点工作的意见》（国发〔2015〕26号文件）指出，围绕服务实体经济，推进金融体制改革，进一步扩大金融业对内对外开放，健全多层次资本市场，促进资源优化配置；开展股权众筹融资试点，推进信贷资产证券化，发展债券市场，提高直接融资比重。2015年9月22日国家主席习近平接受美国《华尔街日报》书面采访时指出，发展资本市场是中国的改革方向，明确表示，对于证券市场的发展，政府的主要职责是维护公开、公平、公正的市场秩序，保护投资者特别是中小投资者的合法权益，促进股市长期稳定发展，防止发生大面积恐慌。① 2015 年 10 月 18 日国家主席习近平接受路透社采访时表示，中国将沿着市场化、法治化方向稳步推进金融改革，培育公开透明和长期稳定健康发展的资本市场，完善风险管理，稳定市场预期，放宽民间资本进入金融领域的限制，更好支持实体经济发展。随后在 10 月 22 日对英国进行国事访问时再次强调，中国致力于发展资本市场。2015 年 11 月 10 日，习近平主持召开中央财经领导小组第十一次会议，会上提出，加快形成融资功能完备、基础制度扎实、市场监管有效、投资者权益得到充分保护的股票市场。2016 年 4 月 29 日，习近平主持召开中共中央政治局会议时强调，要保持股票市场健康发展，加强市场监管，保护投资者权益。② 李克强总理也在不同场合多次表示大力发展多层次资本市场，提高直接融资和股权融资的比例。2014 年 3 月 25 日国务院总理李克强主持召开国务院常务会议时明确表示，要依靠改革创新，坚持市场化和法治化方向，健全多层次资本市场体系。同时指出，健全多层次资本市场体系，有利于拓宽企业和居民投融资渠道、促进实体经济发展，对优化融资结构、提高直接融资比重、完善现代企业制度和公司治理结构、防范金融风险具有重要意义。还要健全法规制度，完善系统性风险监测预警和评估处置机制，从严查处虚假陈述、内幕交易、市场操纵等违法违规行为，坚决保护投资者特别是中小投资者的合法权益。2016 年 6 月 28 日夏季达沃斯论坛期间，李克强更是强调，中国要防止资本市场出现"井喷"和"断崖"式变化，培育公开透明长期稳定健康发展的资本市场。③ 从上述的内容中可以看出，证券市场发展已经成为我国经济发展的重要组成部分，已经获得高层领导和

---

① 来源于《习近平：发展资本市场是中国改革方向》，新华网（http：//news.xinhuanet.com/fortune/2015-09/23/c_128257366.htm）。
② 来源于中国证券时报网（http：//www.stcn.com）。
③ 同上。

管理部门的广泛关注,逐步纳入日常议事内容。同时也反映出,我国在提高证券市场的融资水平、注重证券市场融资功能时,更加注重维护公平、公正、透明的证券市场体系,注重对市场监管,保护中小投资者的合法权益。

我国在加强证券市场制度建设方面取得了长足发展,退市制度、信息披露制度、提高上市公司质量等制度不断得到完善,极大地保护了中小投资者的利益。在完善相关交易、转让、信息披露等制度的同时,要构建多层次的资本市场结构,必然要求公平、合理的税收制度与之相匹配。《国务院关于进一步促进资本市场健康发展的若干意见》(国发〔2014〕17号文件)明确提出,按照宏观调控政策和税制改革的总体方向,统筹研究有利于进一步促进资本市场健康发展的税收政策。从国际上主要证券市场的发展历程来看,公平、有效的课税制度,不仅有利于促进证券市场的稳定健康发展,而且可以利用资本逐利的本性,进行合理的税收布局,有效地保护投资者特别是中小投资者的利益,还可以充分发挥证券市场对社会闲置资本的集聚功能,从而为社会直接融资提供充实的资金来源。因此,合理的税收政策体系,不仅可以有效地避免证券市场的剧烈波动,规范市场主体行为,还有利于引导国民经济发展,更好发挥政府的宏观调控作用。

为应对证券市场的跌宕起伏的波动,我国政府也曾多次出台相应税收调控措施。2007年5月30日,为了应对沪深股指的快速上涨、降低市场炒作热度,打击证券市场投机炒作行为,将证券交易印花税税率由1‰上调到3‰;2008年4月24日,为应对不断下挫的市场趋势,将证券交易印花税税率由3‰下调到1‰;2008年9月19日,为进一步促进市场复苏,刺激市场人气,将证券交易印花税由买卖双边征收改为单边卖方征收。具体而言,我国证券交易印花税十次调整历程如下。

(1) 1990年6月28日,深交所首先开征股票交易印花税,由卖出股票者按成交金额的0.6%缴纳。

(2) 1990年11月23日,深交所对股票的买方也开征0.6%的印花税,买卖双边合计1.2%。有效期约为11个月。

（3）1991年10月，深交所将印花税税率调整到0.3‰。1991年10月10日，上交所对股票买方、卖方实行双向征收，税率为0.3‰，买卖双边合计0.6‰。本次调整的有效期最长，长达5年7个月。

（4）1997年5月针对当时证券市场过度投机的倾向，股票交易印花税税率由0.3‰提高到0.5‰，买卖双边合计1‰。有效期约为1年。

（5）1998年6月12日为了使证券市场持续稳定向前发展，经国务院批准，国家税务总局又将税率由0.5‰调低至0.4‰，买卖双边合计0.8‰。本次调整的有效期次长，约3年半时间。

（6）2001年11月16日起，财政部调整股票交易印花税税率，降为0.2‰，买卖双边合计0.4‰。本次调整的有效期第三长，约3年2个月。

（7）2005年1月，财政部又将证券交易印花税税率由2‰下调为1‰，买卖双边合计0.2‰。本次调整的有效期为第四长，约2年5个月。

（8）2007年5月30日起，调整证券（股票）交易印花税税率，由1‰调整为3‰，买卖双边合计0.6‰。有效期约为1年。

（9）2008年4月24日起证券（股票）交易印花税税率由3‰调整为1‰，买卖双边合计0.2‰。有效期仅为5个月。

（10）2008年9月19日起，对证券交易印花税政策进行调整，由双边征收改为单边征收，由出让方按1‰的税率缴纳股票交易印花税，受让方不再征收。[①]

## 三　提出问题

经济活动的宏观调控手段是多样化的，有经济手段、行政手段和法律手段。我国当前对证券市场的监管，更多体现的是行政手段。税收是国家宏观调控的重要经济手段，具有神圣不可侵犯的特点。对证券市场课税不仅需要公平课税，而且应有效率地课税。从我国证券市

---

① 来源于经济观察网（http：//home.eeo.com.cn）；《中国股票交易印花税调整探秘》，东方财富网博客。

场宏观调控的历程中可以看出，由于我国证券市场税制建设相对滞后等，单一比例税率的印花税调控措施的调控效果并不明显，股价剧烈波动并没有因此而得到抑制[1]，相反在一定程度上还加剧了市场的波动。民建在全国政协第十一届政治协商会议的提案《完善我国多层次资本市场税收政策》被确定为全国政协十一届一次会议"一号提案"，该提案认为当前中国资本市场税收政策还存在诸多不完善之处，随着资本市场的不断发展，迫切需要相关的配套税收政策。方案认为，资本市场的税收政策应以合理投资为导向，以倡导长期投资、抑制短期投机、保护中小投资者的利益、扶持中介机构健康发展为政策取向，建立起多层次、多环节、协调征管、体现公平的资本市场税制。[2] 同时，我国现有企业所得税与个人所得税税制结构造成股息红利所得的重复课税等税收问题，一直制约着证券市场的规范发展。随着我国证券市场规模的不断壮大，证券市场衍生产品的不断丰富和多样化，市场主体多元化，市场结构呈现多层次发展态势，证券规范课税已经逐步成为该学科科学研究关注的内容。如何利用公平课税和效率课税的手段保护中小投资者的利益，如何通过优化现有的税收制度，按照我国证券市场发展的实际情况，优化税收布局，强化证券市场税收征收的公平性和效率问题，形成市场稳定的预期，无论是对政府监管部门还是对市场的投资者，都是需要思考的问题。随着证券市场发展对实体经济发展支撑作用的增强，国内外学者也普遍关注这些问题。特别是在现阶段，在提高直接融资比例的要求下，如何利用公平课税和效率课税手段调节市场发行排队拥挤等现象，规范发行市场上市公司融资行为，从而提高上市公司质量，保护中小投资者的投资利益，避免上市公司通过粉饰上市信息损害中小投资者利益的行为，备受社会各

---

[1] 杨志银：《促进我国股票市场稳定健康发展的税收制度构想》，硕士学位论文，贵州财经学院，2011年。

[2] 《会场内外热议资本市场税收政策》，《上海证券报》2008年3月4日；杨扬：《政协"1号"提案直指资本市场税收  民建中央建议完善多层次资本市场税收政策》，《中国石油与石化》2008年第5期专稿；《丰富股市"税种"生态  抛弃税收"调控工具论"》，《21世纪经济报道》2008年3月4日。

界关注。

　　正如《完善我国多层次资本市场税收政策》提案所指出的，整体上我国资本市场的税收设计呈现临时性和片面孤立性，既不规范也不完整，随意性大，且存在课税面不足的问题，存在对发行环节、交易环节、转让环节和遗赠环节征税不足的问题，对债券市场和期货市场交投行为存在课税"缺陷"，对投资者特别是中小投资者不公平的交易制度环境凸显，不仅存在严重的重复课税、税负不均等问题，对股息红利征税而对二级市场买卖差价收入不征税的做法，也凸显了资本市场课税制度的不公平。提案中明确指出，多层次的资本市场发展，必然要求相应配套的税收制度与之相适应。提案提出主要从两个方面完善现有的资本市场课税制度：一是完善课税的技术层面，与我国多层次资本市场发展目标相适应，进行多层次和多环节的税制改革。建立覆盖整个资本市场运行过程以及全部证券投资品种的税收体系，并合理地贯穿于资本市场的发行、交易、收益及财产转让全部四个环节，制定以交易行为税和收益所得税为双主体的复合型税制。二是坚持体现公平的课税原则，即资本市场税收政策的各项功能要均衡发展，特别是宏观调控、收入分配调节功能要加强，公平性要得到更好的体现。[①] 本书以证券市场为研究对象，主要是基于中小投资者利益保护、发挥证券市场对社会闲置资本的集聚功能，进而促进融资与投资双向良性循环的视角，结合我国证券市场运行的实际情况，针对我国现有证券市场课税制度，试图探索我国证券市场的公平课税和效率课税的问题，探究如何利用税收政策规范证券市场投融资行为，以促进融资方和投资方之间供需一致，促进供需双方良性循环为主要研究目的，理顺我国证券市场税收征管，合理引导社会资本投资，从而促进社会资源优化配置，促进实体经济发展。

---

　　① 《丰富股市"税种"生态　抛弃税收"调控工具论"》，《21世纪经济报道》2008年3月4日。

## 第二节 公平课税与效率课税的内涵

### 一 公平课税

所谓公平,是一个比较的概念,不同的人、不同的事项,对公平的理解也是不同的,既包括绝对公平,也包括相对公平。公平可以理解为起点公平、规则或过程公平和结果公平。关于税收的公平,既存在横向公平,也存在纵向公平。无论何种类型的公平观,均来自比较的看法。我们认为,税收的公平问题,主要体现在课税过程的公平问题以及课税结果的公平。具体而言,税收的公平性问题一方面体现在课税制度制定过程带来的公平问题,另一方面体现在课税制度执行过程带来的公平问题。前者更多的是体现起点公平和规则公平,这主要是因为政策制定者由于各种政策目的以及对经济行为的不了解等,在课税制度设置过程中存在制度与市场的偏差。所谓公平课税,是指课税制度设置所带来的课税非差异性和平等性,更多体现为课税制度设置所带来的政策待遇。

公平课税与税收公平存在明显的区别和联系。公平课税强调课税制度设置的无差异性和对纳税主体的平等性,强调课税制度设置的完善程度,更多的是课税制度带来的税收起点公平和税收规则公平。而税收公平则侧重于强调课税制度设置完成后,征税主体实施课税制度所带来的结果公平,强调的是税收负担的公平性,体现为横向公平和纵向公平的传统税收公平观。公平课税侧重于制度设计层面的指导原则和依据,而税收公平侧重于课税效果评价标准。从理论和实际来看,无论是公平课税还是税收公平,二者均无统一的标准。但是,二者之间也存在一定的联系,只有实现了公平课税,才能更好地维持税收公平。如果课税制度缺乏公平性,在很大程度上会影响税收公平。即使是公平课税,也一样存在着横向公平与纵向公平的问题,也需要注重不同主体、不同层次和不同环节之间的税收公平问题,只是这种税收公平强调的是税收制度设置的公平而非税收制度实施的结果公平。

证券市场涉及交易主体、交易环节、市场层次的多元化问题，证券市场公平课税问题比较复杂，不仅需要注重课税制度带来的公平交易规则，注重课税制度对市场交易过程公平性的维护和调节，还需要注重课税制度设置对市场交投行为和交投所得的充分课税，更为重要的是，要注重课税制度设置对市场投机炒作行为形成的抑制作用，引导市场公平交易。注重市场的联动性，避免课税制度带来的课税不足、不充分问题引起税收流失，形成不同性质、不同交易环节和不同层次市场之间的税收制度的差异性，进而使得市场借助这种差异性进行投机炒作，缺乏价值投资。本书所探讨的证券市场公平课税问题，主要是试图从我国证券市场实际交投买卖行为现状出发，从不同投资主体之间、不同交易环节之间以及不同层次市场之间等方面，探讨课税制度设置在维护公平交易规则方面所存在的不足，以及课税制度设置所带来的课税不足、课税不充分等公平课税问题。

## 二　效率课税

所谓效率，可以通俗地理解为产出与投入之间的对比，也是一种比较的概念。这种效率的观点实际上还是基于结果的理解。在笔者看来，效率应该包括两个方面的内涵：一是单位投入所带来产出的最大化，这种产出可能是可以衡量的，也可能是不可衡量的；二是投入过程的有效问题，既包括投入规则的有效性，也包括投入方式的有效性。因此，我们认为效率不仅仅是结果的效率，还应该包括过程的效率。具体到课税领域来说，效率课税不仅包括课税产生的成效，即是否达到预期的课税调节目标，还包括课税制度的完善程度，即课税制度设置是否对课税对象进行了有效的征税，是否存在课税制度设置带来的课税不足、课税不充分以及课税不当等问题。效率课税强调政策制度制定层面的效率，侧重通过课税制度设置对课税对象的有效征税，避免由于课税不足带来的市场调节效果不显著，也侧重根据市场情况，合理利用课税制度设置，因势利导地引导市场发展，侧重课税制度设置对市场发展的引导作用。

效率课税与税收效率是存在明显区别和联系的。税收效率指征税的经济效率，强调征税成本的最小化，也指征税政策所带来的政策效应，与税收公平一样，更多的是强调课税效果评价的标准。而效率课税侧重制度设计所带来的有效征税和如何通过制度设计发挥税收调节作用，不仅包括课税制度设计是否完善、是否适应市场发展、是否通过课税制度的完善实现对课税对象的有效征税，强调过程和规则的有效性，还包括课税制度设置是否有效地发挥了对市场运行的有效调节作用，这仍然是一种规则有效性带来的结果有效性。但这种结果有效性并不是完全的经济效率，与完全的经济效率不一样，还包括利用课税制度的设置实现的管理效率和治理效率，包括对市场运行产生的不良影响的引导和治理效应。与公平课税一样，效率课税侧重于制度设计层面的指导原则和依据。但是，效率课税与税收效率也是存在联系的，没有能够实现效率课税的制度设置，税收效率就缺乏实现的根本，也就成为一种无源的概念。只有课税制度的设置趋向合理、不断完善，政府课税才会趋向于有效率。效率课税隐含着课税制度设置所带来的课税成本最小化问题，也包括了课税制度设置带来的结果效率问题，只是效率课税侧重于制度设置方面的效率性。

按照有效市场说理论，证券市场效率课税的内涵是课税制度的设置使得市场价格能够实现对市场信息的灵敏反应。然而市场不可能是完全信息对称的，不对称信息是证券市场所面临的现实问题。在我们看来，证券市场效率课税不仅需要通过课税制度的合理设置，实现不同交易环节、不同交易主体、不同层次市场之间的效率课税，考虑证券市场课税的特殊性，不能顾此失彼，实现有效征税问题，而且还需要通过课税制度的合理设置，利用课税制度的权威性，对不合理、不规范的市场行为进行整体治理，实现税收的治理效率，通过课税制度的合理设置，合理引导市场投资行为，抑制过度投机行为，在不影响市场流动性的前提下，通过税率水平和税率结构以及课税方式等的合理搭配，影响市场交投者的策略选择，引导市场价值投资，实现证券市场的价值发现功能和资源配置功能。本书所探讨的证券市场效率课税问题，主要是试图从我国证券市场实际交投的现状和确立税收治理而非税收养市的视角出发，从不同交易环节、不同层次市场、不同投资主体等方面阐述现有证券市场课税制度存在的课税不足、课税不当等制度设置所存在的效率课税问题，进而阐述我国证券市场"引进来"与"走出去"双向进程带来的课税制度设置的效率课税问题。

## 三 公平课税与效率课税的税制结构问题

公平课税与效率课税的税制结构问题，实质是关于什么是良好税制构成要素的问题。关于公平课税与效率课税的税制结构，学术界也众说纷纭，并没有统一的界定。20世纪50年代和60年代的公平课税论、70年代的最适课税论和90年代复兴的财政交换论对税制改革的设计和实施方案都产生了直接或间接的影响。公平课税理论最初起源于亨利·西蒙斯（Simons，1938）的研究成果，强调个人自由是基本价值观，然后才是公平，主张使政治干预经济生活最小化的制度和政策，认为政府有其重要作用，但必须提供的服务是私人部门不能有效提供的服务，并通过再分配产生更大的公平。而最适课税理论则强调课税过程中征纳主体之间的信息不对称，更为强调课税制度设置所带来的纵向公平。按照公平课税论，追求公平原则的效率成本是次要的问题；而按照最适课税论，公平目标和效率目标纳入一个福利函数中综合考虑，设计出最优的公平—效率组合的税制结构。由于最适课税论在一个标准下把公平目标和效率目标统一起来，故能分析累进性或纵向公平与激励或效率之间的取舍对税率结构设计的影响。

按照公平课税理论，理想的税制结构应该是宽税基、低税率，直接所得课税为主。因此，在笔者看来，公平课税的税制结构应该是以所得课税为主的税制结构，通过所得课税，利用税率结构和课税方式实现公平课税，同时可以考虑同最适课税理论的累进性税率结构搭配使用，维护课税制度的公平性。而效率课税的税制结构理应是以流转税和行为税为主的税制结构，但我们这里所谈论的效率课税的税制结构还包括所得直接课税中的税率结构和税种结构所带来的效率课税问题，主要是体现税率结构和税种结构选择对市场运行的引导和治理效率。

公平课税与效率课税是世界各国在课税制度设置过程中不可忽视的两个方面，二者既相互联系也相互矛盾。公平课税与效率课税素来就是课税制度设置过程中难以调和的问题。公平课税维护了课税制度的公平性，而效率课税则体现了课税对市场调节的有效性。公平课税有利于促进纳税主体的纳税遵从度，也就促进了效率课税，而效率课税，有利于促进市场稳定健康发展，从而在一定程度上体现了公平课税。二者是相辅相成的，如果课税制度不能很好地促进市场平稳有序健康发展，公平课税也就失去了根基。如果仅仅是因为公平课税而失去市场运行效率，则公平课税也就失去了其存在的意义。如果仅仅注重效率课税，忽略市场之间的公平课税，则课税会成为扰乱市场的助长器，而非稳定器。

证券市场公平课税与效率课税如何选择，实际上是一国选择什么样的课税制度以调节证券市场的问题，而这主要取决于一国证券市场发展的实际情况、政治基础、文化习惯和社会基础，关键是要适应市场发展，使市场平稳有序健康发展。就我国证券市场而言，如果能够通过课税制度设置实现公平课税，投资者在公平的税收环境中进行交易，维护不同交易主体之间、不同交易层次之间、不同交易环节之间的有效征税，则可以通过合理的税率结构和税种设置选择，影响投资者对未来收益预期的判断，进而影响投资者投资策略的选择，在维护公平课税的基础上，通过课税制度的合理设置，引导市场资源配置和价值发现功能，引导市场价值投资者，充分发挥税收对市场的管理治理效率，减少对市场的直接干预。因此，笔者主张在公平基础上的效率课税，通过降低甚至取消交易环节的税收，避免课税对市场流动性的影响，而通过税率结构和课税环节以及税种结构的合理布局，实现公平课税和效率课税。

## 第三节 研究文献述评

　　影响证券市场运行的因素是多方面的，不仅存在经济方面的因素，也存在法律方面的因素，还存在社会方面的因素。税收作为宏观调控的重要手段，增税或减税等市场信息直接影响着市场投资者的交投行为决策，进而影响证券市场的供给与需求。对证券市场课税，利用税收手段调控证券市场的运行，促进证券市场的稳定健康发展，一直是世界各国普遍的做法。各国结合自身资本市场特别是证券市场发展的实际情况，对资本市场的公平课税与效率课税进行了研究。欧美各国证券课税政策比较成熟，对股票、债券等证券产品的税收征免均有详细的研究，在证券发行环节征收印花税，在证券交易环节征收证券交易税，在转让环节征收资本利得税，在投资收益环节征收所得税，在证券财产转移环节征收遗产税和赠与税，还对证券机构征税[1]，体现课税的公平性和效率性，对规范证券市场秩序、引导社会资本投资起到了良好的调节作用，较好地激活了市场资本集聚功能并规范了市场投资行为。通过合理的税收布局，实现了证券市场等虚拟经济对实体经济发展的稳定支撑作用。但是，由于各国税制结构的不同，特别是各国证券市场运行所存在的不同特点和运行的不同阶段，现行各国证券市场税收制度在存在共同特点的同时，也存在适合自身国家证券市场运行的差异性特点，这种课税制度的差异性更多体现在税种结构方面。

　　国内外学者关于证券市场课税问题的研究，已经取得了大量的成果。随着我国证券市场的发展，国内学者对我国证券市场课税问题的研究也逐步增多，而且已经有诸多成果面世，这些研究成果为本书的研究奠定了良好的研究基础。

---

[1] 杨志银：《促进我国股票市场稳定健康发展的税收制度构想》，硕士学位论文，贵州财经学院，2011年。

## 一 关于证券市场税制的研究

根据税收基本理论，税收是国家宏观调控的重要手段，也是国家参与社会分配过程的总称，从税收征管过程来看，税收具有强制性、无偿性和固定性等特征。某种意义上，以国家征税为起点的税收运动过程，实际上是社会利益分配和调整的过程。在利益多元化的社会收入分配格局下，一定收入分配格局的形成，并不是某一利益主体单方面可以决定的，即使是具有强制性、无偿性的税收分配也是如此。同时，课税是纳税人经济收益的单方面、连续性的转移，而且是无偿性的，这使得纳税人总是把税收作为影响其获利和社会福利、效用最大化为主要目的的经济活动的重要影响因素。不同的税收制度和税收政策的实施，势必引起社会不同利益主体的行为反映。从比较抽象的视角来看，国家以课税方式参与社会利益的分配，是为了社会公众利益，目的是为了实现社会福利的最大化。从分配目的来看，国家通过证券市场的税收分配，实现收入公平分配。政府通过税收杠杆的调节作用，利用证券市场运行，进而对社会资源配置进行调节，实现社会资源的优化配置。

证券市场税制，是现代国家征税权的一种延伸，主要是对证券市场的发行、证券交易、证券转让以及证券遗赠等证券市场行为和证券市场交易所得的征税。在加强证券市场信息披露和强化市场监管的前提下，证券市场课税已经成为各国调控和维护证券市场稳定健康发展的重要手段。与其他市场的税收制度一样，证券市场的税收制度同样包括税收行为的主体、客体和内容三个组成部分。

证券市场的税收主体是指在证券市场运行过程中，因税收分配而采取一切可能行为追求其经济利益目标的市场参与者。与一般税收主体一样，证券市场的税收主体同样包括征税主体和纳税主体两部分。税收是国家凭借政治权力，以法律形式强制、无偿地参与社会产品的分配过程。而且随着证券市场发展对国家实体经济发展的支撑作用越来越强，二者的联动越来越紧密，维护证券市场的稳定健康发展，是国家管理职能范围。因此，国家是税收分配过程的征税主体，税务部门是国家赋予具有课税权的具体课税执行者。

按照金融市场运行理论，证券市场的纳税主体应该主要包括证券市场的主体即融资者、投资者、证券市场的中介者。证券市场的融资者，也即证券发行人，是指为筹措资金而发行债券和股票的政府及其机构、金融机构、公司和企业。一般来说，证券发行人分为债券发行人和股票发行人。无论是政府还是公司、企业，其发行的证券产品，均是证券市场得以运行的重要基础条件。证券产品一经发行，进入二级市场进行交易，就会涉及证券产品的买卖、转让、赠与等交易行为，从而不可避免地成为证券市场的纳税主体。证券市场的投资者是证券市场的资金供给者，正是由于众多证券投资者的存在，才能保证证券市场的有序运行，也正是由于证券投资者的广泛参与，才活跃了证券市场的交易行为。证券市场的投资者类型很多，其参与市场的性质和目的也不尽相同。但其参与证券市场交易，是证券市场的主要需求方，构成证券市场交易行为和交易所得课税的主要纳税主体。通常可以将市场的投资者分为机构投资者和个人投资者两大类。机构投资者主要包括政府部门、企事业单位、金融机构和基金管理主体等法人资格经济主体。而个人投资者是指不具有法人资格主体，但从事证券投资的自然人主体，属于证券市场的自然人身份投资主体，他们是我国证券市场最广泛的投资者，体现了我国证券市场区别于其他证券市场的特殊性，构成了我国政府利用证券市场集聚主要社会闲置资金的主要来源，对证券市场稳定和发展的影响力不可轻视。证券市场的中介机构包括证券经营机构和证券服务机构。此外，纳税主体还包括证券市场的自律性组织和证券监管机构。自律性组织一般为证券行业协会和证券交易所，证券监督机构大体上可以分为政府监督机构和自律性监督机构两类。

证券课税的客体，亦称课税对象或征税对象，是指国家税收确定的产生纳税义务的标的或依据。课税客体是国家税收规定的征税目的物，它说明了对什么征税的问题。从证券市场运行来看，常见的证券课税客体主要包括股票、债券等证券产品的交投行为和交投所得。

关于证券市场税制设置的研究中，课税客体是学术界普遍争论的焦点。奉行资金自由流动的国家主张，对市场的交投行为不征税，特别是对二级市场的交投行为不征税。而坚持市场稳定、避免市场波动的国家主张通过对交投行为征税，增加投资者的交投成本，避免投资者过于频繁交投，带来市场的剧烈波动，因此，它们主张对市场交投行为增税，达到规范市场行为的目的。对于投资所取得的资本利得，奉行"净资产增加说"的观点认为，货币增值具有与一般所得共同的特征，如果对货币增值不征税，一方面将导致税务行政管理的缺漏，导致税源流失，另一方面还会助长市场投机活动，给证券市场稳定带来不利影响。这种观点主张将证券市场交投行为产生的资本利得纳入所得税的征税范围，区别于普通所得而课征较低税负的税收。奉行"所得源泉说"的观点认为，资本利得是一种不真实的增值收益，仅仅是市场存量收益的转移，不是真实的社会产值的增加额，如果对这种货币增值征税，则会导致社会用于再生产的资本缩小，不利于社会生产规模扩大，因此主张不将这种资本利得纳入课税范围。[1]

学术界关于证券发行溢价的征税问题，存在两种对立的观点。第一种观点认为，证券发行溢价收益，属于企业股东的权益，是企业以前经营价值的体现，既然以前经营价值体现已经征税，就不应该对其股权发行溢价收益再进行征税。这也是我国目前坚持的一种做法，将企业证券发行的溢价收益，作为企业"资本公积"核算，不仅在发行时不征税，而且在以后用于企业转增资本、股本等时也不用缴纳任何的税收。第二种观点认为，相对于企业来说，证券产品发行的溢价收益，等同于企业的生产经营收入，理应纳入征税范围。其认为，将现有的生产经营资本用于抵押贷款或用于生产经营，取得的收入均纳入征税范围，而且即使将企业的这部分资本用于出借，取得的收入作为利息收入也应纳入征税范围，为了平衡不同企业经营方式的税负水平，证券产品的发行溢价收益理应纳入国家的税收征税范围，但其同时认为，不应征及初始资产确定的股本面值，否则容易导致企业经营缩减，

---

[1] 唐腾翔：《比较税制》，中国财政经济出版社1990年版。

造成对企业经营资本的掠夺。相对于前一种观点而言，后一种观点比较适合规范市场的发行行为，特别是有利于国家利用税收的合理布局，实现对中小投资者的利益保护。在各国的证券课税制度中，存在对发行收益征收较低税率水平的总额税收的做法。

关于证券税制结构，尹音频[1]认为，从广义的角度考察，证券市场税制结构包括直接证券税制和间接证券税制两大子系统。直接证券税制一般是指对有价证券的直接交易行为、交易所得、投资收益以及遗赠有价证券所确定的征税原则、征税制度、征收管理办法的总称。间接证券税制则是指对机构投资者的交易行为、交易所得、投资收益以及相关联的间接投资者（中小投资者）的交易行为、收益等所确定的征税原则、征税制度、征收管理办法的总称。在尹音频看来，间接证券税制子系统主要是由证券机构税制、投资基金税制、养老基金税制等组成；直接证券税制则由证券交易课税、证券投资课税和证券遗赠课税等组成。但是这里并不包括证券发行环节的税制。关于证券税制结构，还可以根据市场税种性质，划分为流转税、所得税（包括交易所得税和转让所得税）、行为税和遗赠税等，也可以根据证券市场运行环节，将证券市场税制划分为证券发行环节税制、证券交易环节税制、证券转让环节所得税制和证券财产转移环节税制四个层次。[2]

伴随着我国证券市场的发展和壮大，针对我国证券税制的完善和优化分析，前人的研究已经十分成熟，而且已经有诸多研究成果面世。国家税务总局金融税收政策研究小组[3]指出，金融市场的培育和完善是市场经济发展的重要环节，金融税收政策是影响金融市场健康发展的重要因素，金融业的税制改革关系到金融业持续、稳定和健康发展，也有利于整顿和规范我国社会主义市场经济秩序。通过对金融业的流转税、企业所得税和个人所得税税负进行分析，他们认为中国现行金融税制不够合理、税负偏高，金融业税收的征税面较窄，对金融衍生

---

[1] 尹音频：《资本市场税制优化研究》，中国财政经济出版社 2006 年版。
[2] 肖鹏、陈石头：《证券市场税收制度的国际比较与借鉴》，《涉外税务》2000 年第 7 期。
[3] 国家税务总局金融税收政策研究小组：《关于我国金融税收政策若干问题的研究》，《税务研究》2002 年第 11 期。

品是否征税没有明确的规定,证券资本利得并没有全部纳入征税范围,提出通过降低税负、扩大征税范围和对个人证券交易所得征税等进一步完善的对策建议。中国金融税制改革研究小组[1]经过调查、分析、研究和专题讨论,借鉴国家税务总局考察团2002年赴欧洲对金融税制专题考察的内容资料,以报告的形式对中国的银行业、保险业、证券业等相关税收政策进行了研究,对改革、完善中国的金融税制,促进中国金融事业的发展,具有重要的参考价值。于海峰、黄晖、林少光[2]针对当时的证券市场税收制度对证券市场形成初期的调节作用,指出当时的证券市场税制还不够完善,课税面过窄,不能体现证券市场税制的公平性,具体执行办法不规范,缺乏统一性,税收征管还存在许多漏洞。他们从证券市场稳定健康发展的视角,提出进一步完善我国证券市场税制的基本原则和具体设想,不仅要坚持公平原则、简化原则以及尊重国际惯例的原则,还要坚持有利于我国证券市场健康发展的原则。夏杰长[3]指出,证券市场的发展必然要求相应的证券税制与之配套,以便加强对证券市场的调控。股票上市公司的企业所得税不规范、不统一,国家股权益受到侵害,征税范围过窄,对公司与股东个人的股息重复征税等阻碍了我国证券市场的健康、规范、有序发展。他提出从证券市场全国统一的角度出发,修正现行税制,交叉调节分配收入,公平税负,鼓励投资,适当限制投机,同时指出目前我国尚不宜开征资本利得税。黄桦[4]指出,随着我国企业股份制改造的不断深入,我国证券市场以前所未有的速度发展起来,但是,税收作为国家宏观调控的重要手段,在证券投资中的调节功能却显得较为薄弱,已呈明显滞后状态。其建议按照证券交易税和资本利得税两大层次,单独设立证券市场税制子系统,取消对上市公司所持有的国家股、法人股股利所得不征税的规

---

[1] 中国金融税制改革研究小组:《中国金融税制改革研究》,中国税务出版社2004年版。
[2] 于海峰、黄晖、林少光:《进一步完善我国证券市场税制的思考》,《涉外税务》1993年第11期。
[3] 夏杰长:《我国证券市场税制建设的问题与出路》,《税务与经济》1997年第2期。
[4] 黄桦:《对我国证券市场税制建设的几点构想》,《中央财经大学学报》1997年第11期。

定。黄凤羽[①]认为中国证券市场税收制度存在缺乏完整、系统的税制体系，课税面过窄，国有资产流失严重，存在重复课税，调节力度欠佳等问题，主张在以轻税扶持市场的同时，采用税收手段降低市场投机行为，建议以证券交易行为税和证券交易所得税为子系统，建立证券市场税制体系，建议采取有力措施，消除股息分配中存在的重复课税问题。王福重[②]认为我国股票市场的税制模式由印花税、企业所得税和个人所得税组成，建议以证券交易税替代印花税，消除证券市场重复征税问题，明确证券交易所得课税，认为未来的中国股票市场税制将是以证券交易税为主体，以普遍征收的股票收益所得税为补充的模式。肖鹏、陈石头[③]基于证券市场税收制度的国际比较，认为我国证券市场税制完善应开征证券交易税，将印花税改在发行环节征收，在开征证券交易所得税的同时完善证券投资所得税，提出借鉴国际经验，完善证券遗产税制度。常华兵[④]通过分析我国证券市场税制所存在的规范性、完整性、税负以及重复征税等问题，认为完善中国证券市场必须与中国的实际情况相适应，从税种设计方面提出具体的完善思路，建议统一所得税，开征遗产税和资本利得税，消除股息、红利重复征税问题等完善构想，认为未来我国证券市场税制体系中的税种应由核心层各税种和外延层税种构成。陈秀花[⑤]通过对当时我国证券市场所涉及的税收政策分析和评价，提出了进一步完善我国证券市场税制的建议，认为应该取消印花税，开征证券交易税和资本利得税，加强发行环节的税收征管。黄吉林、余恩杰[⑥]以税务实际工作者的视角，结合我国证券市场发展的现状，评价现行证券市场对市场发展的影响和财政收入的影响，根据

---

① 黄凤羽：《中国证券市场税收制度中存在的问题及其改革的政策性建议》，《税务与经济》1999年第1期。
② 王福重：《论我国证券市场税制模式的确立》，《税务与经济》1999年第5期。
③ 肖鹏、陈石头：《证券市场税收制度的国际比较与借鉴》，《涉外税务》2000年第7期。
④ 常华兵：《关于构建我国证券税制体系的设想》，《河北经贸大学学报》2000年第3期。
⑤ 陈秀花：《谈我国证券市场税制的完善》，《税务研究》2001年第6期。
⑥ 黄吉林、余恩杰：《我国证券市场税制评价及税源变动预测》，《涉外税务》2001年第5期。

未来我国证券市场发展态势，对证券市场税源进行预测和分析。吴霖[1]从资本利得税，消除股息、红利重复征税以及证券交易税等方面提出具体的完善建议，从一个侧面反映了税收对证券市场发展的影响程度，同时也反映了我国证券税制优化的市场环境。徐志忠[2]以税务实际工作者的视角，基于证券市场发展存在的问题，从税种设计中提出完善的关于我国证券市场税制的对策建议。他认为，我国证券税制的最终目标应该是：建立覆盖证券发行、证券交易、证券所得三个阶段的复合税制，即在证券发行阶段征收证券印花税，在证券交易阶段征收证券交易税，在证券所得阶段征收证券所得税和证券收益税。张英[3]认为证券市场完善程度以及证券税制的目标存在不同，导致了国内外证券税制的差异，主张完善证券印花税、所得税等税收政策，建立覆盖证券市场运行全过程的证券税制体系。贝政新、茆晓颖[4]在前人征税面窄、重复征税、税收调控弱化以及税收负担等研究成果的基础上，指出税收制度相对稳定有利于证券市场的长期发展，提出在完善证券交易行为税和证券交易所得税的基础上，强化税收征管，堵塞市场税收漏洞的对策建议设想。裴育、李永友[5]认为我国证券市场税制优化既要立足于市场发展，又要有利于形成公平的纳税环境，认为我国证券市场税制优化应坚持财政目标、经济目标、弹性目标和规范化目标四大目标，同时应坚持促进证券市场稳定发展的原则、坚持宽税基低税率的原则、公平原则和便利原则。他们认为我国证券市场税制结构应实现从以流转税为主体的税种体系向以所得税为主体的税收体系转化。蔡庆丰、郭懿、吴斌[6]通过国际比较分析，提出我国证券市场流转税的实施差别税率的完善优化思路，建议对证券市场流转

---

[1] 吴霖：《论我国证券市场税制的重构》，《浙江金融》2007年第6期。
[2] 徐志忠：《我国证券税制的问题与对策》，《涉外税务》2002年第4期。
[3] 张英：《我国证券市场税制问题研究》，《上海管理科学》2002年第6期。
[4] 贝政新、茆晓颖：《我国证券市场税制存在的问题及框架设计》，《税务研究》2004年第3期。
[5] 裴育、李永友：《我国证券市场税制优化研究》，《税务研究》2004年第3期。
[6] 蔡庆丰、郭懿、吴斌：《完善我国证券流转税的若干思考》，《当代财经》2004年第3期。

税实行"低税率、宽税基"的设计设想。蔡军[①]指出完善和优化证券市场税制对支持和促进我国证券市场稳定健康发展、规范市场行为将产生积极作用。他认为需要重构证券市场税收体系,由目前以证券流转税为主体税种的税制模式转向以证券所得税为主体税种的税制模式,并按照证券一级市场和二级市场的层次,针对证券交易、证券利得和证券财产转让等客体设计系统、健全的证券税收体系。谭永全[②]同样认为我国证券市场存在重复征税以及零散而缺乏系统税制体系等问题,认为通过建立完整统一的证券市场税制体系,理顺证券市场税收问题,消除重复征税和税制缺位问题。田志华[③]指出我国的证券市场税制存在着政策不完整、征税范围狭窄、税负不公、重复性征税严重等问题,认为为了促进证券市场的健康发展,我国应以优化投资导向、倡导长期投资、抑制短期投机、保护中小投资者的利益为政策导向,建立多层次、多环节、协调征管、体现公平的证券市场税制。尹音频[④]对资本市场税收机制、税收制度优化、税收负担、金融衍生工具市场税制构造以及资本市场税收管理体系优化等进行了比较详细的理论探讨。但诸多探讨也只是停留在对基础理论的研究上,对我国资本市场具体的资本活动的征税问题以及具体的税收业务政策优化的讨论比较缺乏。王莹[⑤]在分析我国证券市场税制普遍存在的问题的基础上,提出利用高科技手段辅助税收征管制度和开征临时惩罚性的高税收,完善证券市场税收征管制度。李连伟[⑥]认为市场因素、制度因素和技术因素阻碍了我国资本利得税的开征,认为在市场重复征税导致市场税负不公的基础上,资本利得税的缺失助长了市场套利投机行为,提出以资本利得税取代印花税和取消股票红利税将成为我

---

① 蔡军:《证券市场税制:缺陷分析与政策建议》,《税务研究》2005年第10期。
② 谭永全:《完善我国证券市场税制的构想》,《扬州大学税务学院学报》2006年第3期。
③ 田志华:《关于完善我国证券市场税制的思考》,《财会月刊》(综合版)2006年第5期。
④ 尹音频:《资本市场税制优化研究》,中国财政经济出版社2006年版。
⑤ 王莹:《我国证券市场税制问题研究》,《中国市场》2012年第22期。
⑥ 李连伟:《我国证券市场税制存在的问题与改革思路》,《时代金融》2014年第6期中旬刊。

国证券市场税制改革的两大趋势。冯亚彬[①]认为我国证券市场的税制很不健全，严重影响到我国证券市场的发展。成熟的证券市场应该有与之相适应的成熟的税制体，指出我国证券市场的散乱特征，且存在税种设置不合理的问题，建议参照美国成熟市场税收制度，完善我国证券市场税制。

从上述关于证券市场税制优化与完善的研究成果的梳理，可以发现，虽然国内学者取得了巨大的研究成就，也提出了具体的完善和优化思路、对策、框架等，但是众多学者的研究只是针对证券市场税制本身的比较借鉴探讨，缺乏结合证券市场主体行为过程进行的讨论，缺乏对证券市场运行的认识，很少将税收作为市场监管、保护中小投资者利益等市场建设手段加以明确考量。

## 二 关于证券市场税收布局问题的研究

国外资本市场相对成熟，证券市场税种的布局也相对合理。各国根据自身证券市场运行特点以及自身宏观调控目标，对证券市场税种的布局稍有不同，但是基本上呈现出以下几个方面的特点。

### （一）覆盖面广，税收布局比较健全

从世界各国的证券市场课税政策以及证券交易各环节的税收布局结构来看，各国证券市场税收制度比较成熟，税制建设比较健全。首先，课税涉及证券交易的各个环节。从欧美主要证券市场来看，征税涉及证券市场的整个流转环节。在证券发行环节征收印花税、证券登记许可税，在证券交易环节征收证券交易税，在转让环节征收资本利得税，在投资分配环节对分配收益征收所得税，在遗赠环节征收遗产税与赠与税，同时对证券机构征税，体现了课税的公平性和效率性。其次，不仅在不同环节征收不同税率水平的税收，对于不同的产品也征收不同的税收，不仅涉及证券流转税，也涉及证券的所得税和遗产

---

① 冯亚彬：《美国证券市场税制建立对我国的启示》，《时代金融》2016年第3期下旬刊。

税与赠与税。比如，德国证券市场税收主要涉及的税种有证券所得税、证券流转税、证券遗产税和赠与税等。日本不仅对证券所得征收证券资本利得税和证券投资所得税，而且对证券行为征收证券登记许可税、印花税、证券交易税等行为税。[①] 最后，结合证券市场发展的特殊性以及证券市场的零和博弈特征，不仅对资本利得征税，同时允许资本损失税前扣除，而且所得税中还根据持有期限长短实施累退税率，合理引导社会资本进行投资，规范市场秩序。此外，降低税率，鼓励上市公司进行股息、红利分配，保护中小投资者利益，较好地激活了市场资本集聚功能。

### （二）轻流转税，注重所得税的调控

总的来说，证券课税就是对证券行为和证券所得的征税。由于世界主要证券市场发展比较早，无论是市场的规模，还是市场的参与主体，无论是市场的直接融资比例，还是市场的投机比例，市场的发展均相对成熟。从美国华尔街市场监管的历程来看，市场发展不仅仅得益于市场相关市场交易制度与信息披露监管制度的健全，更为重要的是其不断完善的税收制度对市场的调节作用。在加强其他相关制度建设的基础上，不断利用税收手段保护市场中小投资者利益，是欧美各国主要证券市场不断走向成熟的重要基石。从欧、美、日等主要证券市场征税制度可以看出，它们都比较注重所得税对市场的调控作用。比如美国，为了降低交易成本，加强市场流动性，对交易环节免税证券交易税。虽然其他国家都对证券交易征收证券交易税，但是税率非常低，且对政府债、一般公司债券等不纳入征税范围；基本上都对证券市场的所得开征资本利得税，或者将资本利得税并入普通所得税中征收，分为法人资本利得税和个人资本利得税分别征收。对于法人资本利得税，基本上并入公司所得税中予以征收，而对于个人证券交易的资本利得，基本上开征资本利得税。但是对资本所得的课税方式上存在差别，有的国家以所得额为依据，实施累进税率；有的则以持有期限长短为依据，采用累退税率。比如，美国对个人交易所得实施优惠

---

① 钟伟、李娜：《我国证券业税收制度初探》，《税务研究》2003 年第 9 期。

的课税制度，允许交易损失税前扣除，依持有期限长短，实施 10%—28% 的累退税率。日本则对证券资本利得税，不再区分持有期限长短，实施相同的税率。① 此外，为了保护中小投资者利益，鼓励上市公司的分红，允许上市公司将股息、红利在公司所得税前扣除，避免股息、红利的重复征税，实现供需双方双赢。

### （三）税收布局注重对投资者利益的保护

无论是征收证券交易税，还是征收证券所得税，均是对证券投资利益的一种侵蚀，不同程度地影响证券投资者的交投行为和交投策略。甚至有的学者认为，征税会限制证券市场的流动性，阻碍市场的稳定健康发展。从欧美各国的税制调整历程来看，证券市场合理的税收布局，不仅不会限制市场的流动性，反而会促进市场的流动性，关键在于征税行为是否维护市场的公平交易环境，是否有效地保护投资者特别是中小投资者的利益。欧美各国政府通过对证券市场的发行环节征收低税率的印花税或证券登记许可税，规范一级市场的融资发行秩序[②]；通过实施低税率的证券交易税或者免征证券交易税的方式，降低投资者的交投成本，活跃市场的交投行为；对证券交易所得实施所得税，开征资本利得税，根据投资主体参与投资持有期限的长短实施累退税率，同时允许证券投资损失税前扣除，或者实施个人资本利得税的免征额政策，避免市场非理性波动，抑制市场投机行为，提倡价值投资，保护中小投资者的利益。通过税前扣除、税额减免等方式，避免对股息、红利的重复征税，鼓励上市公司提高股息、红利支付率，吸引场外资金流入市场，保持市场流动性充足。可以看出，欧美各国采取不同的税收手段，注重对投资者利益特别是中小投资者利益的保护，利用税收政策实现"引源节流"，避免市场非理性波动，保证证券市场资本集聚功能，促进证券市场的稳定健康发展，实现虚拟经济与实体经济的良性循环。

---

① 杨志银、黄静：《股票市场课税的国际经验及对我国的启示》，《涉外税务》2012 年第 7 期。

② 贝政新、芮晓颖：《中外证券市场税收制度的比较与启示》，《广东商学院学报》2003 年第 4 期。

## (四) 注重对本国税权的保护

在经济全球化背景下，由于证券市场的国际化进程以及资本的逐利性，社会资本的跨国流动越来越趋同。与实体经济全球化类似，在证券资本国际化进程中，保护本国国际税收利益成为各国政府不可忽视的一个问题。这不仅需要合理地培育国际投资者，吸引外资为实体经济服务，而且需要在"走出去"与"引进来"双向进程中，合理地保护本国税收利益。从世界各国的证券市场税制可以看出，在纳税人身份的界定中，不仅保证对居民纳税人的有效、公平、合理地课税，而且更为重要的是，在证券市场不断走向成熟的过程中，逐步取消对非居民投资者的税收优惠，逐步保护本国税权。欧美各国主要证券市场的成熟税收制度，并没有对证券市场投资者区分居民纳税人和非居民纳税人而实施差别征税，而是平等对待，只要在本国从事证券交易的投资者，均属于其相应的征税纳税人。[①] 相反，在新兴证券市场，由于市场发展不够成熟，还处于不断发展壮大的阶段，在吸引国际投资者时给予诸多税收优惠政策，牺牲了本国税权收益，这在一定程度上形成了制度环境的不公平，导致市场交投环境的不公平和不合理，不利于对中小投资者利益的保护。

关于我国证券市场税收布局的研究，主要体现在税制优化和完善。但是，这种研究也只是针对税制本身税种建设来探讨的，正如前述，很多学者提出要开征资本利得税，以证券交易税替代证券交易印花税，加强转让环节的所得税完善等内容，仅仅是提出了需要开征这些税种。各国证券市场税收如何布局，必须与各国证券市场运行的实际情况相结合，不能照搬西方发达证券市场的经验和做法。关于这些税种如何结合证券市场运行监管以规范市场行为，如何根据我国证券市场中小投资者所占比重大等特点，通过合理的税收布局，提高上市发行质量、减少投机、最终保护中小投资者利益等的具体探讨，相对较为缺乏。针对我国证券市场国际化程度不断提高，税收如何布局在"引进来"和

---

[①] 余雁刚：《美日证券税制比较及对我国的借鉴意义》，《涉外税务》1999年第3期；曹廷求：《证券课税的国际经验与我国的政策选择》，《涉外税务》2001年第10期。

"走出去"双向进程中保护本国税权利益的讨论,更为鲜见。

## 三 关于税收与证券市场基础理论的讨论

从国内外研究成果来看,关于证券市场股权交易的税收政策研究比较常见,而关于税收与证券市场运行活动的基础理论的讨论,并不系统,主要散见于应用性研究成果的分析之中,且仅仅局限于税收对市场交投成本、市场交易量、抑制投机等方面的泛泛而谈。但是结合投资者交投策略分析、上市公司融资行为规范以及证券市场质量等的相关证券市场税收理论系统性、集中地阐述的,无论是国外的研究成果还是国内的研究成果,均比较少见。

### (一)关于证券市场税收的传导机制的探讨

税收对证券市场的影响应该是全方位、全面的,不仅涉及二级市场的传导机制,还应该包括发行市场、内外协调等各方面在内的传导机制。国外关于证券市场税收的传导机制,并没有详细的、专题的阐述,只是散见于相关的文献之中,而且更多的是关于证券交易税包括证券交易行为税和证券交易所得税的传导机制的阐述。Keynes[1]就提出金融交易税可以打击引起证券市场泡沫带来经济进一步衰退的投机行为。随后,Tobin[2]、Stiglitz[3]、Summers 和 Summers[4]也提出了相类似的见解。Campbell 和 Froot[5]通过阐述各国证券交易税的征管经验,指出证券交

---

[1] Keynes, John Maynard, *The General Theory of Employment, Interest, and Money*, 2007 Edition, Palgrave Macmillan, New York, 1936.

[2] Tobin, James, "A Proposal for International Monetary Reform", *Eastern Economic Journal*, 1978, 4 (3-4): 153-159.

[3] Stiglitz, Joseph E., "Using Tax Policy to Curb Speculative Short-Term Trading", *Journal of Financial Services Research*, 1989, 3 (2-3): 101-115.

[4] Summers, Lawrence H., and Victoria P. Summers, "When Financial Markets Work Too Well: A Cautious Case for a Securities Transactions Tax", *Journal of Financial Services Research*, 1989, 3 (2): 261-286.

[5] Campbell, John Y., and Kenneth A. Froot, "International Experiences with Securities Transaction Taxes", in Frankel, Jeffrey A. ed., *The Internationalization of Equity Markets*, University of Chicago Press, Chicago, IL, 1994.

易税并不一定影响市场的流动性，通过合理的证券交易税制度的设计，可以有效规范市场发展，抑制投机性交易行为。2012 年，为了应对金融危机，10 个欧盟国家同意建立协调一致的金融交易税，并在 2017 年 2 月开始实施。Yakov 和 Mendelson[1]、Ericsson 和 Lindgren[2]，阐述了证券交易税与证券市场流量之间的关系，认为证券交易税影响投资者的交易成本，从而影响投资者投资策略，进而影响市场的流动性。Chou 和 Wang[3] 以中国台湾股指期货市场为研究对象，阐述了证券交易税对股指期货市场质量的影响。Gerald 和 Matheson[4] 以美国证券交易委员会为例，阐述了证券交易税对证券市场的影响，并指出证券交易税与证券市场发展的关联性。Dominique 和 Lee[5] 指出证券交易税对市场买卖差价的影响，进而阐述其对不同风险偏好投资者策略的影响。Martin 和 Zimmermann[6] 以法国证券市场为例，进一步阐述了证券交易税与市场质量的关系。

在国内，关于证券市场税收的传导机制的阐述比较少，尹音频[7]认为，由于证券市场的博弈过程具有虚拟性、零和性和税负的多重性，国家对证券市场的课税行为，主要通过信息冲击和税负冲击两个方面对证券市场产生影响，课税行为通过信息冲击和税负冲击产生的市场预期，对市场主体产生收入效应和替代效应，通过证券市场波动中表

---

[1] Amihud, Yakov, and Haim Mendelson, "Transaction Taxes and Stock Values", in Lehn, Kenneth, and Robert W. Kamphius, Jr. eds., *Modernizing US Securities Regulations*, Irwin Professional Publishing, Burr Ridge, IL, 1992.

[2] Ericsson, J., and R. Lindgren, "Transaction Taxes and Trading Volume on Stock Exchanges: An International Comparison", Working Paper 39, Stockholm School of Economics, Stockholm, Sweden, 1992.

[3] Chou, Robin K., and George H. K. Wang, "Transaction Tax and Market Quality of the Taiwan Stock Index Futures", *Journal of Futures Markets*, 2006, 26 (12): 1195 – 1216.

[4] Auten, Gerald, and Thornton Matheson, "The Market Impact and Incidence of a Securities Transaction Tax: The Case of the US SEC Levy", Paper Presented at the 103rd Annual Conference of the National Tax Association, Chicago, IL, November, 2010.

[5] Dupont, Dominique, and Gabriel Lee, "Effects of Securities Transaction Taxes on Depth and Bid-Ask Spread", *Economic Theory*, 2007, 31 (2): 393 – 400.

[6] Haferkorn, Martin, and Kai Zimmermann, "Securities Transaction Tax and Market Quality: The Case of France", Working Paper, Goethe University, Frankfurt, Germany, 2013.

[7] 尹音频：《资本市场税制优化研究》，中国财政经济出版社 2006 年版。

现出来。所谓信息冲击，是指在其他投资决策因素不变的前提下，由于政府对证券市场主体交易行为和交易所得等的征税与否以及增税还是减税政策等政策决策，对市场投资者供给者与需求者的心理预期产生影响。

一般来说，征税和增税的政策决策会导致投资者交易成本增加，预期交易收益减少，从而形成对市场未来预期趋势看空的心理预期，减少投资额和降低交易频率；相反，减税一般会被认为是政府对市场的保护，是对投资者收益的让步，从而使得投资者对未来市场走势产生积极的心理预期，吸引场外资金进入，从而促进市场交易量的回升。而税负冲击，主要是针对所得税而言的，是指征税行为对市场主体产生的收入效应与替代效应。税负冲击的替代效应一般是对证券产品之间税负差异变化而言的，取决于市场可替代证券产品的种类规模。正是由于信息冲击和税负冲击的双重作用，国家的课税行为将会通过影响市场投资主体的收益，来影响投资者的投资方式和投资行为，从而实现利用税收手段达到调控市场的目标。

总的来说，杨志银[1]认为，政府通过改变证券产品的课税制度，对不同的投资主体会产生不同的税收信息冲击和税负冲击，影响投资者投资预期，改变投资者对证券市场产品价格预期和收益预期，从而影响到证券市场投资资金的流向，实现社会闲置资源的合理配置，进而影响到实体经济的发展。

### （二）关于税收影响证券市场投资者交投策略的讨论

影响投资者交投策略的因素是多方面的，金融市场和金融投资者关于投资者交投策略影响因素的研究是十分成熟的。而关于税收对证券市场投资者交投策略的影响，并没有系统性的研究，只是散见国外还是国内的参考文献之中，并没有直面详细阐述。普遍认为，税收是投资成本的重要组成部分，税收的变化，对投资者进入或退出市场的交投策略产生重要影响，因为税收的高低，直接影响直接投资者的获

---

[1] 杨志银：《完善我国现行证券市场税收制度的思路——基于中小投资者利益保护视角》，《证券市场导报》2016年第10期。

利水平。但这主要体现在对市场交易行为征税方面。也有的学者指出，对投资所得课税，不仅仅可以影响投资者的获利水平，而且还可以对投资者价值投资还是投机性投资，长期投资还是短期投资等交投策略产生影响。因此，很多学者以此为切入点，对证券市场税收效应和证券市场税制完善等方面进行深入研究，也提出了相应的研究成果。但是这些研究忽略一个问题，税收影响证券市场投资和交投策略是双向的，不仅仅是对投资者的交投行为产生影响，还会对融资者的交投行为策略产生更为重要的影响。对于后者的影响，可以提高市场的融资质量，从而更有利于保护中小投资者的利益，规范市场融资秩序。

（三）关于税收影响并规范上市公司融资行为的讨论

关于上市公司融资行为的税收问题的探讨，也是学术界普遍关注的热点问题。美国经济学家莫迪格利安尼和米勒在1958年[1]和1963年[2]分别就税收对企业资本成本的影响，结合企业资本结构，探讨了税收因素对企业融资行为的影响。他们指出由于债务的利息费用可以在税前列支，与股权融资相比，债券融资成本相对降低。与实际研究中一样，关于企业税收对上市公司融资行为的讨论，更多的是从企业经营核算成本视角进行讨论，而对于如何利用税收手段影响并规范上市公司融资行为的讨论非常少，针对利用税收手段鼓励上市公司融资行为，且把税收作为监管上市公司融资行为的讨论，如何利用税收手段和税收政策的合理运用，避免随意融资行为的研究，相关学术成果更是少见。

（四）关于税收、证券市场与社会资源配置之间的讨论

正如前述，广大学者已经从不同的角度对税收与证券市场的直接和间接的影响进行了深入探讨，也有部分学者研究证券市场发展对国家税收收入的影响，主要是从证券市场发展对实体经济的影响方面，

---

[1] Modigliani, Franco and Miller, Merton H., "The Cost of Capital, Corporation Finance and the Theory of Investment", *American Economic Review*, 1958, 48 (3): 261 - 297.

[2] Modigliani, Franco and Miller, Merton H., "Corporation Income Taxes and the Cost of Capital: A Correction", *American Economic Review*, 1963, 53 (3): 433 - 443.

阐述证券市场的发展和波动对实体经济的影响,进而间接影响国家的财政收入,同时证券市场本身的交易量,也影响国家的财政收入。证券市场与社会资源配置之间的研究,更多的是金融领域的研究。金融研究者也从不同的视角对证券市场发展与社会资源配置之间的相互影响展开深入研究,也有相当的研究成果。少部分学者对于税收对证券市场的影响,进而影响社会资源配置的问题展开探讨,如:汉斯-沃纳·斯恩[1]阐述了资本所得课税对社会资源配置的影响,指出通过资本所得课税,影响投资者获利能力,改变其投资策略,进而影响了社会资源配置。周俊等[2]指出了资本市场对实体经济发展的重要性,阐述了资本市场发展对实体经济发展的支撑作用。潘昕昕、杨如彦[3]从微观层面,通过分析我国证券交易印花税的调整对证券市场资源配置的流动性、波动性和有效性进行分析。潘昕昕、房斌[4]还通过实证研究,指出证券交易印花税对证券市场的波动性影响有限,对社会资源配置的波动性影响也有限,但会增加市场有效性。尹音频[5]指出资本市场税收机制能够通过金融商品价格与投资者获利水平等传导机制,产生"收入效应"与"替代效应",发挥分配和调节作用,直接影响资本市场的运行,进而影响社会资源的配置。

### (五)关于税收、证券市场发展与经济发展之间的讨论

关于证券市场发展对国家经济发展的促进作用以及证券市场波动对经济稳定影响的阐述比较多。Dean[6]分析了金融交易税对金融交易者交易成本的影响,指出税收对证券市场等金融市场投机行为的抑制

---

[1] [德]汉斯-沃纳·斯恩:《资本所得课税与资源配置》,赵志耘、郭庆旺译,中国财政经济出版社1998年版。

[2] 周俊等:《资本市场与实体经济》,中国金融出版社2003年版。

[3] 潘昕昕、杨如彦:《证券交易印花税调整对证券市场资源配置的影响》,《经济与管理研究》2009年第6期。

[4] 潘昕昕、房斌:《证券交易印花税对证券市场资源配置影响实证研究》,《数学的实践与认识》2011年第15期。

[5] 尹音频:《资本市场税制优化研究》,中国财政经济出版社2006年版。

[6] Baker, Dean, "The Benefits of a Financial Transaction Tax", Center for Economic and Policy Research, Washington, DC, 2008.

作用，进而指出交易税对实体经济发展的有利作用。Baily 和 Elliott[①] 阐述了金融业在经济发展中的作用，阐述了金融市场发展对经济发展中的融资贡献，指出证券市场等金融发展对实体经济发展中呆账、坏账风险的促进作用。Dean 和 Jorgensen[②] 阐述了金融交易成本对经济增长的关系，指出一国不同经济发展阶段存在不同金融交易成本，暗示金融交易成本对场内投资者交投行为的影响，进而影响社会资源配置，影响经济增长。关于税收、证券市场发展与经济发展的讨论，国内的研究成果也比较多，但是很少明确阐述利用税收监管、规范、促进证券市场发展，从而规范证券市场的融投资行为，促进虚拟经济与实体经济发展的良性循环的思路。

## 四 关于证券交易税收与证券所得税收的讨论

从国内外的研究成果来看，关于证券交易税收和证券所得税收的讨论是证券市场税收研究的焦点。在国外，关于证券交易税收的讨论，学术界更多的是注重对证券交易税收的经济效应的讨论，往往通过实证研究，解释证券交易税对短期交投行为、股价波动、市场流动性等的影响，阐述税收对投资者交投成本的影响程度，认为证券交易税影响投资者的交易成本，有利于抑制短期投机行为，鼓励长期投资，但容易损害市场的流动性。也有一些研究成果聚焦国家税制设计，认为只要通过合理设计，证券交易税不仅不会损害市场的流动性，反而会促进市场的稳定健康发展，关键在于结合本国证券市场发展的不同发展阶段，合理设计税制。关于证券所得税收的讨论，主要集中在资本利得税、股息税、遗产税和赠与税的讨论。在国内，关于证券交易税

---

[①] Baily, Martin Neil, and Douglas J. Elliott, "The Role of Finance in the Economy: Implications for Structural Reform of the Financial Sector", Brookings Institution, Washington, DC, http://www.brookings.edu/~/media/research/files/papers/2013/07/11-finance-role-in-economybaily-elliott/11-finance-role-in-economy-baily-elliott.pdf, 2013.

[②] Baker, Dean, and Helene Jorgensen, "The Relationship between Financial Transactions Costsand Economic Growth", Issue Paper, Center for Economic and Policy Research, Washington, DC, 2012.

收和证券所得税收的讨论,主要集中在印花税、股息个人所得税重复征税,不同投资者主体的税负等方面的理论探讨,更多的是以西方主要国家的证券税制为标准,探讨我国证券交易和证券所得税收制度的完善等税制改革方面的问题。

　　Stiglitz[1]认为税收手段特别是证券交易税可以抑制市场的短期交投行为。Umlauf[2]研究瑞典证券交易税变化对股价的影响,表明提高证券交易税会引起股票价格综合指数的下跌,征收1%的证券交易税的当天,瑞典的股票价格综合指数下跌2.2%,而在交易税税率由1%提高到2%的当天,股票价格综合指数下跌0.8%。Subrahmanyam[3]通过研究交易税与金融市场流动性的关系,发现交易税会降低金融市场的流动性和信息投资者的收益,迫使投资者改变短期交投策略,注重证券产品的内在投资价值,从事战略性投资,降低市场的波动性。Baltagi等[4]从新兴证券市场说明,证券交易税是投资者交投成本的重要组成部分,开征证券交易税对证券市场行为产生重要影响。Dean、Pollin、McArthur和Sherman[5]阐述了金融交易税对国家财政收入的贡献。Ericsson和Lindgren[6]、Campbell和Froot[7]、Haferkorn和Zimmermann[8]、

---

[1] Joseph E. Stiglitz, "Using Tax Policy to Curb Speculative Short-Term Trading", *Journal of Financial Services Research*, 1989, 3 (2-3): 101-115.

[2] Steven R. Umlauf, "Transaction Taxes and the Behavior of the Swedish Stock Market", *Journal of Financial Economics*, 1993, 33 (2): 227-240.

[3] Avanidhar Subrahmanyam, "Transaction Taxes and Financial Market Equilibrium", *The Journal of Business*, 1998, 71 (1): 81-118.

[4] Baltagi, Badi H., Dong Li, and Qi Li, "Transaction Tax and Stock Market Behavior: Evidence from an Emerging Market", *Empirical Economics*, 2006, 31 (2): 393-408.

[5] Baker, Dean, Robert Pollin, Travis McArthur, and Matt Sherman, "The Potential Revenue from Financial Transactions Taxes", Joint Working Paper No. 212, Center for Economic and Policy Research, Washington, DC, and Political Economy Research Institute, Amherst, MA, 2009.

[6] Ericsson, J., and R. Lindgren, "Transaction Taxes and Trading Volume on Stock Exchanges: An International Comparison", Working Paper 39, Stockholm School of Economics, Stockholm, Sweden, 1992.

[7] Campbell, John Y., and Kenneth A. Froot, "International Experiences with Securities Transaction Taxes", in Frankel, Jeffrey A. ed., *The Internationalization of Equity Markets*, University of Chicago Press, Chicago, IL, 1994.

[8] Haferkorn, Martin, and Kai Zimmermann, "Securities Transaction Tax and Market Quality: The Case of France", Working Paper, Goethe University, Frankfurt, Germany, 2013.

Deng[1]等，从不同角度阐述了证券交易税对证券市场的影响，包括证券市场产品价格波动、证券市场交易量、证券市场质量等，这些学者均指出，证券交易税影响市场交易量，但是合理设计的证券交易税，虽然影响市场的交易量，但更有利于减少市场的投机行为，减缓投资者进出市场的速度，提高市场的质量。Burman、Gale、Gault、Kim、Nunns 和 Rosenthal[2]通过理顺各国证券交易税等金融交易税的实践过程，认为包括证券交易税在内的金融交易税对一国经济发展、资源配置等有着重要的影响，关键在于证券交易税的机制设计。

  关于我国证券交易税的讨论主要集中在印花税的探讨上，这些研究成果主要体现在前述的参考文献中，主要是两个方面的探讨：一是从不同的视角，指出我国印花税的多重调控身份已经名不副实。借鉴国际上主要国家对证券交易行为课税的经验，大部分学者提出取消印花税，开征证券交易税。有的学者指出，随着我国证券产品的多元化发展，应扩大证券交易税的征税范围。更有学者提出借鉴美国证券课税的经验，取消证券交易行为税，降低投资者的交投成本。二是关于印花税的实证研究。诸多学者通过利用我国印花税十次调整带来的市场走势数据，通过不同的实证检验方法，阐述了印花税调整对市场的影响。周宏[3]利用深市股票价格指数数据，实证分析了证券印花税调整对股票价格的影响。其结果表明，深市对证券印花税税率调整有很敏感的反应，降低证券印花税税率时，股票价格上升；反之，股票价格下跌。范南、王礼平[4]采用统计检验、事件

---

[1] Deng, Yongheng, Xin Liu, and Shang-Jin Wei, "One Fundamental and Two Taxes: When Does a Tobin Tax Reduce Financial Price Volatility?" NBER Working Paper 19974, National Bureau of Economic Research, Cambridge, MA, 2014.

[2] Leonard E. Burman, William G. Gale, Sarah Gault, Bryan Kim, Jim Nunns, and Steve Rosenthal, "Financial Transaction Taxes in Theory and Practice", *National Tax Journal*, 2016, 69 (1): 171–216.

[3] 周宏：《中国资本市场风险与收益研究》，东北财经大学出版社 2007 年版。

[4] 范南、王礼平：《我国印花税变动对证券市场波动性影响实证研究》，《金融研究》2003 年第 6 期。

研究和 GARCH 模型实证研究了我国证券印花税对股票市场波动性的影响,实证结果表明,证券印花税税率上调会导致股票市场收益波动性提高;反之,证券印花税税率下调会导致市场收益波动性降低。师恩[1]认为,降低证券印花税税率会提高股票收益率;反之,提高税率会导致股票收益率降低。

其次,关于证券所得税收的讨论。证券所得主要包括两部分:一是股息红利所得;二是买卖证券的价差所得。关于后者,主要是集中于我国开征资本利得税的讨论。Poterba 和 Summers[2]通过分析股息税收的经济效应,表明股息支付率与股利所得税税率呈负相反方向变化,认为股利所得税具有很强的资源配置功能,降低股利所得税税率有利于股息、红利的发放,也有利于实际投资活动的增长。Ben Amoako-Adu、Rashid 和 Stebbins[3]采用实证的方法研究了加拿大资本利得税政策调整对证券产品价格的影响。实证结论证明,资本利得税政策调整对不同收益率的股票价格影响不同。Lang 和 Shackelford[4]实证研究了美国1997 年资本利得税税率降低对股票价格的影响。其结果表明,股票价格与股利收益率呈反向变化关系,降低资本利得税税率导致股票价格降低。

关于我国股息红利所得税的讨论,集中于讨论我国企业所得税和个人所得税之间的征税布局带来的重复征税问题,大部分学者认为,应尽可能避免重复征税,同时可以根据持有时间的长短而实施差别股息税收政策,鼓励长期投资。其次就是资本利得税开征的讨论,有的学者认为,我国已经具备开征资本利得税的条件,应适时开征资本利

---

[1] 师恩:《浅谈印花税调整对股票市场收益率影响程度》,《财政监督》2009 年第 6 期。

[2] James M. Poterba and Lawrence H. Summers, "The Economic Effects of Dividend Taxation", NBER Working Paper, No.1353, 1984.

[3] Ben Amoako-Adu, M. Rashid, M. Stebbins, "Capital Gains Tax and Equity Values: Empirical Test of Stock Price Reaction to the Introduction and Reduction of Capital Gains Tax Exemption", *Journal of Banking & Finance*, 1992, 16 (2): 275 – 287.

[4] Mark H. Lang and Douglas A. Shackelford, "Capitalization of Capital Gains Taxes: Evidence from Stock Price Reactions to the 1997 Rate Reduction", *Journal of Public Economics*, 2000, 76 (1): 69 – 85.

得税，完善证券市场税收制度。贺旭光、钱春海、欧阳令男[①]认为，开征资本利得税有利于促进证券市场有效运行，对操纵股票价格、内幕交易等违法违规行为起到有效的抑制作用，能够有效地抑制投资者的投机行为。陈游[②]认为，资本利得税比证券印花税对市场更具有自我调节市场的功能。有的学者则认为，由于我国证券市场还不够成熟，相关配套制度建设还不到位，开征资本利得税将不利于市场培育和发展。阮永平、解红[③]认为，资本利得税将使整个证券市场价格水平下降，能够降低过度的价格波动性，降低市场流动性。崔百胜[④]从理论层面分析了资本利得税对股票收益率的影响，研究结果表明，资本利得税税率与股票收益波动呈反向变化关系。涂通[⑤]认为，我国开征资本利得税必然会对股市产生较大的冲击效应，原因在于我国证券市场上中小投资者所占比重较大，其心理承受能力比较弱；开征资本利得税也不利于企业从证券市场上融资，原因在于开征资本利得税后投资者将从证券市场上撤离资金，进而会影响证券市场的规模和结构。但是双方均认为，开征资本利得税是必然的趋势。还有一部分学者，将证券交易税和资本利得税相结合，主张我国构建复合证券税制。

## 五 关于我国证券市场税收的税负分析

基于实体经济的税负分析，国内外对税收负担的研究取得了较大的研究成就。这些成就主要体现在西方学者偏重计量方法和计量模型的分析，表现在税负归宿局部均衡和一般均衡分析、跨期动态均衡分

---

[①] 贺旭光、钱春海、欧阳令男：《我国开征资本利得税的一种可行性方案》，《经济与管理研究》2002年第3期。

[②] 陈游：《我国开征资本利得税的适用性研究》，《财会月刊》2009年第7期。

[③] 阮永平、解红：《资本利得税与我国证券市场的发展》，《税务研究》2008年第3期。

[④] 崔百胜：《资本利得税对股票收益波动影响的模型分析》，《河南金融管理干部学院学报》2008年第3期。

[⑤] 涂通：《论开征资本利得税对证券市场的影响》，《福建金融》2008年第7期。

析等；国内学者则偏重于税负的定性分析[①]。证券市场课税对象的虚拟性、高转嫁性、市场波动带来的不确定性等各种因素的影响，使得证券市场的税负分析更加复杂化、税负度量和界定更加困难，因此关于我国证券市场税收负担的讨论，国内的研究成果更是鲜为少见。而且，由于市场复杂性带来的税收数据无法获取，对我国证券市场税收负担的实证分析也仅仅是停留在印花税税负的分析上。有的学者通过分析我国证券市场现有税收政策布局，从税率和重复课税的分析中得出我国证券市场税收负担重的结论。这些研究主要体现在大部分学者证券市场税制改革的研究成果中。尹音频[②]在《资本市场税制优化分析》一书中，对资本市场的税收负担进行了比较详细的分析，基本上从传统的分析方法中，借鉴实体经济税收负担的分析方法，考虑资本市场换手率等影响因素，分析我国证券市场超额税收负担、适度税负，最后通过分析我国印花税在财政收入中比重的实证变化，提出优化我国资本市场税收的路径。尹音频、杨欣彦[③]认为，对证券市场课税不能课及税本，通过实证的分析方式，深入分析我国证券市场超额税收负担对市场的负面影响，提出了降低证券市场税收负担的途径。

此外，证券市场税制的研究，还应包括不同层次证券市场的课税问题研究和证券市场中介服务机构的课税问题研究。在我国，针对不同层次证券市场和中介服务机构的课税问题的研究比较少见，对不同层次市场之间的税收差别带来的不同市场之间的不公平税收待遇问题的研究更是少见。

---

① Arrow, K. J., *Social Choice and Individual Values*, Wiley, New York, 1951；于洪：《中国税负归宿研究》，上海财经大学出版社 2004 年版；刘飞鹏：《税收负担理论与政策》，中国财政经济出版社 1995 年版。

② 尹音频：《资本市场税制优化研究》，中国财政经济出版社 2006 年版。

③ 尹音频、杨欣彦：《我国证券市场超额税负或早已进入"拉弗禁区"》，《涉外税务》2008 年第 6 期。

## 第四节 研究述评与研究意义

### 一 研究文献述评

随着我国证券市场的不断发展壮大,市场参与主体的多元化和市场参与程度的提高,证券市场课税的问题逐步引起社会特别是市场参与者的普遍关注。近年来,如何通过完善证券市场税制体系,充分发挥税收手段对资本市场的调控能力,以税收手段促进证券市场的稳定健康发展,已经成为国内诸多学者广泛研究的主题之一。从这些研究主题来看,较多地集中在对我国证券市场公平课税和效率课税的研究,这些研究比较广泛,从不同的角度对证券市场的相关税收问题进行了比较系统的研究。但是,综观国内诸多研究的内容,虽然对证券市场公平课税和效率课税问题的研究取得了较大的成就,但是结合我国证券市场实际交投、市场监管以及市场运行方式情况,特别是上市公司以及市场投资者的交投行为和交投心理等实际情况,对证券市场运行全过程的公平课税与效率课税问题的系统性研究较少。特别是随着我国证券市场衍生产品的不断丰富和多样化,市场呈现主体多元化和市场结构的多层次化发展态势,而市场课税问题的系统性研究成果却鲜见,对如何解决一级市场课税不足、一级市场与二级市场之间税收差别待遇、债券市场以及期货市场之间税收差别等的公平课税问题,以及多层次证券市场税收征管过程的效率课税问题,如何利用税收手段调节证券市场特别是解决股票市场发行排队拥挤等现象,规范发行市场上市公司融资行为,提高证券发行质量,结合证券市场各环节各主体实际情况,进行税收布局,以便于市场发展等方面的研究相对缺乏。

### 二 研究意义

受金融危机和外部经济环境的影响,我国当前实体经济存在下滑风险，社会利润率下降，社会资本脱实入虚风险不断增加，实体经济不景气带来的社会资本呆账、债务风险也在不断增加，直接威胁国家经济稳定发展。作为社会融资的重要场所，当前我国证券市场发展不仅制度建设不够完善，而且诸多不规范的市场行为扰乱市场秩序，投机行为、徇私舞弊欺骗投资者特别是中小投资者，严重制约我国证券市场的稳定和发展，也使证券市场发展对实体经济的支撑作用降低。我国国有企业改革、产业结构转型升级、技术创新、化解银行系统的呆账坏账风险等改革，需要稳定健康的证券市场；应对外部不稳定因素对我国经济发展的影响以及实现养老金等的保值增值，也离不开我国证券市场的稳定和发展。

证监会、深交所以及上交所等市场管理机构多次提出保护中小投资者投资利益。现行证券市场一级市场上市融资的公司排队拥挤等市场问题对市场运行影响较大，不仅存在上市公司融资的盲目性，也存在融资行为的随意性，很大程度上体现在融资项目盈利能力和真实性等方面的粉饰融资行为比较常见。而且二级市场投机行为过重，真正优质的上市公司得不到良好发展。税收因素对证券市场主体投资行为的影响比较大，在加强市场监管和制度建设的前提下，证券市场公平课税与效率课税问题备受关注。然而在我国证券市场课税制度中，二级市场的各个环节税负布局不合理，一级市场的税收征管问题存在缺位，证券市场课税的效率问题更为明显。不仅市场投资者之间存在不公平课税，而且不同层次和不同金融衍生品之间的课税也是不公平的。合理的税收布局可以有效地调节市场，规避市场投机行为，也会积极影响市场主体的投资心理，杜绝市场损害中小投资者利益的投资行为，规范当前股票市场发行的排队拥挤等问题。结合我国证券市场运行的实际情况，探索我国证券市场的公平课税与效率课税的税收制度，对完善我国证券课税公平性，理顺证券市场税收征管效率性，合理引导社会资本投资，具有十分重要的研究意义。

# 第五节 研究框架、研究思路、研究方法和主要创新之处

## 一 研究的主要内容框架

### (一) 研究范围界定

美国经济学家斯蒂格利茨[①],从经济学原理角度出发,认为资本市场包括证券市场,是指"取得和转让资金的市场,包括所有涉及借贷的机构"。而以美国斯坦福大学教授詹姆斯·范霍恩[②](James C., Van Horne)为代表,从期限层面等方面考虑,指出资本市场是"长期金融工具的交易市场"。

从市场的功能出发,美国著名经济学家弗里德曼[③]指出资本市场是"通过风险定价功能来指导新资本的积累和配置的市场"。从近期国内相关学者研究并发表的相关论著来看,有些人认为资本市场就是指证券市场,包括股票市场。也有一部分人认为资本市场就是"金融市场"。尽管对证券市场的定义,不同的人有着不同的观点,但均认可证券市场是包括股票、债券、投资基金等各种有价证券包括衍生证券发行和交易的场所。

证券市场是证券发行和交易的场所,从不同的层面,证券市场的具体划分也存在不同。具体而言,按照证券产品的类型,可以将证券市场划分为股票市场、债券市场、基金市场和股指期货市场。按照证券市场的交投过程,社会普遍将证券市场划分为一级市场(发行市场)和二级市场(流通市场)两类,二级市场具体包括交易、转让、分配、遗赠等环节。具体如图 1-1 所示。

---

① 参见 [德] 汉斯-沃纳·斯恩《资本所得课税与资源配置》,赵志耘、郭庆旺译,中国财政经济出版社 1998 年版。
② James C., Van Horne, *Financial Management and Policy*, Prentice Hall, 1983.
③ 参见 [德] 汉斯-沃纳·斯恩《资本所得课税与资源配置》,赵志耘、郭庆旺译,中国财政经济出版社 1998 年版。

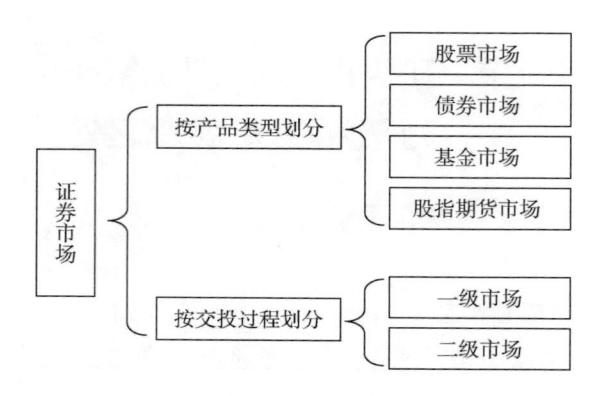

```
                        ┌─ 股票市场
            ┌─ 按产品类型划分 ─┼─ 债券市场
            │              ├─ 基金市场
证券市场 ─┤              └─ 股指期货市场
            │
            └─ 按交投过程划分 ─┬─ 一级市场
                            └─ 二级市场
```

**图 1-1 证券市场类型划分**

对证券市场税制，理论界从来没有明确、统一的界定。从税收法律关系视角，认为所谓证券市场税收制度，是指国家以法律形式或法令形式确定对证券产品和证券行为的各种课税原则和课税办法的总称。根据市场主体参与形式的不同，证券市场税收制度可以分为两部分，第一部分是直接税制，是指对直接参与证券交易的市场主体的交易行为、交易收益、投资收益以及赠与、继承等所确定的征税原则、税收管理办法的总称。第二部分是间接税，是指市场机构投资者的交易行为、交易所得、投资收益以及相关联的间接投资者的交易行为、交易收益等所确定的征税原则和课税办法的总称。由此可见，直接税主要是针对参与证券市场交易的个人投资者的交投行为和交投所得的征收，而间接税主要是集中在对机构投资者如基金投资者、私募投资者等的征收。具体见图1-2。

欧美各国证券市场课税制度比较成熟，对股票、债券等证券产品的税收征免均有相对详细的研究，在证券发行环节征收印花税，在证券交易环节征收交易税，在转让环节征收资本利得税，在投资收益环节征收所得税，在证券财产转移环节征收遗产税和赠与税，同时对证券机构征税，体现课税的公平性与效率性，对规范证券市场秩序、引导社会资本投资的过程中起到了良好的调节作用，较好地激活了市场资本集聚功能和规范了市场投资行为。从我国现有证券市场课税制度来看，我国证券市场课税主要涉及的税种包括增值

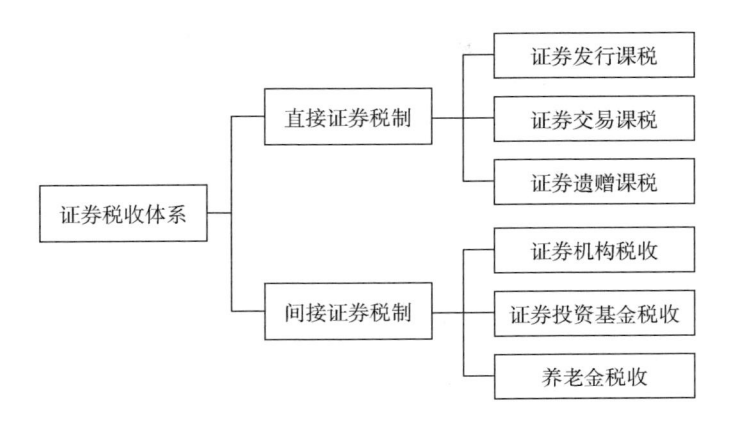

图 1-2　证券市场税收体系

税、印花税、企业所得税和个人所得税。具体税种在各交投环节的分布情况如图 1-3 所示。

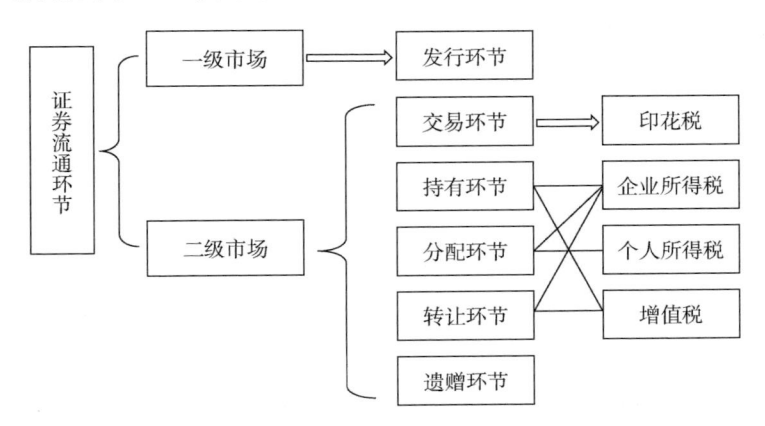

图 1-3　我国证券市场现有税种体系

本书主要是研究资本市场中的证券市场，且主要以股票市场为主要研究对象，部分涉及债券和基金市场，以整个交投过程中通常的关于一级市场和二级市场的提法为研究思路，结合我国证券市场涉及的相关课税制度，从市场交投实际，探讨一级市场和二级市场的交投课税制度不足、不恰当和不充分等问题，在文中的阐述主要以股票市场的一级市场和二级市场为主要研究对象，以市场平稳、有序、健康发展为主要目标，探究证券一级市场和二级市场交投课税制度的优化设计问题，主要是试图在对证券交投课税理论进行系统阐述的基础上，通过对现有制度下市场交投的分析，从促进市场平稳、有序、健康发展的目标出发，提出我国证券交投课税制度优化设计的具体设想。

**（二）研究的主要内容框架**

本书主要是针对证券市场本身的复杂性，综合应用金融市场理论、税收负担理论、制度经济学，采取规范分析方法、比较分析方法、实证分析方法相结合，国际比较与国内分析相结合的研究方法，结合当前我国证券市场粉饰欺诈融资、IPO堰塞湖现象、一级市场与二级市场税收差别以及二级市场税收负担不公且布局不够合理等问题，从我国证券市场和实体经济发展的实际出发，探究我国证券市场发展过程中如何实现公平课税与效率课税，充分发挥证券市场对社会闲置资本的集聚功能，实现虚拟经济与实体经济的良性循环。在此基础上，研究我国证券市场"走出去"与"引进来"过程中的税权保护问题。总体而言，本书的主要内容和框架主要包括以下几个部分。

1. 我国证券一级市场效率课税与公平课税问题研究

（1）针对当前我国证券市场一级市场与二级市场税收区别对待的情况，研究如何对一级市场的融资收入等效率课税问题以及各投资主体之间税收公平课税的问题。（2）设想构建将上市公司融资收入的课税与上市之后经营业绩保证的税收制度，从而提高上市公司质量，保护中小投资者的投资利益，避免上市公司故意粉饰财务报表欺骗中小投资者的行为。（3）探究培育机构投资者的课税设想。

2. 我国证券二级市场公平课税问题研究

根据我国证券市场发展的实际情况，对我国现行资本市场税收制度进行比较系统翔实的分析。主要包括：（1）研究市场不同投资主体之间税收公平问题。不同的投资主体，由于投资权限以及投资能力的大小等方面的差异，必然带来纳税能力的不平等问题。本部分主要从横向公平和纵向公平两方面，通过比较分析不同投资主体之间的实际税负以及不同投资主体的不同投资方式的实际税负问题。（2）研究市场不同交易环节的公平课税问题。主要是结合我国证券市场的实际情况，研究二级市场各环节之间税负水平问题，借鉴国外先进经验做法，从税种、税率等税收要素分析证券市场不同环节之间课税布局问题，论述资本利得税的开征问题。（3）研究不同层次市场之间税收公平问题。不同层次市场的发展，对不同投资者进行了相应程度的限制，这必然带来不同市场之间税收不公平问题，当前的平等课税问题导致了市场之间的非均衡发展，对整体证券市场发展非常不利。本部分通过对不同层次市场之间实际税负水平的政策性探讨，根据不同市场发展和不同市场盈利和融资功能等，研究不同层次市场之间的税收公平问题。

3. 我国证券二级市场效率课税问题研究

在第二部分不同投资主体、不同层次市场、不同交易环节等实际税负分析的基础上，研究证券市场的最优课税问题，如最优税率问题等。（1）简要回顾我国证券市场发展历程，对我国证券税收调整对证券市场的影响程度进行比较分析，在此基础上，充分全面地阐述我国现行税收课税对证券市场的效率性问题。（2）在对世界主要国家证券课税制度进行分析的基础上，结合西方主要发达国家证券发展历程，探索西方发达国家证券课税效率性的制度性问题。（3）通过对现行有关证券市场税收政策的分析，研究我国证券市场课税效率低下以及税收流失的问题，进而分析如何实现对我国证券市场交投行为进行有效课税。

4. 我国证券公平课税与课税效率的制度选择

试图针对国家提出建设多层次、多元化、多环节的资本市场的目标，从税制设置思想和原则切入，针对证券市场税收征管混乱的问题，结合证券市场运行的特殊性，从公平课税和课税效率两方面，提出进一步优化证券课税的税收制度构想和设想，并对如何利用税收手段规范市场主体行为，促进市场稳定健康发展，提出对策建议，以供参考。（1）针对当前我国税收公平机制存在的问题，在借鉴国外税收公平相关政策经验的基础上，根据目前我国证券市场发展的需要及新一轮税制改革的目标,从新税收公平的两个层次目标出发,探讨实现证券市场公平课税的有效途径。(2)在全面分析的基础上,对我国现行证券课税存在的制度性缺陷等问题,根据"十二五"税收改革的目标,充分借鉴国外先进经验,从市场主体税收遵从成本以及课税的市场经济效应两方面出发,探索实现证券市场真正意义上的课税效率的有效制度选择问题。

5. 我国证券市场国际课税问题研究

资本是贪婪的,也是逐利的。本部分针对我国证券市场国际化进程,主要探究我国证券市场"走出去"与"引进来"过程中,如何借鉴实际经济的国际税收协定等措施,既保护我国证券市场的国际税收利益,又促进我国证券市场国际投资者的培育。

## 二 研究的基本观点

(1) 税收作为国家重要的宏观调控手段,一方面具有间接性、稳定性和导向性等比较优势,另一方面也可以形成稳定的财政收入,特别是在实体经济发展需要减税的前提下,优化证券市场公平课税与效率课税制度设计,有利于为实体经济腾出减税空间,促进虚实经济之间良性循环。

(2) 利用税收手段调节证券市场的运行,是世界各国普遍的做法。证券市场课税不仅不会影响市场的流动性,合理的税收制度设计还会促进证券市场稳定健康发展,提升市场的竞争力,从而提升市场对社会闲置资金的"储水池"功能。其关键是课税政策的设计。

(3) 我国当前证券市场课税,不仅存在不同投资主体、不同市场环节和不同层次市场之间的公平课税问题,也缺乏效率课税。不仅对一级市场融资行为的课税缺失,缺乏相应税收等手段对上市公司融资行为进行监控和规范,而且二级市场课税制度存在课税面窄、印花税双重性、重复征税等问题,更为重要的是现行课税制度并未形成"以税控市"的调控思路,而是体现一种"以税养市"的调控思路。我们应从税种设置、税率结构选择、计税方法、不同交易环节的税收布局等方面构筑我国证券市场公平课税与效率课税的制度架构。

（4）多层次的资本市场结构建设，必然要求相应的课税制度与之相适应。合理的税收制度是促进证券市场稳定健康发展的重要举措，也有利于提高证券市场的竞争力。证券课税不仅要公平，而且要有效率，在合理调节市场的同时，避免市场税收流失。

（5）我国证券市场特别是股票市场不仅存在一级市场与二级市场税收差别的问题，而且不同市场投资主体之间也广泛存在税收区别对待的问题，这是我国证券市场异常波动产生的制度因素之一。

（6）通过合理地优化税收制度，可以有效地避免市场损害中小投资者投资利益的行为，合理引导市场投资行为也有利于培育和发展市场机构投资者，稳定市场发展。

（7）经济全球化背景下，证券市场国际税收利益保护成为新兴发展国际不可忽视的问题，不仅需要合理培育国际投资者，而且需要在"走出去"与"引进来"双向进程中，合理保护本国税收利益。

## 三 研究思路与研究方法

### （一）研究思路

本书结合我国证券市场运行的实际情况，针对我国当前证券市场课税存在的非公平与课税效率低下的问题，通过对不同层次的投资主体实际税负的分析，试图探索我国证券市场的一级市场、二级交易市场、遗赠与转让环节的公平课税与效率课税的问题，杜绝二级市场损害中小投资者利益的交投行为以及规范我国证券发行市场的融资行为；探究将上市公司融资收入课税与上市后经营业绩挂钩的思路，解决并缓解当前我国证券市场发行的拥挤问题，避免上市公司粉饰财务报表上市后欺骗中小投资者的行为；探究我国证券市场的国际化进程中国际投资课税利益保护的问题。总之，本书设想了如何通过公平课税与效率课税，解决当前我国证券市场上市融资拥挤，保护中小投资者利益，培育机构投资者，充分发挥证券市场的社会资本集聚功能，提高证券市场自身竞争力。

## （二）研究方法

本书采取规范分析方法、比较分析方法、实证分析方法、定量分析方法，对资料数据将采用模拟操作收集或者通过证券公司进行田园式调研方式获取。

## 四　可能创新之处

### （一）研究视角的创新

本书主要是税收学、金融学和制度学的交叉研究，关于证券市场课税的研究，主要是体现在对国外课税制度的比较借鉴和对课税主要是印花税的调整对市场运行所产生效应的分析。综观国内外的研究成果，虽然存在以印花税调整的效应为对象进行的研究，但是比较狭窄，过于片面，缺乏系统性的数理分析推导后的市场数据计量印证分析。关于证券市场课税制度优化的研究，虽然成果比较多，但基于中国证券市场实际交投、监管以及市场运行方式情况，特别是上市公司以及市场投资者的交投行为和交投心理等实际情况，将税收作为市场治理手段，结合市场不同交易环节、不同投资主体以及不同层次市场来分析现行市场课税制度所存在的公平课税与效率课税问题的系统性研究却鲜见。从已有的研究成果来看，本书在研究视角上具有一定的特色和创新之处。

### （二）研究内容的创新

本书不仅结合市场实际交投行为的课税视角进行了制度性分析，还结合市场建设目标和市场运行实际存在的问题，提出了具体的解决思路。这主要体现在以下几个方面：一是提出将上市公司融资收入课税与上市后经营业绩挂钩的思路，解决一级市场与二级市场之间的税收差别对待，缓解当前我国证券市场发行拥挤的问题，避免上市公司粉饰财务报表上市后欺骗中小投资者的行为。二是探究我国证券市场"走出去"与"引进来"过程中的税权保护问题。三是在确立证券所得课税的基础上，允许个人投资亏损限额抵扣，提出通过以持有时间和盈利规模等为依据的累退性课税方法引导市场价值投资、抑制短期投机行为的解决思路。

(三) 研究观点的创新

本书认为课税不会影响证券市场的流动性，通过税制的合理设计，不仅可以优化市场，还能有效地保护中小投资者利益和本国税权。合理的税收制度是促进证券市场稳定健康发展的重要举措，也有利于提高证券市场的竞争力，避免市场税收流失。通过合理地优化税收制度，可以有效地避免市场损害中小投资者投资利益的行为，引导市场投资行为，有利于培育和发展市场机构投资者，稳定市场发展。经济全球化背景下，证券市场国际税收利益保护成为新兴发展国家不可忽视的问题，不仅需要合理培育国际投资者，而且需要在"走出去"与"引进来"双向进程中，合理保护本国税权。

# 第二章　证券市场课税的相关理论
## ——从政府角色到课税要求

证券市场课税首先要回答政府应该做什么，政府需要一个什么样的资本市场，为什么需要税收政策，与其他监管措施相比税收政策的优势在哪等基础性研究问题。宏观调控目标决定政府市场角色定位，进而影响市场调节工具的选择。政府对证券市场的不同政策目标，影响着证券市场中政府角色的定位问题。税收是国家宏观调控的重要手段，从市场交投来看，与行政手段、法律手段等监管手段相比，税收调控手段具有比较优势。合理的税收布局，不仅可以优化市场，稳定市场预期，抑制市场投机行为，还可以利用税收政策的合理布局，实现对市场交投行为的利导，保护中小投资者的合法权益。特别是根据市场短、中、长期交投策略，实施差别税率，引导价值投资。然而，政府课税行为主要是通过信息机制、心理预期机制和经济变量机制等影响证券市场交投行为，证券市场的虚拟性和零和博弈等特性，带来证券市场课税的特殊性。最适课税理论认为在信息不对称的前提下，政府可以通过税种的设置、税制结构和不同税收政策的灵活运用，实现税收的公平与税收效率的兼顾。本章内容主要是从政府对证券市场的目标需求，探讨证券市场中政府角色定位问题，进而阐述证券市场课税的传导机制与作用机理等问题，阐述证券市场课税的特殊性问题，在此基础上阐述证券市场课税的最适课税理论。

# 第一节 目标、角色与工具：证券市场税收调控优势

证券市场中政府角色定位，历来都是学界和市场普遍争论的问题。从学界的研究文献和市场普遍的认识来看，目前主要存在两种相对立的观点。一种观点认为证券市场的运行有着其自身的规律，市场化程度比较高，应该弱化政府对市场的干预，降低政府不适和滞后的干预政策对市场造成的不利影响，让市场参与主体在市场规律下自发地运作发展，并逐渐成熟起来，尽量避免政府政策干预对市场行为的扭曲，避免"政策市"现象。另一种观点则认为，证券市场的良好发展对经济产生很强的支撑作用，证券市场特别是股票市场的发展，可以充分发挥证券市场对社会闲置资本的融资功能，充分发挥证券市场价值发现功能，实现优化资源配置。证券市场的非理性发展，对国民经济发展及其他市场的运作产生重要的负面影响，更何况市场发展还存在突发事件对股票市场产生的忽上忽下的剧烈波动影响，因此从稳定市场发展、优化社会闲置资本配置等方面考虑，强调政府对证券市场的干预和监管，主张政府运用各种政策手段稳定市场发展，避免证券市场的非理性发展对实体经济的影响，主张政府运用各种手段和措施引导证券市场发展，为实体经济发展服务。

两种观点从不同的角度对政府角色进行了阐述，但其争论主要是政府干预的程度如何，以及应该采取什么样的干预态度的问题。而要回答政府在证券市场的合理角色定位问题，是一个十分复杂的问题。在我国证券市场还不够完善的前提下，讨论政府在证券市场运行与发展过程中的角色定位问题，是十分必要的。然而，这需要从政府需要一个什么样的证券市场开始，讨论政府在证券市场中的职责范围。

## 一 政府对证券市场的目标

关于政府对证券市场的目标问题,实际上就是政府需要一个什么样的证券市场的问题。而要回答这个问题,需要首先从证券市场具有的基本功能开始阐述。根据金融市场理论,一般来说,证券市场具有社会闲置资本集聚与融资、价值发现和资源配置三个方面的功能。而融资特别是对社会闲置资本的融资功能是证券市场最为基本的功能。只有在具备了基本的融资功能的基础上,市场的价值发现和优化资源配置功能才能实现。虽然不同的国家在不同的发展阶段,对证券市场的发展具有不同的发展目标,但最为基本的目标仍然是对社会闲置资本的融资。通过对社会闲置资本的融资,实现证券市场服务实体经济发展的目标,特别是服务于特定时期实体经济改革发展的目标。

然而,充分发挥证券市场对社会闲置资本的集聚融资功能需要稳定的、避免大起大落的证券市场环境,必须抑制市场投机行为,鼓励价值投资,才能真正实现对证券产品的价值发现功能,进而实现社会闲置资源的优化配置。稳定的、价值投资理念浓厚的证券市场,一方面可以吸引参与主体规模扩大,吸引社会闲置资金的流入,真正发挥证券市场对社会闲置资本的"储水池"功能;另一方面,可以激励证券产品供给方,努力做好证券产品所依托的实体经济的盈利能力,回报证券产品持有者,形成虚拟经济与实体经济之间的良性循环。因此,暴涨暴跌、投机炒作、包装上市等现象普遍存在的证券市场,并不是政府需要的证券市场环境。

经过 20 多年的发展,我国证券市场规模不断壮大,已经跃居为世界第二大市值的证券市场,参与主体呈现多元化,逐步形成多层次的证券市场体系。从每个月 IPO 上市发行融资的企业家数量变化情况和发行速度来看,证券市场对实体经济发展的支撑作用不断增强。党的十八届三中全会明确提出,健全多层次的资本市场体系,提高直接融资比重。从党的十八届三中全会以来的各种关于证券市场稳定发展的政策性文件来看,维持稳定的证券市场,提高社会的直接融资比重,是当前我国政府对证券市场发展的主要目标，特别是在经济危机所带来的宏观经济环境下，国内外经济不确定性增强，维持稳定的证券市场环境，避免投机行为盛行，营造价值投资理念，通过增强证券市场的价值发现功能而实现对社会闲置资本的集聚与融资功能，为经济社会改革发展提供融资支持，实现虚拟经济与实体经济的良性互动发展，应该是我国现阶段证券市场发展的目标。

## 二 证券市场中政府的职责范围

关于政府在证券市场的具体职责范围问题，无论是证券市场的实际参与者，还是学界的文献资料，都没有定论。但不可否认的是，大家比较统一的观点是由于市场失灵的存在，政府对证券市场运行进行适度干预的必要性，而且从福利经济学文献中也可以看出政府对经济干预的必要性。从政治学的角度来说，一般政府具有稳定与发展经济、优化资源配置以及规范市场行为等经济管理职能。

证券市场是以股票、债券为主要产品的证券发行和交易的场所，它是一国市场经济发展到一定阶段的必然产物，同时也是为解决国家经济发展过程中资本供求矛盾和流动而产生的市场产物。从欧美各国经济发展的历程来看，证券市场的稳定健康发展对一国经济发展产生重要的影响。一方面，证券市场作为金融市场的一个重要组成部分，其投资功能对社会资本特别是社会闲置资本具有"集聚"作用，也是社会闲置资本的"储水池"。从相关文献对欧美各国证券市场发展的梳理可以看出，在有效市场的前提下，证券市场具有将资金从资金剩余者流向资金需求者，为资金不足者筹集资金的功能。在此双向进程中，证券市场也成为各类投资者的投资渠道，在国际上已成为个人和企业不可或缺的理财工具。因此，在投资—筹资—经营—回报的简易市场循环进程中，稳定健康的证券市场能够实现虚实经济之间的良性互动，实现社会资源的优化配置，更好地服务于实体经济。但是另一方面，市场主体的逐利性、交易行为的投机性等所带来的市场泡沫，是对一国实体经济发展的潜在威胁。一旦证券市场非理性的市场泡沫超出其实体经济的承受，导致市场泡沫破裂，将会带来实体经济发展的巨大负面影响。虽然证券市场是市场经济成分相对比较高的市场，但是由于市场失灵的存在和市场自律调节所带来的不利影响，要求政府保持适度的干预。之所以是适度的干预，是因为政府信息失灵和政府干预的滞后性等方面的影响，导致政府干预往往存在失效。"有形之手"过于伸长，会对"无形之手"产生阻碍。

从理论上来说，"有形之手"与"无形之手"的有机结合是现代市场调控的最佳选择，但无论是理论界，还是实际的调控者，如何界定两者之间的职责范围，同样是引起广泛争论的话题。就目前我国证券市场而言，也存在诸多的市场运行问题，比如一级市场粉饰、欺诈发行，"病从口入"，二级市场的抱团取暖的投机行为、虚假信息披露等问题。但是，如何促进市场稳定健康发展，已经是目前市场参与者和学界广泛讨论的话题。

从福利经济学的视角来看，社会资源的优化配置与收入公平分配是社会福利基本的评价和衡量"效率"与"公平"标准。作为企业融资和社会闲置资本持有者的交易场所，证券市场具有资源配置功能和社会财富再分配的功能，理应遵循社会福利最大化的原则。上市公司利用政府设置的证券市场平台，通过发行证券产品筹集大量闲置资本，扩大或追加投资而进行社会资源配置。如果政府对上市公司的经营缺乏监管，不能很好地监管筹集资金的有效利用，投资者与筹资者之间的信息不对称，必然影响社会资源的最适配置问题。特别是在我国当前证券产品的发行制度下，政府更应该对筹资方的资金使用情况进行监督，以保证投资者的利益，防止"病从口入"，提高上市公司的质量，避免社会福利呈现弱化的趋势。另一方面，政府应该加强市场制度建设，对损害市场运行的各种投机、违法行为予以约束。因此，从福利经济学的视角来看，建立健全证券市场的制度，特别是直面市场交投行为的约束规范制度建设，是政府在证券市场的主要职责之一。

某种程度上来说，证券市场就是一个信息市场，信息的充分程度、及时性和准确程度是市场各方正确决策的重要因素，也是市场是否成熟的一种体现，对市场主体的交投行为产生直接的影响。从信息经济学的角度来看，完全竞争市场是一个信息相对充分的市场，但对于实际经济环境来说，完全竞争市场只是一个理想的市场环境，我们面对的更多是信息不完全对称的市场。现实的证券市场中，广泛存在信息的不对称性。正是信息的不对称性带来不同投资主体之间的博弈，也正是由于信息不对称，市场广泛存在的"内幕交易"等逆市场行为损害处于信息劣势的中小投资者利益和扰乱市场秩序。从世界各国证券市场建设来看，各国都把信息公开作为市场建设的首要环节，通过一系列法律法规规范信息披露行为，减少甚至消除信息不对称性所导致的市场秩序问题，保护中小投资者利益。特别是我国现阶段的证券市场，规范信息披露以及加强信息披露质量监管是我国当前证券市场急需的建设内容，不仅是上市公司的信息披露，还包括对市场信息，特别是一些从业人员和从业机构的信息披露等的制度规制，应避免市场出现虚假市场信息的散布所导致的市场非理性行为。

从资源优化配置来看，证券市场通过证券产品价格引导社会资本流动，从而实现对社会资源的配置功能。在证券市场上，证券产品价格的高低是由该产品所能提供的预期报酬率的高低来决定的。一般来说，证券产品的依托者未来的发展前景好，经营布局能够给企业带来预期的高报酬率，其获得社会资金的追逐度就高，筹资能力就强，市场价格相应就高。证券市场正是利用价格信号和各种信息等引导资本流向预期高报酬的企业或行业的证券产品，从而使证券产品筹集的资本得到较高的使用效率，实现社会资源的合理优化配置。因此，从资源优化配置的视角来看，虽然政府不应对市场具体的交投行为等进行过度的干预，但是政府应对市场不合理的投机行为进行干预和监管。对市场筹资项目的真实性、筹集资金的使用和投向等进行监管，避免通过炒作的方式实现证券产品价格波动，合理引导资金的流向。特别是在证券市场发展不够成熟的情况下，相关制度建设远未达到成熟市场要求，政府的适度干预可以优化资源配置效率，减少资源因市场自身力量而遭受的内耗。

至于当前中国证券市场的实际情况，一方面产品的供给方包装上市、粉饰上市、欺诈发行、上市公司虚假陈述，损害中小投资者的利益，上市公司一级市场的各种违规违法的行为多种多样。2012—2016年期间上市发行招股说明书中都出现前三年公司财务经营指标，通过对上市发行后1—2年的经营跟踪了解，就可以发现这种包装、粉饰达到高价发行的欺诈、虚假行为普遍存在。有的上市公司甚至上市不到一年的时间即发生业绩变脸。另一方面，二级市场上机构投资者以及机构投资者之间抱团炒作，利用自身的资金优势、持股优势和信息优势，有的甚至与上市公司配合，操纵股价，或者散布虚假信息，引诱中小投资者跟风操作，致使中小投资者的利益受损。市场对中小投资者利益保护的相关法律法规比较欠缺，中小投资者利益受损维权不够，也得不到必要的补偿，更为严重的是，操纵者得不到高违法成本的惩罚。而且，投机氛围浓厚，价值投资行为受损。业绩差、资金操纵的产品价格暴涨、疯涨的现象屡见不鲜。就当前我国证券市场而言，政府的职责应该主要是做好制度建设和信息监管两个方面。在通过制度建设，引导上市公司融资的同时，加强对上市公司经营，特别是其招股说明书的预期经营实现情况的监管，因为市场投资者是根据其招股说明书的承诺而进行投资的；通过制度建设引导上市公司合理退市，有进应有退，不可能只进不退或者说进多退少，通过合理的监管制度建设，引导上市公司退市，提升市场供给方的质量；通过制度建设合理引导业绩好、真正经营好的上市企业回购股权和发行股份融资，避免同一经营项目不同程度的多次融资。加强信息监管，不仅仅是上市企业的信息披露监管，同时也要加强市场特别是二级市场各种消息来源的监管，防止各种虚假信息的散布；规范信息发布，利用制度建设避免虚假信息导致的市场操纵行为。加强市场风险教育和提示，而不应对市场实际的交投行为进行直接干预，合理划分政府与市场的调节范围。

## 三　证券市场税收调控的比较优势

一般来说，国家宏观调控的手段主要包括经济手段、法律手段和必要的行政手段。从世界各国宏观调控来看，任何国家均不是单一手段的调控，但是对单一事件的调控，要视情况所侧重的调控手段不同。对于证券市场调控，由于证券市场调控的复杂性，单一手段的调控是不可能，也是不现实的做法。税收是国家宏观调控的重要经济手段，利用税收政策的合理布局规范、调节证券市场交投行为，是世界各国的普遍做法。通过整理比较不同国家的证券市场监管模式发现，经济手段与法律手段相结合调节下的行政监管、行政监管下的经济和法律手段的调节，是当前不同国家证券市场调节的两种不同的方式。从证券市场的实际交投行为以及证券市场运行的特殊性来看，与法律手段和行政手段等其他监管措施相比，税收手段有其自身的优势，从而为世界各国普遍采用。

第一，税收政策的调节具有稳定性。税收具有强制性、固定性和无偿性三个重要特征，因此有的学者称税收手段也是一种法律手段。证券市场对信息是非常灵敏的，我国的证券市场具有浓厚的"政策市"特征，稳定的政策预期对市场运行至关重要，特别是在市场交投行为还不是很成熟的市场环境下，稳定的市场环境对培育和发展证券市场也是十分重要的。稳定的政策预期可以避免市场由于政策不可预期和突然性等所导致的非理性波动。税收的确定性、固定性特性，给证券市场带来稳定的政策预期。而且，税收手段对证券市场的调节主要是通过影响投资者未来预期收入水平，从而间接地影响市场的交投行为。税收政策、税率结构等不同税收手段在不同交易环节、不同层次市场之间的合理布局，可以对市场投资者特别是中小投资者的投资行为进行引导，可以利用课税行为对市场交投行为以及交投所得等的影响，利用不同交易环节和不同交易规模等的税收交易成本的相互牵引，达到平衡市场交投行为，引导市场价值投资，从而实现促进市场理性波动、稳定交投环境的目的。此外，税收本身具有"自动稳定器"的调节作用，由于税收的合理布局，随市场波动而形成的税收交易成本波动所带来的对市场过度交投行为的抑制作用，也在很大程度上形成投资者过度拉抬和过度拉低市场的阻力，从而对市场形成一定的自动稳定作用。

第二，税收政策的调节具有间接性。在市场经济下，税收调控的职能越来越重要，力度越来越强烈，领域越来越广阔，调控地位得到提高，税收成为国家手中主要的宏观调控手段之一。正如有些学者的观点，税收手段是具有无偿性和强制性的法律手段，税收政策的运用并没有像行政手段那样对社会经济活动产生直接的干预行为，而是一种间接性的调节、规范行为。政府只是根据市场行为，通过对政策税种设置、税率、减免税甚至惩罚性税收政策等对实际的市场行为产生影响，这也是进行税收调节而减少行政性干预的主要缘故。证券市场是一个信息的市场，正如上述所阐述的那样，税收政策主要是通过影响不同投资者预期收入，通过信息冲击方式影响投资者的交投行为。与行政手段相比较，税收手段与法律手段并没有通过行政命令的方式禁止、限制市场的交投行为，相反其通过税收政策的合理布局，调节不同市场环节的交投行为。比如，通过持有时间长短，实行逐步递减甚至免税的税收政策，引导投资者进行长期价值投资，抑制短期投资行为。再如，不用通过行政或者法律的方式规定上市公司必须分红的比例，而是通过采取适当的抵扣方式允许分红所得在企业所得税前扣除，避免现有所得税的重复征税问题，引导、诱导上市公司分红，鼓励上市公司回报投资者。运用税收手段调节证券市场是世界各国普遍采用的经济调节手段，可以降低或减少政府对市场行为的直接干预程度。

第三，合理的税收布局不仅可以调节市场，引导市场资本流向，促进资源的优化配置，而且对市场具有监管功能。税收因其调节的广泛性、直接性、有效性以及微观调节和宏观调节的统一性，成为调节市场经济最重要的杠杆。证券市场的运行包括发行环节、交易环节、分配环节、转让环节以及遗赠环节，不同环节的税收政策布局，对不同环节交易行为产生不同的影响，不同交易环节相互衔接、相互影响。而且，从市场实际交投的过程来看，不仅存在单一环节课税规范作用，而且不同环节和不同层次市场之间的税收合理布局，可以有效地形成市场调节作用，引导市场资本流向，抑制投机行为，促进资源优化配置。比如，通过对不同证券产品的差异化税收政策，引导市场资本流向，通过对一级市场实施比例税率，引导上市公司合理融资；通过差异化税率以及结合市场交投行为的税收优惠政策,引导市场价值投资,促进社会资源流向高收益领域,从而促进社会资源优化配置。此外,惩罚性的税收政策,可以对市场形成一定的监管作用。在一级市场将企业的融资行为的业绩承诺与上市后的经营业绩相挂钩,实施递减的惩罚性税收,监督上市公司融资后的经营情况,避免粉饰上市、包装上市等行为。通过递减性质的税率结构,引导中长期价值投资,通过短期高税、长期低税的税率设置,避免短期投资行为,从而在一段时间内减少抱团取暖,形成对利用资金优势等进行炒作的监管作用。经过多层次、多环节、多角度运作,实现对证券市场的调节,引导社会资本流动,达到社会资源的合理配置。通过税率的高低、税负的轻重、税收政策的宽严,引导不同参与主体的投资资本合理流动,促进资源优化配置。

第四,可以利用税收政策的导向功能,保护中小投资者利益。这主要是体现在课税方式和课税依据等税收要素选择对市场的导向功能上,引导价值投资,抑制投机行为。正如上述所说,将业绩承诺与上市后经营情况挂钩,根据上市后完成融资承诺的业绩保证的期限长短,实施差异化税收政策,引导上市公司努力经营。通过允许上市公司利润分配税前扣除,根据投资者持股期限长短实施减税政策,引导上市公司分红,引导上市公司融资后努力经营,回报股东。利用税收政策引导上市公司质量建设,防止"病从口入",从而保护中小投资者利益。也可以利用税收政策的导向功能,引导、鼓励上市公司进行股权回购,避免现行市场普遍存在的股权重复融资、不同利益企业与市场博弈的原始股问题,从而保证中小投资者利益不受损害。

第五,税收调节手段可以形成政府稳定的财政收入。在税收政策合理布局,对市场形成良好的限制和引导价值投资的前提下,市场主体博弈趋向理性,那么税收手段不仅调节市场,引导市场行为,而且可以形成政府稳定的财政收入。特别是在当前经济形势不容乐观,降税减负与财政支出增加形成一定的财政压力的情况下,选择税收手段对证券市场进行调节,可在形成虚实经济良性循环的同时,获取稳定的、规范的财政收入来源。

## 第二节　证券市场课税的理论依据及特殊性

### 一　关于证券市场课税的理论依据问题[①]

关于证券课税的讨论，一般来说，主要有商品流通课税学说、证券市场管理学说等几种观点。商品流通课税学说，将证券市场产品看作实体经济市场中的实体商品，按照商品流通课税的理论来解读证券市场的课税行为，此时，证券市场的交投行为实际上已经变成了社会经济运行过程中的商品买卖行为，这就为证券交易、转让、赠与和继承等行为课税提供了理论依据。证券市场管理学说，主要是从课税对证券市场规范、有序运行的视角予以解说的，认为政府的课税行为对证券市场的运行起到积极的作用，可以有效抑制市场投机行为，挤压市场泡沫，也有利于实现市场围绕市场价值基础运行。

在证券市场存在的前提下，对证券市场实施有效的课税行为，有效地贯彻税收原则，是国家政权管辖能力的一种体现，可以充分发挥税收的调控职能。

（一）政府介入证券市场的理由

1. 证券课税体现了国家政治权力的管辖能力

从税收原理学中我们知道，税收是国家凭借政治权力，依据法律，强制、无偿地参与社会产品和国民收入的分配过程总称，从中以税收行为攫取国家财政收入。这些税收收入是国家为国民日常经济活动提供保障的物质基础。同样，证券交投行为也是在国家政治权力的管辖范围之内的，国家一方面要为证券市场运行提供稳定、有序的宏观经济环境；另一方面，要防止证券市场泡沫化导致实体经济的破坏。证券市场的交投行为不能也不可能超越国家的政治权力。特别是在证券市场发展与实体经济发展越来越紧密的社会里，维护和调控好证券市场是国家宏观调控不可忽视的市场领域，因而

---

[①] 杨志银、柯艺高：《中国证券市场税收问题研究》，科学出版社2012年版。

国家有权对其进行征税，利用税收杠杆对市场交投行为以及市场运行进行调控。

2. 证券课税是贯彻税收原则的要求

最基本的税收原则包括财政收入原则、效率原则和公平原则。课税体现税收的财政收入原则是显而易见的，同时，政府课税行为有利于对市场波动进行调节，特别是市场投机行为过重、泡沫化程度比较大的时候，课税行为可以有效挤压市场泡沫，降低投资风险，保证市场运行。因此，证券课税可以体现税收效率原则和公平原则。

（1）证券课税符合税收财政收入原则的要求。税收是国家财政收入的主要收入来源，税收财政收入原则要求广开税源，普遍征税，为国家筹集财政收入。从当今社会证券市场运行来看，证券的发行、交易、转让、遗赠等证券市场活动，均需要良好的国家社会秩序和一系列的外部条件。因此，按照公共品消费的价格理论来说，持有证券以及从事证券交易的各种经济利益主体均应该合理适度地承担相应的纳税义务，保证实现国家职能的财力需要。

（2）证券课税是实现税收公平原则的需要。税收公平原则包含税收负担的公平、税收的经济公平和税收的社会公平三个方面的含义。税收负担的公平要求具有同等纳税能力的人应承担同等水平的税负。在证券市场上，参与证券交投的各种经济利益主体通过交易，或参与股权投资分红，一般都会取得一定的收益，因此，应承担同等的纳税义务。虽然纳税的数额会因获得收益的大小而不同，但税负水平应该是同等的。而税收的经济公平需要通过课税机制产生的经济利益主体之间的税收负担公平，从而带来平等的竞争条件和环境。有商品流通就需要纳税，一般的商品流通缴纳商品流转税。证券是变现能力较强的特殊商品，因此，对证券的交易也应征收流转税。从证券交易所得来看，这类所得并不是真正的实际产生的收益，如果对实际劳动所得征收所得税，而对于类似于这种交易所得的不劳所得予以免税，那么会助长社会投机与惰性，难以在两种经营中形成平等竞争的经济环境，不利于从事各行各业经营的经济利益主体之间的公平竞争。再者，税收的社会公平要求通过征税机制对社会成员进行财产和收入再分配，使之趋于一定程度的公平。在证券交易过程中，证券交易者有可能获得暴利，也有可能严重亏损。由于其已经参与市场交投，发生了经济行为，亏损情况也是证券课税的情况。因此，不仅应就其行为进行课税，还应对其交易所得进行课税，而且，对于暴利部分还应课以相对较重的税收，以调节收入分配，体现社会公平原则。不过，这种证券课税实现的社会公平分配相对来说比较少，往往会因为交投过程中的诸多因素影响而被弱化。

（3）证券课税是实现税收效率原则的需要。税收效率原则要求在征税时考虑税收对经济资源使用的影响，保持经济资源的有效使用。从这一原则来看，如果仅对从事其他经济活动的主体课税，而对证券交投不征税，必然会使社会各经济利益主体的资金纷纷从其他经济活动中转出，转入证券投资，引起证券市场的暴涨暴跌，从而抑制社会其他行业，特别是生产性实体经济行业的发展。此外，通过证券课税，增加交投成本，降低市场交投活跃程度，影响投资者的交投决策，从而避免由于非税交投成本带来的市场剧烈波动，不利于市场的稳定健康发展，保证市场融资功能的实现。

**（二）资本利得与其税务处理**

1. 资本利得及其来源

对于资本利得的讨论，首先得确定资本性资产。对于资本性资产的确定，现实中没有现成的定义。美国税法中将资本性资产定义为纳税义务人持有的财产，但是不包括下列资产在内：（1）各项存货；（2）以销售为目的而购进的资产；（3）用于商业贸易的折旧资产；（4）用于商业贸易的不动产；（5）版权、著作权、音乐及艺术作品许可与契约书等个人创作的财产，以及与之相类似的资产；（6）正常商业贸易的应收账款和应收票据；（7）政府出版物。

这种反列举方法主要是为税务征收实践提供方便。应当指明的是，股票、国库券、公司债券以及其他有价证券，除特定之外，通常都属于资本性资产。虽然它们属于个人持有的财产，但是经营目的不一样，不能全部作为资本性资产看待。因商业贸易而持有的则属于资本性资产。个人持有的不动产，也通常被认定为资本性资产。

由此可见，虽然对资本性资产没有统一的界定，但是普遍认为，资本性资产是以使用而非再售出为目的所购入和持有的资产，主要指作为企业或个人存量财富的资产，包括有形与无形的资产项目。有形资产包括土地、房屋、建筑物、工厂等不动产，以及机器设备，黄金珠宝，对子公司以及关联企业的股票、债券的投资等有形动产和有价证券。无形资产包括专利、商标以及商誉等。

资本性资产大体上可分为股票、不动产、债券、个人用资产、保（增）值性个人资产以及其他资本性资产。

关于资本利得概念的界定，不同的学者有着不同的观点。经济学家劳伦斯·塞尔茨（1951）将资本利得与经营所得相比较，认为资本利得是因为市场价值变动带来的所持有的资产价格的变动，通过变卖而形成的买卖价差所得，与经营所得不同，这种所得的持有者并不是为了经营而进行库存，也并非类似于经营所得那样通过实际经营积累而获得的产值增值，而纯粹是因为市场价格上涨而带来的获利，具有一定虚拟性，且不具备连续性和规律性。相应地，其认为资产损失是资产市场价值下跌带来的损失。我国台湾学者周玉津则认为，资本利得是持有者买卖类似于股票、土地、房屋等资本性资产而产生的增值所得，同样将资本利得等同于资本性资产买卖差价所得[①]，但是其肯定了市场资产价格波动的不确定性，认为资本所得是一种持有者不可预期的偶然所得，并非因为持有资产、劳动经营而获得的结果，并非耗费资本、人工、技术等劳动资源的结果，肯定了资本利得具有市场零和博弈的特性。从理论上来说，资本利得的产生主要有以下几个方面的因素：（1）资产的量、形态、效用等本来的实质价值是不变的，但是伴随着通货膨胀导致货币贬值，产生货币性增值；（2）市场利息率上下变动，或税收制度变更以及市场资金流动量的变化导致投资意识膨胀，导致资本性资产价格上涨，从而产生资本利得；（3）供给的不平衡造成价格变动，导致资产实际价值上升，产生资本利得；（4）由

---

[①] 参见阮永平、解红《资本利得税与我国证券市场的发展》，《税务研究》2008年第3期。

于土地利用率的好转而使地价上升时产生的资本利得；（5）企业的成就逐渐增大引起市场价格上涨，从而呈现上市企业股票价格上涨态势，产生资本利得。由此可见，资本利得的存在与市场的价格波动以及通货膨胀现象的存在是密不可分的。

结合国内外学者的研究和税务实践，可以看出，资本利得主要是相对于普通所得而言的，是有价证券如股票、债券等以及房屋、土地、建筑物等不动产等资本性资产的增值或因买卖而发生的净收益所得。[①] 资本利得与损失是由于市场价值变动而实现的收益或损失。

资本利得应与投资所得相区分开来。投资所得是因为被投资方获得了投资方资本性资产的使用权而给予投资方的回报所得，如银行存款的利息所得、因持有投资上市公司股权而获得的股息红利所得等，均是因为让渡资本性资产的使用权或债权而获得的增值所得。但是，投资所得并不是单一纯粹因为所持有的资产市场价值变动而带来的价差所得，这种投资所得并没有需要通过市场买卖交易获得，其来源于被投资方的经营所得，具有一定的连续性和规律性。而资本所得的取得，一定是因为相应资产已经被买卖交易，一旦买卖交易完成，这种所得也就取得，此时带来资本利得的资本性资产已经被处理掉，不像股息红利所得和利息所得那样具有一定的连续性。[②]

2. 资本利得的课税依据[③]

长期以来，资本利得的课税依据问题一直是经济学家和立法者争论的话题。争论的焦点主要在于资本利得该不该按照所得来征税？如果对资本利得征税，征税方式如何选择？该不该对资本利得施行特殊税收待遇？

主张对资本利得不应征税者认为：（1）根据"所得源泉说"的所得税立法思想，所谓所得是指在来源上具有连续性和规律性的收入，

---

[①] 参见阮永平、解红《资本利得税与我国证券市场的发展》，《税务研究》2008 年第 3 期。

[②] 参见茆晓颖《中国证券市场税收效应和制度分析》，博士学位论文，苏州大学，2006 年；茆晓颖《关于证券交易所得课税的理论争论与进展》，《经济论坛》2012 年第 3 期。

[③] 参见茆晓颖《中国证券市场税收效应和制度分析》，博士学位论文，苏州大学，2006 年。

那些一次性或偶发性的收入因其既不能长久又无规律性而不能被列为所得,证券资本利得就是其中的一种。弗里茨·纽马克将其表述为:只有从一个可以获得固定收入的永久性来源中取得的收入,才应被视为应税所得。① 根据这一学说,资本利得的获得不具有连续性和规律性,是一种偶发性、一时性、不规则的所得,不具有所得循环发生的源泉性质。对于资本利得获得者而言,这种所得是一种不能预期的意外收益,不应按照所得来源作为所得税的课税对象进行征税。同时,与之相对应,资本转让过程中的损失不得抵减其他应税所得。(2) 投资者获得的资本利得,大多是通货膨胀带来的资产价格差价所得,并非社会产值增加导致的所得,是社会原有增值基础上的零和博弈所得,是社会增加值的此消彼长的结果。对由此而产生的证券转让收益征税,会导致对资本的侵蚀,不利于社会生产规模的扩大。(3) 交易所得因其没有规律性,往往需要冒较大的风险才能获得收益,其盈亏难以预测与把握,因此可以将之视为风险收入。若对证券转让资本利得征税,而对亏损又不予退税,结果会导致投资风险的进一步扩大,从而阻碍了资本的流动,不利于证券市场的发展。

主张对资本利得进行征税者认为:首先,根据"净资产增加说"的所得税立法思想,所得为在一定时期内净资产的增加。美国经济学家黑格和西蒙斯认为:一个人的所得等于其消费加上其财产价值的增减额。② 资本利得与普通利得并无实质差异,两者都会使投资者的净资产增加,如果不对其征税,有失公平性。其次,对一般劳动所得都要进行征税,相对劳动所得来说,资本利得作为非劳动所得,更要对其进行征税。最后,对于证券利得中的额度大且非劳动属性较强的所得来说,对其进行征税,对社会分配不公平的现象有调节缓解的作用。

在主张对资本利得征税的观点中,还存在着具体税制设计上的

---

① 参见 [德] 汉斯-沃纳·斯恩《资本所得课税与资源配置》,赵志耘、郭庆旺译,中国财政经济出版社1998年版。

② 同上。

分歧。

第一，关于资本利得计税依据的分歧。按照"净资产增加说"，应该对资本利得征税，但由于权责发生制以及收付实现制这两种不同的会计基础，对资本利得计税的依据有分歧，从而存在以下两种不同的计税设计方法。第一种方法在权责发生制的基础上，以增值为基础，无论当期的价值是否实现，都以账面上的净资产数值增加为基础，从而只要账面反映资本利得产生，就对其进行征税，这种计税方式会导致投资者因其税收负担重而出售证券，导致投资结构以及资本结构发生改变。第二种方法是在收付实现制的基础上，以增值实现为基础，即相对增值表现基础来说，其是等到资本出售转让后，以账面真正实现增值为计税依据，这时才对其资本利得进行征税。

第二，在资本利得税收负担上，有主张轻税政策和重税政策两方面的分歧。轻税观点主要基于以下几方面的考虑：（1）资本利得是"纸上利润"（paper profit），即它只流通于投资方面，不会流通于消费等其他方面，从而与其他所得不同。（2）出于税负聚集的考虑，资本利得由长期积累形成，具有不规律性，假如一次性对其采用较高的累进税率，这样的税负会比按持有时期分摊计税的税负还要高，这样会造成一种税收政策歧视，不仅有失税收公平原则，而且不利于长期投资的发展。（3）通货膨胀只会导致资本利得的名义所得增加，但投资者的实际所得并没有增加，即实际购买力没有提高，在通货膨胀下实行重税政策会导致其部分资本相当于被没收，久而久之，投资者的"证券资产"可能会变为"国有资产"。（4）为了避免资本利得税负问题，投资者可能不出售或者延迟出售其资本资产，这样不仅不利于进一步投资，还阻碍了资源的合理配置。因此，为了防止紧锁效应，应采取轻税政策。（5）投资是一种风险经营项目，投资回报和风险共存，如果发生亏损而不进行退税，会挫败投资者的投资预期，从而不敢进行高风险的投资，为了拉动经济增长，促进投资，可采取轻税政策。重税观点主要基于以下几点原因：第一，资本利得具有不劳性，也就是投资者不需要劳动，只要拥有证券就能有收获，相对于劳动所得,此类所得的税负承受能力较大,应该对其加以重税。第二,人们通常认为获得资本利得的投资者大多属于高收入阶层,如果对其使用轻税政策,会导致贫富差距加大,达不到调节收入分配的作用。第三,加以重税能够避免逃税行为的发生,如果不对资本利得加以重税,那么纳税人会将其他形式的所得转变为资本所得的形式,从而诱发逃税行为。

是否对资本利得课税以及如何课税,见仁见智,各有道理,在具体采用何种观点上,各国一般是根据本国的具体国情权衡利弊,从而决定各自的税收政策和相应的税收制度。[①] 从上述的两种观点来看,关于资本利得是否征税,以及在征税的基础上税负高低的选择,关键是在于对资本利得的认识,以及资本利得课税的政策适应性问题。在当今社会里,证券投资已经成为社会经济体的主要投资渠道,现代金融系统风险已经成为众多国家发展的重要安全战略,我们主张对资本利得进行课税,将资本利得纳入征税范围,一方面可以平衡劳动所得和非劳动所得之间的公平课税的问题,另一方面也可以通过资本利得课税调节因利用包括证券市场在内的资本市场获得高额利润,特别是利用资金优势而获得短期高收益所带来的收入分配差距扩大的问题。更为重要的是,对资本利得课税还为管理层调节市场运行提供管理工具,至于资本利得课税可能对市场带来何种影响,关键在于课税制度的设计,而非是否对资本利得本身进行课税。我们认为,合理的资本所得课税,不仅可以改变我国当前注重证券交投行为课税而忽略对证券交投所得课税的局面,还可以在允许投资者亏损弥补的基础上,通过根据投资者持有时间而设计合理的税率结构引导市场价值投资,避免市场因利用资金优势、讲故事等方式进行的过度投机行为带来的剧烈波动,而且还会在一定程度上促进证券市场对上市公司的价值发现,促进虚实经济之间的良性循环。

---

[①] 参见茆晓颖《中国证券市场税收效应和制度分析》,博士学位论文,苏州大学,2006年。

### (三) 证券市场与证券课税的关系

从上述的分析可以看出，证券市场与证券课税具有十分密切的关系。

首先，证券市场的存在是证券课税的基础。从证券市场的发展历程中可以看出，证券市场是商品经济发展到一定历史阶段的必然产物。从税收理论来看，所有社会经济领域均属于国家课税范围。证券市场作为社会经济发展的一个组成部分，必然成为政府课税的领域。随着证券市场的出现和发展，证券交易日益活跃，特别是在当今证券日新月异的发展态势下，证券交投活动已经是社会经济发展不可忽视的一部分，证券产品的买卖活动，当被视为社会商品交易的一部分的时候，按照商品流通税的课税理论，理应课征商品流通税，当被视为一种经济行为的发生时，理应课征相应的行为税如印花税等。从世界证券市场普遍征收的证券交易税产生过程来看，证券交易税就是随着证券市场的产生而产生的。证券课税也是随着证券市场的产生而产生的，并随着证券市场的发展而逐步得到完善。西方发达国家的证券市场课税已经涵盖了证券市场的所有环节，并形成了证券发行环节税收、证券交易环节税收、证券分配环节税收以及证券赠与和继承环节税收等较为完善的课税体系。反过来，证券市场的发展壮大，直接影响着证券课税税源的规模大小。

其次，证券税制对证券市场的发展产生重要的影响。我们知道，当今现实社会里，虚拟经济与实体经济的相互关系越来越紧密，特别是资产证券化运营比较普遍的前提下，虚拟经济对实体经济的支撑作用显得十分明显。证券市场对实体经济的发展具有积极的推进作用，为上市公司的运营提供了融资平台。同时，证券市场的波动、市场交投行为的泡沫化，助涨了社会经济运行的剧烈波动。因此，要消除证券市场的这种负面影响，充分发挥其对实体经济的积极支撑作用，政府必然采用各种经济手段实施宏观调控，把握市场运行态势，使其正常化、合理化、规范化发展。税收是国家宏观调控的重要手段，合理与适度的税收制度，是证券市场完善的一种体现，有利于引导、规范证券市场健康稳定发展。所以，证券课税与市场经济的发展是相辅相成的。

此外，证券课税的税种数量规模、税收开征的时点以及税负的高低等税收政策因素，对证券市场的影响极为显著，证券课税的合理化程度对证券市场的运行具有决定性的影响作用。征税不足，不仅不会有效抑制市场投机行为，反而会对市场运行方向选择起到一个助涨的作用。我国 2005—2007 年股票市场运行中的印花税调整就说明了这一点。课税一旦过度，虽然对证券市场的投机行为有抑制作用，有效地挤压市场泡沫，但是会加剧市场的低迷程度，从而影响上市公司的融资能力，进而影响实体经济的发展，这样会影响证券市场的估值水平。过低的税负水平，有利于激活市场的交投行为，达到活跃市场的目的。但是，过度宽松的税收政策不一定提振市场。因此，证券课税的合理化程度对证券市场的影响极为明显，证券课税行为不当，必然会引起证券市场的暴涨暴跌、大起大落，从而影响证券市场的兴衰。从国际上来看，证券课税政策把握不当导致股票市场混乱的不乏其例。所以，在完善和促进证券市场发展的过程中，必须构建公平合理的证券课税制度。[1]

由此可见，证券市场与证券课税之间是相互影响、相互制约的。科学合理的课税行为能够促进证券市场的良好运行，导致证券市场的健康稳定发展。综观世界各国的证券市场，尽管社会制度、经济发展水平等因素存在不同，各国证券市场的形式、内容、结构等也各有差异[2]，但是，借助税收手段调节证券市场的做法是大多数国家普遍采用的。因此，必须深入研究税收与证券市场的关系，建立科学、合理、规范的证券课税制度，以促进我国证券市场的稳定健康发展，提高证券市场发展对实体经济的支撑作用，形成证券市场促进实体经济发展、实体经济反哺证券市场估值水平的良性发展局面。

---

[1] 参见尹音频《证券课税的经济效应探析》，《财经论丛：浙江财经学院学报》1999 年第 1 期。

[2] 参见李静怡《税收制度安排对股票市场效率的影响》，硕士学位论文，东北财经大学，2007 年。

## 二 证券市场课税的特殊性问题[①]

虚拟经济是在经济全球化、信息化条件下，通过金融创新使资本脱离实体经济而独立运动的经济。它是虚拟资本以增值为目的进行独立化运动的权益交易，是信用制度膨胀下金融活动与实体经济偏离或独立的一部分经济形态，其最本质的内涵是资本价值形态的独立运动。与实体经济相比，它没有生产出可以增加人类使用价值和效用的产品，也没有提高这些产品的生产效率，不能直接提高人类社会的福利水平。虚拟资产交易的行为基础是资产的资本化定价方式的存在，这就使得虚拟经济具有虚拟性、波动性、不确定性，以及心理预期影响的重要性等特点。[②] 与实体经济课税相比，证券市场的课税是对纳税人（主要是指投资者，广义上来说是指市场参与者）的流转额或收益额课税。同时，由于证券市场产品价格的波动性、市场层次性，以及市场主体的多元性等市场特征，证券市场课税具有课税作用的强烈性与灵敏性、税基的虚拟性、税负的隐蔽性、税务征管的复杂性以及税收超额负担的多重性等特征。

### （一）课税作用的强烈性与灵敏性

从我国股票市场税收政策调整对股票市场的波动影响可以看出，政府课税行为对证券市场的作用是十分强烈的，因此，税收政策的实施情况，是投资者进行证券投资必须了解的市场信息，由于其是对投资者投资收益的减少，所以也是影响投资者决策的重要因素。从更为广泛的视角来看，税收政策的实施，是社会资本参与一国证券投资不可忽视的投资决策因素。

从政府的角度，政府作为市场的征税者，所做出的税收政策的调整变动能够通过市场信息机制和心理预期行为机制产生信息冲击和税

---

[①] 参见杨志银、柯艺高《中国证券市场税收问题研究》，科学出版社2012年版；尹音频《中国资本市场税制优化研究》，中国财政经济出版社2006年版。

[②] 参见茆晓颖《中国证券市场税收效应和制度分析》，博士学位论文，苏州大学，2006年。

负冲击的双重效应，从而左右市场证券产品的价格，使得证券产品价格发生易变性，带来整体市场价格水平、市场市值规模、市场结构、市场运行效率以及市场风险程度的改变，直接影响资本市场的运行。政府的课税既增加投资者的交投成本，又减少投资者投资收益。证券市场是一个信息市场，对未来即将发生的经济行为（包括政府的和私人的）往往是提前消化反应，直到政策真正开始实施的时候，课税政策的作用效果要么进一步显现，要么接近尾声而改变市场的投资机会。特别是在税负影响的前提下，信息冲击的影响将带来市场运作的更大剧烈波动，这是因为不同市场主体对信息冲击的传递解读效果不一样，如果存在带有欺骗性质的税收信息冲击，那么政府对证券市场的课税作用将无法把握。

从投资者即纳税人的视角分析，政府课税行为主要是改变了投资者的交投成本，通过心理预期行为机制，改变投资者在证券交易过程中的经济行为，从而使得其对税收政策的调整变动变得十分灵敏。投资者根据增税或减税的信息冲击，将迅速决定是否参与市场交易，是否需要进入或者退出市场交投活动，而且往往根据政府对不同证券产品课税的差别对待，改变自己持有证券产品的方式、数量、结构以及是否进行套现离场等经济决策，从而对证券市场产生直接影响，进而影响社会资本的配置以及证券市场对社会资本集聚功能的充分发挥。

**（二）税基的虚拟性**

税基的虚拟性主要是由于虚拟经济的虚拟性所产生的。无论是证券交投活动中的流转额还是投资者最终的投资收益，均不是社会实际收益的新产生，而只是某一时点上证券市场存量社会实际经济收益的流动和转移而已。这样，证券市场的交易行为并不会像实体经济一样给社会产生实际的经济效益，而只是上市公司一定时期实际业绩的证券化价格的体现，形式上表现为投资者之间投资额的转移，因此造成证券市场的税基具有非常明显的虚拟性，这种虚拟性导致了市场整体税负零和性。从实体经济课税情况可知，税基的性质对税负转嫁与归宿起关键性作用，因此税基的虚拟性又导致了证券市场税负运动与归宿的特殊性。由于证券交易活动具有持续性，税负运动也具有持续性，证券交易税具有明显的转嫁性质，税负归宿看似由纳税者最终承担，其实只要交投活动不停止，纳税人承担的税负水平，最终也可以从市场价格波动中予以消化。

### （三）税负的隐蔽性

我国的税收体系中，间接税占据了比较大的比重。间接税最大的特点是转嫁性和隐蔽性。从我国证券市场来看，间接税的征收仍然是主要的税类。证券交易税的课税对象以及课税依据，使得证券交易税的税负在证券交投过程中具有十分广泛的隐蔽性。但是这种交易税在证券交易价格中被抵消。特别是，机构投资者往往利用市场价格的波动实现了这种税负的转嫁行为。同时，以金融商品流转额为征税对象的证券交易税实际税负的高低与股票的周转次数有关。在上市公司给股票市场的回报（股利）为一定的条件下，股票的 N 次周转（换手率）将造成 N 次重复征税，因此证券市场税负具有隐蔽性。而且，由于各国证券市场的换手率（周转次数）不同，直接对证券市场税负进行国际比较较为困难。[①]

### （四）税收超额负担的多重性

税收超额负担是政府课税造成的经济效率损失的无形负担。证券市场的超额负担表现为投资者损失、融资者损失、市场配置社会资源的效率损失等所集合的税收超额负担。这种损失主要是由课税的替代效应和收入效应引起的。

### （五）税务征管的复杂性

证券市场税基的虚拟性、税基确定难等特点，使得证券市场的税务管理工作十分复杂。此外，证券市场涉及面很宽，市场主体多元化，市场层次结构多样化，这些因素给税务征管带来复杂性。而且，对于不同的市场主体，投资能力以及投资规模等均不同，税负与市场交投行为关联度高，市场信息化程度高，当前的税务征管手段在一定程度上难以适应。这些方面均带来了证券市场税收征管的复杂性。

---

① 参见尹音频《资本市场税收机制的理论分析》，《财经科学》2005 年第 3 期。

## 三 我国证券市场税收调控的功能定位问题

融资和投资是证券市场的两大基本功能,一旦证券市场失去融资和投资的基本功能,其存在的基础也就失去。证券市场税收调控的功能定位,就是如何通过税收手段的调控,实现和强化证券市场基本的融资和投资功能。证券市场税收调控的功能定位问题,实际上也可以看成一国证券市场的调控模式的选择问题。税收的基础理论认为,从税收的产生和发展的历程来看,税收首要是具有筹集财政收入的功能即筹资功能,随着市场经济的不断发展,税收才逐步具有调节经济、资源配置等功能。税收手段是集经济、法律和行政于一身的宏观调控手段,还具有对市场监督和管理的功能。税收政策的运用是以筹集财政收入为主,还是以调节、监管、引导市场运行为主,对证券市场的稳定健康发展是十分重要的。证券市场税收调控功能的合理定位,可以在很大程度上减少政府对市场的直接行政干预程度。

各国政府根据本国的经济发展和社会文化的实际情况,根据本国证券市场建设的目标定位,制定了适合本国的证券市场税制。虽然各国的证券市场课税均注重对市场行为的导向、监督和管理,但是证券市场税收调控的功能定位的侧重点,在不同的国家之间呈现出一定的差异。美国证券二级市场取消证券交易税,但允许所得税税前扣除,根据不同持股时间实行差异化税收政策,调节稳定市场功能和促进资源合理配置功能比较明显,相反税收手段的筹资功能相对弱化。英国对证券市场所得征收附加税,抑制交易频率,鼓励长期投资,抑制短期交投行为,比较注重微观主体之间的税收公平和税负调节,导向功能相对弱化。日本证券市场税种比较全,设计不同交易环节、不同证券产品之间的税种,征收面广,筹资功能比较明显,然而税收优惠政策和惩罚性税收政策的相互使用,显示日本证券市场税收政策的导向和监管功能比较明显。中国香港地区的证券市场,税种小,税率相对较低,鼓励市场交易,活跃市场功能比较突出。

从世界各地主要证券市场课税的实际情况来看,无论税制如何设置,各国(地区)均比较注重通过税制设置特别是税收政策的合理布局,达到对市场活动的控制和监管。通过不同环节、不同产品、不同主体之间税收政策的布局,形成对市场整体调节、监管功能以及在此基础之上的筹资功能的税制设置,是我国证券市场税制功能定位的基础。

## 第三节　证券市场课税的作用机理与传导机制

### 一　证券市场课税的作用机理[①]

证券市场的税收具有分配职能和调节职能,但证券市场的税收职能是通过市场的税收作用机理的实现而实现的,从现实和理论中可以看出,证券市场课税从实体经济和虚拟经济两个方面作用于实体经济的运行,进而影响整个社会经济的运行。

证券市场课税的作用机理,包括政府课税的变化对投资者个人投资行为的影响变化以及政府课税行为对整个证券市场的变化影响造成的社会经济活动的变化两个方面的作用情况。

一般来说,证券市场的发展变化,势必对国家经济社会产生重要影响,特别在当今虚拟经济快速发展以及虚拟经济与实体经济联系越来越紧密的前提下,证券市场对实体经济的影响程度更加显著。出于宏观调控的需要,政府一般会根据社会经济发展的状况调整社会征税政策,对于证券市场来说,证券市场的波动程度成为政府改变对其征税的重要依据,从而产生了证券市场的课税变化。对于具体的投资者来说,市场税收政策的变化一般会对其产生信息冲击与税负冲击两方面的影响。所谓税收的信息冲击是指政府税收政策变化的信号对投资者心理预期波动的影响。在其他投资决策影响因素不变的情况下,增税会导致投资者对市场预期趋势看空的心理预期;相反,减税一般会被认为是对投资者投资收益的让步,从而使得投资者对未来市场的运

---

[①] 参见杨志银、柯艺高《中国证券市场税收问题研究》,科学出版社2012年版。

行产生看多的心理预期。所谓税负冲击,是指政府课税所形成的税收负担以及税负增减变化对投资者所产生的收入效应与替代效应。税负冲击的收入效应是针对所得税而言的,而税负冲击的替代效应一般是就证券产品之间税负差异变化而言的。

就股票市场而言,政府征税的调整变动,对市场上市公司或者投资者的预期成本,以及市场产品价格和投资者收入水平产生预期效应,改变投资者的股票与非股票投资产品的边际技术替代率,从而对整个市场产生一种替代效应,将减少对股票市场的参与,转而增加对非股票投资产品的选择;同时,由于征税增加投资主体的投资成本,在收入水平或者说投资规模一定的情况下,投资者的预期投资预算线向内平移,从而给投资者产生一种收入效应,降低原有投资组合下的投资数量。特别是在心理预期强烈的前提下,投资者将迅速做出是否继续参与市场,改变投资组合的结构、数量和方式以及是否继续持股的决策,因此这种收入效应和替代效应将被扩大化,从而引起市场的剧烈波动。[①]

正是由于税收的信息冲击与税负的冲击双重影响,投资者对证券市场税收环境变得十分灵敏,税收环境的变化会改变投资者物质利益的预期变化,使得投资者改变其经济决策,根据税收政策的变化及时调整其投资行为和投资方向。

然而,市场投资者的经济决策以及其经济行为的变化,将直接对证券市场的发展产生影响。增税或减税行为将直接使证券市场的运行趋势发生转换,市场市值规模发生变化,市场结构以及市场运行效率和风险程度均会因为这种税收行为而发生改变。如增税行为将会增加投资者的交易成本,减少投资者投资收益所得,使得投资者因为增税行为迅速退出市场,市场成交资金量发生减少,从而改变市场的运行态势,牛市将会转为熊市,牛市与熊市临界点的盘整将转为熊市确认,这样市场市值减少,证券市场的运行效率降低,不过此时的

---

① 参见杨志银《促进我国股票市场稳定健康发展的税收制度构想》,硕士学位论文,贵州财经学院,2011年。

市场风险往往得到降低；减税降低了投资者的投资成本，活跃了市场的交投行为，进而对证券市场产生与上述情况相反的影响。税收政策的变化带来证券市场的上述影响，通过社会货币传导机制使实体经济活动发生变化，进而影响社会资源的配置。

总而言之，政府通过税收政策的调整，给市场传递增税和减税的信息，在信息冲击、税负冲击以及改变投资者投资预期的多重作用下，通过影响投资者预期收益的变化，改变市场的价格水平、投资风险程度，进而影响市场的规模和交易强度，影响股票市场的运行，最终影响社会资源的配置。[①]

下面，我们以股票市场为例，简要阐述课税如何对股票价格产生影响。

股票的价格一方面是基于上市公司自身的价值，价格走势主要取决于一定时期内上市公司可供股东分配的利润水平；另一方面受市场资金的流动规模以及流动速度的影响，但是，这主要是来源于市场主体参与市场的强烈程度。影响股票价格走势的因素是多方面的，但征税是影响股票价格的一个不可忽视的因素，在市场其他因素没有变化的前提下，如果改变对上市公司的征税政策，则容易影响上市公司税后可分配利润，影响市场投资者迅速做出是否进行公司股票投资的决策，进而影响市场上公司股票价格的走势；如果对市场交易行为以及交易所得进行征税，则会由于影响市场投资者的投资成本和投资收益，影响投资者进入或者退出市场的决策，进而影响市场的流动资金量，从而影响股票价格的走势。但是必须说明一点，在市场泡沫化程度的影响下，征税对股票价格的这种影响程度往往被扩大化，容易产生市场的"马太效应"，直接导致股票价格背离基本面而大升深跌、暴升暴跌。[②]

### （一）征税对上市公司股票价值的影响

在股票市场上，公司股票价格在一定程度上主要体现在公司的股

---

[①] 参见杨志银《促进我国股票市场稳定健康发展的税收制度构想》，硕士学位论文，贵州财经学院，2011年。

[②] 同上。

利分配政策上。这是因为股利水平揭示了公司的盈利能力,进而折射了公司的市场投资价值。揭示股利与股票价格数理关系的是普通股定价模型:

$$V = \sum_{t=1}^{\infty} \frac{D_t}{(1+K_e)^t} \qquad (2-1)$$

在公式中,$V$ 是普通股价格,$D_t$ 是第 $t$ 期期末的可分配股利,$K_e$ 是投资者投资公司股票要求的预期报酬率。在公司利润 $M$ 一定的情况下,假定公司的税收利润全部作为股利分配,则征税与股利呈反相关关系变化。假定公司所得税税率为 $S_t$,则 $D_t = M(1-S_t)$,上述公式改为:

$$V = \sum_{t=1}^{\infty} \frac{M(1-S_t)}{(1+K_e)^t} \qquad (2-2)$$

由式(2-2)可以看出,税率的变化对公司的投资价值产生重要的影响。征税税率上升,公司可供分配的税收股利降低,反映在二级市场上,公司股票投资价值降低,在公司对应的市场市盈率不变的前提下,二级市场中的公司股票价格将不断降低;征税税率降低,公司可供分配的税收股利相应增加,公司二级市场上的股票投资价值则增加,在公司对应的市场市盈率不变的前提下,二级市场中的公司股票价格将不断攀升。因此,征税,特别是征收所得税,是公司股票内在价值的重要影响因素。[①]

### (二)征税对投资者投资收益的影响

在忽略其他因素影响的前提下,将投资者购买股票的成本分为固定成本和变动成本两部分。同时,假定变动成本只是因税收因素的变化而增减变化,非税因素产生的投资成本统一归结于固定成本之中。如果 $Q$ 代表投资者投资的股票数量;$V_t$ 代表投资的单位变动成本,在这里指单位税率;$F$ 代表非税投资成本,在此分析中假定 $F$ 为固定成本;第 $t$ 期的股票价格为 $P_t$。则股票投资者在一定时期内的投资收益

---

① 参见杨志银《促进我国股票市场稳定健康发展的税收制度构想》,硕士学位论文,贵州财经学院,2011 年。

可以表示为：

$$P = Q \times P_t - Q \times V_t - F \qquad (2-3)$$

由上述公式可知，由于税率水平 $V_t$ 的变化，对投资者最终的投资收益产生负影响。当税率 $V_t$ 提高时，征税变化增加了投资者的投资成本，在投资者投资数量不变的前提下，投资收益降低了。但是，投资者可以通过提高价格来平衡征税导致的投资收益的损失，如此，投资者投资行为必然会产生闭锁效应，从而影响股票市场的供求关系，进而影响股票一定时期的投资规模和上市公司股票的流动性。相反，$V_t$ 降低时，投资者的投资成本（至少交易成本）降低，从而带来投资收益的提高；在预期投资心理的影响下，股票投资价格 $P_t$ 将进一步攀升，导致投资收益进一步扩大。需要注意的是，这种投资收益的扩大，将导致市场投资行为的跟风现象发生，从而加大上市公司股票投资的泡沫化，进而加大投资者的投资风险。①

**（三）征税对投资者投资成本的影响**

在这里，我们仍然借用财务管理分析的本量利分析方法。如式 (2-3) 中所示，投资者的投资成本主要是 $C = F + QV_t$，对于投资者而言，其投资固定成本为 $F$，与投资者股票投资规模和投资数量无关；而 $QV_t$ 则表示变动成本，它与股票的投资数量成比例增加，是股票投资数量的函数。随着股票数量的增加，$QV_t$ 相应增加，如佣金和证券交易税等。同时，假设投资者的收益为 $I$，$I = QP_t$，它与变动成本一样，是股票数量的函数。这样，在没有课税的情况下，投资者的单位股票收入与成本的关系如图 2-1 所示；在课税的情况下，征收证券交易税对投资者投资成本的影响如图 2-2 所示；图 2-3 则表示课征所得税与证券交易税后的影响情况。

市场价格很可能会随着征收的税额做出调整，因此股票交易过程中的税负具有转嫁的可能性，而且随着股票交易的持续，对税负的最终归宿做出判断也是十分困难的，因为股票买卖行为的持续性和不终

---

① 杨志银：《促进我国股票市场稳定健康发展的税收制度构想》，硕士学位论文，贵州财经学院，2011年。

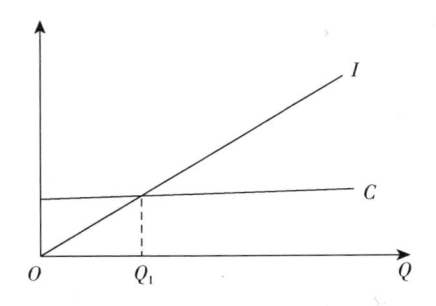

图 2－1　在没有课税的情况下，投资者的
单位股票收入与成本的关系

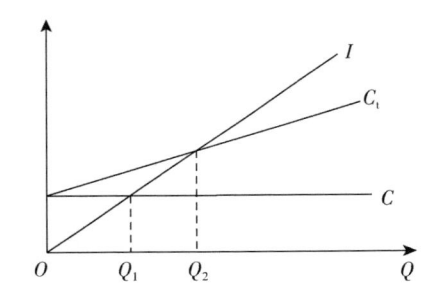

图 2－2　征收证券交易税对投资者投资成本的影响

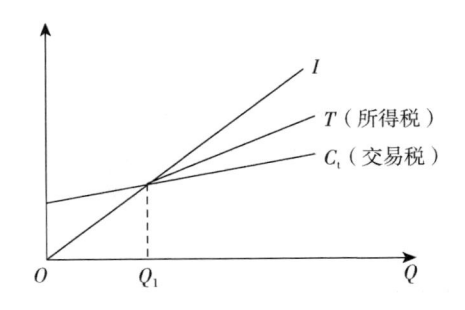

图 2－3　课征所得税与证券交易税后对
投资者投资成本的影响

结性（因为股票发行之后，买卖的股票均是在市场中以存量的形式进行的），依附股票交易存在的税负难以归宿，并未最终由消费者来承担。这样，通过与市场的价格机制相互作用形成利益导向，对股票市

场产生直接影响。

在课税之后，如果应税股票的市场价格上涨，那么应税股票与非应税证券产品之间相对价格发生变化，通过替代效应的影响，投资者经济行为发生变化，但投资者未必因课税而退出市场。如果课税导致股票价格上涨的幅度大大提高，甚至超过课税带来的收益减少幅度，那么，不仅投资者不会退出市场，场外资金也会因此而进场，从而引起股票市场的供应量和需求量、股票市场的市值与结构等一系列经济变量发生变动，最终导致一切通过证券市场或者说参与证券市场流通的经济资源配置的变动，从而影响证券市场与实体经济的发展。

在课税之后，如果应税股票的市场价格并未上涨，则该股票的相对价格没有发生变化，但是税负将减少投资者利润，最终导致投资者经济行为的变化。投资者会因为课税而选择退出市场，场外资金会选择观望的态度。但值得一提的是，这种情况下，课税是对市场风险的一种挤压，在课税挤压市场风险达到场外资金持有者认可的情况下，将导致股票市场的供应量和需求量、股票市场的市值与结构等一系列经济变量获得回转的机会。

综上所述，证券市场的课税，不仅会影响投资者的交投成本，影响其市场买卖交投的选择，而且还会对市场的供给者（融资者）产生影响。证券市场课税主要是通过市场的信息机制对投资者产生税收信息冲击，影响投资者心理行为，通过作用于投资者的投资成本，影响证券产品定价基石（上市公司价值），从而直接影响证券市场的运行，进而影响社会资源的配置。因此，政府可以通过证券市场的课税制度，形成相互牵制的市场力量，通过课税制度的合理设置引导上市公司的融资行为和市场交投主体的买卖行为。通过课税制度的合理设置，利用政府课税的权威性，增强上市公司融资风险成本，引导上市公司合理融资，避免当前股票市场和债券市场普遍存在的包装上市、粉饰业绩、高溢价发行等市场炒作"圈钱"行为，将一级市场发行风险转嫁给二级市场投资者特别是二级市场的中小投资者。可以通过课税制度的合理设置，改变现有印花税调节市场的双重性，在允许投资者亏损弥补的基础上，根据持有时间的长短对投资所得设置合理的税率结构，引导价值投资。为了避免课税对市场交投效率的影响，可以借鉴美国的做法，取消证券交易税。同时，利用课税制度的合理设置，引导上市公司主动回报股东的意愿，改变现有被动回报的局面，使得上市公司通过证券市场获得融资后，努力经营回报股东，从而促进虚实市场之间的良性循环。

## 二　证券市场课税的传导机制[①]

证券市场的税收传导机制包括证券市场的信息机制、心理预期行为机制以及经济变量机制三个方面的传导机制。

### （一）证券市场的信息机制

从市场运行的过程和市场投资者交投行为的习性来看，证券市场实质上是一个信息市场。各种信息以及信息的交汇在证券交易过程中产生了重要的作用，从而对证券产品价格的形成产生一种吸引力和阻碍力。从理论上来说，证券市场理应是一个信息充分的市场，然而在实际运作过程中，市场是一个非充分的信息市场，市场的信息往往具有一定的滞后性。无论在发达国家的证券市场中，还是在不发达国家或者说新兴市场国家的证券市场中，信息的滞后性均普遍存在。也正是信息的这种滞后性，导致个人投资者与机构投资者之间投资能力的差异性。机构投资者由于其具有强大的研究机构和信息人员的投资优势，比个人投资者掌握信息的主动性要强得多，在市场实际操作过程中带来机构投资者投资优势，以及机构投资者相对个人投资者的先导性、引导性投资行为，从而个人投资者在市场运作过程中处于劣势，投资权益往往受到机构投资者的侵蚀。从这个意义上来说，证券产品的价格波动，实际上是市场一种或者几种信息作用的体现。英国统计学家莫里斯·肯德尔在1953年发表的《经济时间序列分析》中就明确提出了"股票价格取决于信息"的观点，可见，信息机制对证券市

---

[①] 杨志银、柯艺高：《中国证券市场税收问题研究》，科学出版社2012年版；尹音频：《中国资本市场税制优化研究》，中国财政经济出版社2006年版。

场价格的影响作用不可忽视,是进行证券投资必须掌握和不可轻视的一种重要影响因素。

信息机制,一般来说,是指由信息数量、信息质量(利空消息还是利好消息)、信息流动(披露、传递、获取、市场对信息的解读)、信息分布(产业信息、市场运行信息、政府行政干预信息等)、信息监管所组成的信息体系,能够影响证券产品价格、投资者行为以及资本市场运行的机制。信息机制是税收信息冲击效应的载体。政府课税或税收政策变动的信息传递将产生税收信息冲击效应,通过心理预期行为机制影响市场投资者的投资行为和投资方向,最终影响证券市场的变动。

课税并不一定对市场产生负面影响。在市场投机行为过重的情况下,适当课税增加了投资者交投成本,有利于抑制市场的投机行为、挤压市场投资泡沫、降低市场投资风险,从而给场外资金带来投资机会而吸引资金进场。如此,课税将对证券市场的运行起到积极的作用。因此,课税信息对证券市场的冲击效应,要根据证券市场运行的时点以及市场具体的运行情况和课税的宏观经济环境等方面进行综合分析。但是,由于政府掌握信息的质量和把握市场运行的趋势等不够充分,政府运用税收政策对证券市场的调控往往具有滞后性,从而使课税或者减税政策对证券市场的冲击偏离政策调控目标。

### (二) 证券市场的心理预期行为机制[①]

进入 20 世纪,许多社会心理学家和生物学家对探索人类行为奥秘产生了浓厚的兴趣,纷纷致力于人类行为研究,试图揭示隐藏在复杂行为现象背后的客观规律。在众多研究成果中,尤以美国社会心理学家库尔特·卢因(Kurt Lewin)的研究成果最为令人瞩目。在大量分析试验的基础上,卢因提出了著名的行为模式(Lewin metal of behavior),如下所示:

$$B = F(P\text{——}P_1, P_2, \cdots, P_n, E\text{——}E_1, E_2, \cdots, E_n)$$

其中,$B$(behavior)表示个人的行为;

---

[①] 尹音频:《资本市场税制优化研究》,中国财政经济出版社 2006 年版。

$P$（personal）表示个人的内在条件和内在特征；

$P_1$，$P_2$，…，$P_n$ 表示构成内在条件的各种生理和心理因素，如生理需要、生理特征、能力、气质、性格、态度等；

$E$（environment）表示个人所处的外部环境；

$E_1$，$E_2$，…，$E_n$ 表示构成环境的各种因素，如自然环境、社会环境等。

该模式表明，人类的行为是个人与环境相互作用的产物。同时，该模式还进一步表明，人类的行为方式、指向和强度，主要受两大类因素的影响和制约，即个人内在因素和外部环境因素。其中，个人内在因素包括生理和心理两类基本因素，而外部环境因素又包括自然环境和社会环境两类因素。

卢因的行为模式在一定程度上揭示了人类行为的一般规律，并对影响行为的多种因素做出了最基本的归纳和划分，其结论具有高度概括性和广泛适用性，因而受到其他学者的推崇，得到了普遍重视和认可。

对于证券市场来说，政治经济体制、社会经济发展水平、证券市场历史发展变化过程等宏观经济环境，是证券市场投资者面临的基础投资环境，这些宏观经济环境的变化，将势必带来社会税收环境的变化。纳税人即投资者对税收环境的灵敏反应，通过影响投资者心理对市场预期的看法，影响投资者的投资行为，最终对证券市场的价格以及投资者收入等经济变量产生影响，改变市场的规模以及市场应税证券产品的阶段性供需平衡力量，进而影响整个社会实体经济的发展。

（三）证券市场的经济变量机制

经济变量机制包括价格机制和投资者收入机制。价格机制主要是通过产品（如股票、债券等）的价格波动，利用投资者追求利益的心理驱动，引导投资者的行为，从而影响证券市场的运动；收入机制则主要是通过证券产品投资收益率的波动，引导投资者的行为，影响证券市场的运动。从广义上来说，证券市场经济变量机制，还应包括市场规模、结构、运行效率等的变化，这是因为，课税对证券市场投资者投资行为的影响,间接或者直接地对这些经济变量产生重大影响,从而对证券市场的运动产生直接的作用或影响。

证券市场课税通过税收的传导机制发挥分配和调节作用,对证券市场产生重大影响,进而影响宏观经济的运行(见图2-4)。

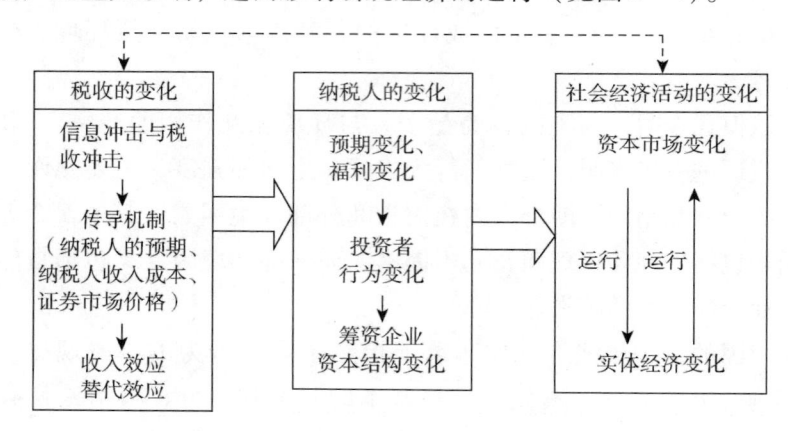

图2-4 证券市场税收传导机制

由上述的分析可以看出,证券市场课税主要是给市场投资者传递一个政策信息。通过政策信息,投资者对未来交投收益有一个心理预期,从而根据课税信息(增税或减税)来对当前市场交投做出撤退和介入的投资策略选择,也根据税收政策的调整做出管理层对市场运行的态度信号,从而相应地选择自己的交投行为。相对于市场投资者而言,如果国家对市场交投行为增税,则意味着政府管理层不希望市场过热,希望通过增税行为影响市场的交投成本或者未来税后交投收益水平,从而达到对市场过热的投机行为形成抑制作用;如果国家对市场交投行为减税(如降低印花税税率),则意味着政府管理层希望通过降低税收的方式,降低市场的交投成本,提振市场低迷交投过程中的投资者信心,希望通过减税的行为向市场传递政府呵护市场的意愿,希望通过减税行为影响投资者交投成本或预期税后交投收益水平,刺激市场投资者信心,对低迷的市场行情形成鼓动作用。因此,对于政府而言,利用课税手段调节市场,通过合理的课税制度促进市场的平稳、有序、健康的发展,关键在于通过合理的课税制度设计,降低甚至杜绝市场投机行为的生存空间。通过对交易行为免税，避免课税对市场交投效率的抑制；通过对交易所得课税，通过利用所得课税的税率结构选择，引导市场平稳有序健康发展，也可以借鉴国外经验和做法，利用允许税前扣除、利益和风险分担的课税思路，引导上市公司主动分红意愿，还可以利用课税制度的合理设置，给予市场投资者稳定的市场预期，在合理政策牵制作用的前提下，避免过度地对市场交投行为的直接干预。更为重要的是，可以通过课税制度的设置，引导上市公司进行合理融资，引导投资者进行中长期价值投资，充分发挥市场对实体经济体的价值发现和资源配置的功能，促进虚实经济之间的良性循环。

### 三 通过证券市场课税保护中小投资者利益的必要性

一般来说，中小投资者具有信息弱势、资金劣势所带来的市场话语权低、缺乏专业投资策略研究、风险承受能力较低等特点。另外，中小投资者资金规模不大，市场进出的随意性比较大，在国内金融市场上数量占优，但资金规模偏小，整体上属于金融弱势群体。中小投资者是我国证券市场的主要参与群体，保护中小投资者利益对我国证券市场的发展壮大有着重要作用。强调通过证券市场课税保护中小投资者利益，并非是从课税制度上单独给予中小投资者减免税优惠政策，而是强调利用证券市场课税制度的优化设计，注重对中小投资者利益的保护，从而提高上市公司的质量，避免机构投资者频频利用信息优势、资金优势等损害中小投资者利益。由于历史等多种原因，受体制、机制、环境等多种因素的影响，我国证券市场上市公司总体质量不高。许多公司业绩差，公司治理不健全；相当一部分公司过度融资，随意更改募集资金投向，资金利用效率低下；大股东占用上市公司资金，违规担保，严重侵害中小投资者利益。如果证券市场课税能够提高上市公司的质量，避免和杜绝上市公司粉饰业绩、包装上市、高溢价发行而在二级市场转嫁发行风险的行为，则可以从源头上避免"病从口入"，提高上市公司的质量，也会进一步促进上市公司完善公司治理结构和信息披露等公司治理问题,从而提高上市公司的总体质量。因此,证券市场课税制度的合理优化设计,特别是从市场出发对课税制度的优化设计,增强中小投资者利益保护,增强上市公司质量,规范上市公司的融资行为,利用课税制度避免"圈钱"式融资行为,促进上市公司融资后努力经营回报股东,也就从源头上实现对中小投资者利益的保护,也在整体上保护了全部投资者的利益。

通过证券市场课税制度优化设计,增强保护中小投资者利益,关系到我国证券市场的平稳有序健康发展。保护投资者利益特别是中小投资者利益是我国证券市场持续稳定健康发展的内在要求,对于我国证券市场稳定健康发展十分重要。根据 Wind 数据库和沪深证券交易所公布的统计数据,2016 年年末,沪深两市个人和机构投资者规模达 20897.13 万,其中个人投资者规模达 20841 万,而 50 万元(含)以下投资额的个人投资者占比 93.61%;10 万—50 万元(含)以下投资规模的个人投资者占比 21.32%;10 万元(含)以下投资规模的个人投资者占比 72.29%;1 万元以下投资规模的个人投资者占比 24.37%。个人投资者比重大,特别是中小投资者比重大,是我国证券市场区别于欧美各国证券市场的一个重要特征,从占比上来看,投资者市值持有低于 50 万元的仍然是绝大部分。然而,由于历史等原因,我国证券市场制度设计长期更多偏重于融资功能,而对中小投资者利益保护不够重视,形成了融资者强、投资者弱的失衡格局。中小投资者保护制度规范原则过于笼统,可操作性缺乏,实施过程中存在诸多障碍,甚至形同虚设。[①] 在"资本多数决"原则下,中小投资者利益被侵占的现象普遍存在。证券市场课税强调保护中小投资者利益,则要求课税制度设置注重市场稳定,以降低或减少市场投机行为、促进市场价值投资为市场目标。如果证券市场课税能够很好地促进上市公司信息披露质量、减少机构投资者与上市公司合谋讲故事炒作的行为,通过课税制度的合理设计,通过税率结构的选择,减少利用信息、资金等进行的短期频繁操作,引导价值投资,引导上市公司主动分红回

---

[①] 肖钢:《保护中小投资者就是保护资本市场》,《中国证券时报》2013 年 10 月 16 日。

报,特别是主动现金分红,则会促使投资者特别是中小投资者注重对上市公司的投资价值分析,减少对市场资金炒作等的分析,减少短期频繁操作现象;利用税收的强制性、固定性等特性,增强投机炒作的市场交投成本,促进市场的平稳健康发展。更为重要的是,通过证券市场课税制度的合理设置,促进上市公司治理水平和增强市场价值投资理念,增强市场对投资者特别是中小投资者的吸引力,在维护市场对社会闲置资本"集聚"功能的基础上,促进市场平稳、有序、健康发展。

此外,证券市场课税保护中小投资者利益可以影响证券市场规模。如果证券市场课税不能很好地提高市场质量,不能很好地增强市场对社会闲置资本的吸引力,不能形成市场稳定的预期,使得机构投资者频繁利用资金和信息优势进行短期炒作,损害中小投资者利益,将会使得投资者特别是中小投资者退出市场,使得市场失去活跃性,使得通过设立证券市场为实体经济服务的初衷降低,降低市场规模;如果课税能够增强证券市场的吸引力,减少市场投机氛围,只要保证市场中长期收益率高于银行存款利率水平,就可以保证证券市场对社会闲置资本的吸引力,从而不断扩大证券市场规模。而且,通过发行和流通市场的合理设置,可以提高市场质量,减少市场投机行为,从上市公司和市场投资者双向实现市场结构优化。

总之,证券市场课税强调保护中小投资者利益,并不是简单地在课税制度设置中向中小投资者倾斜,而是强调通过课税制度的合理优化设置,提高市场质量,促进市场价值投资,从而实现对投资者利益特别是中小投资者利益的保护。

## 第四节 证券市场的最适课税理论

### 一 最适课税理论的内涵

从重农主义的税收理论至现代制度学派的税收思想,最适课税理论可以追溯至古典经济学家穆勒提出的"牺牲"税收理论。在穆勒看来，同等牺牲的纳税人所承担的税收负担也应该是相等的，这样才能体现税收公正的要求。而现代福利经济学将纳税人的牺牲作为自身效用的损失，提出用边际效用来衡量税收的公正问题。最适课税理论是由英国剑桥大学经济学教授詹姆斯·米尔利斯和美国哥伦比亚大学名誉教授威廉·维克里于1996年提出[①]，他们因此获得诺贝尔经济学奖，自此最适课税理论就成为各国税制结构改革的理论依据。最适课税理论研究在信息不对称且税务机关征管能力有限的前提下，如何通过税种设置、直接税与间接税的搭配以及税率结构等的合理安排，构建既合理又经济的课税体系，采用恰当的课税方式和课税方法，实现对税收公平与税收效率的兼顾。从最适课税理论可以看出，其承认了征纳主体之间的信息不充分的问题，认为在信息不对称的前提下，政府可以通过税种的设置、税制结构和不同税收政策的灵活运用，实现税收的公平与税收效率的兼顾；隐含中也认为各国可以根据国家的政治、经济、文化以及历史等特殊情况，根据不同经济行为的实际情况，调整课税方式和课税方法，既满足税收的效率原则，也满足税收的公平原则。

最适课税理论认为，不同的国家之间的政治、经济、文化、历史等存在不同，其政策目标也不尽相同，因此各国之间的税收模式是不一样的，即使是统一征税模式，对同一市场或经济行为进行征税也会存在差别，因为最适课税理论承认国家的税制结构取决于该国政府的政策管理目标，其中的关键是该国政府对于效率与公平的权衡。

最适课税理论承认税收对经济的扭曲作用，主张根据不同的经济调节目标实施差别税率，通过差别税率的选择实现经济效率目标，认为在信息不对称、不完全的前提下，无差别的税制结构不能实现公平与效率的兼顾，即使对同一市场、同一行为的课税，良好的税制结构也应保留适当的税收差别待遇。最适课税理论，基本上承认税收工具

---

① Peter A. Diamond and James A. Mirrlees, "Optimal Taxation and Public Production I: Production Efficiency", *American Economic Review*, 1971, 61 (1): 8–27; Peter A. Diamond and James A. Mirrlees, "Optimal Taxation and Public Production II: Tax Rules", *American Economic Review*, 1971, 61 (3): 261–278.

对经济行为的"诱导"作用,强调将公平原则与效率原则完全对立是政府课税过程中的不当选择;承认税收差别待遇和税收对社会经济行为的"诱导"作用,认为其是灵活运用税收工具进行宏观调控的前提条件。

最适课税理论与最优课税理论是存在差别的。最优课税理论假定政府在信息完全充分的基础上建立税收制度和制定税收政策,假定政府对纳税人的纳税能力、社会偏好结构等信息完全掌握,在此基础上制定税收制度,以政府自身无限的税收征管能力获取政府的财政收入。最优课税理论是以福利经济学的"帕累托最优状态"为基础的,以课税的边际价格等于边际成本为主要准则,同时假定市场不存在失灵状态。由此可以看出,最优课税理论是一种比较"理想"的课税制度,因为在现实经济社会中,完全且充分对称的信息条件以及政府的无限征管能力条件是不现实的,不仅由于税收是对纳税人经营成果的无偿地让渡的分配过程,征纳主体之间是不可能实现完全且充分对称的信息掌握,而且由于政府是有限的政府,也不可能具备无限的征管能力。而最适课税理论则略显差别,其首先承认的是市场信息的不对称性,强调在信息不对称下研究政府如何课税以实现公平与效率兼顾的问题。最适课税理论承认了税收对社会经济行为的"扭曲"作用,强调在信息不对称下,利用税收的这种扭曲作用,通过税种搭配、税收政策合理布局,以社会剩余的损失最小化为目的,实现对市场行为的纠正,实现税收的公平与效率。

最适课税理论也不完全同于次优课税思想。虽然两者都承认市场存在失灵,但是次优课税思想是在市场失灵无法避免的前提下,探究如何将市场失灵造成的损失降到最低,这种课税思想主要强调的是将政府课税行为的"扭曲"作用所带来的效率损失降到最低,是效率损失最小化的问题。而最适课税理论则是在既存的信息不对称所带来的市场失灵的前提下,研究如何通过税制结构的合理安排、税收政策的合理布局以及课税方式和课税方法等的合理搭配使用,实现对税收效率原则与税收公平原则的兼顾。最适课税理论强调的是效率与公平的兼顾问题,而且承认各国政治、历史、经济、文化等的差异和各国税制结构的选择不一，也承认各国政策目标所带来的税制结构的差异。

## 二 最适课税理论的理论体系

最适课税理论论证了在信息不对称的经济环境中，政府运用税收工具的扭曲性作用调节市场经济，实现对税收效率原则与税收公平原则的兼顾。该理论认为，一国税制模式的选择与确立取决于本国的经济政策目标。对国内外关于最适课税理论文献进行梳理可以发现，最适课税理论由最适商品课税理论、最适所得课税理论和直接税与间接税搭配理论三个基础理论组成。

### （一）最适商品课税理论

最适课税理论认为，一般而言，商品课税主要是实现经济效率目标，而所得课税主要是以公平分配为主要目标。最适商品课税理论是基于逆弹性的研究。从最适商品课税理论来看，在商品的需求相互独立的前提下，商品课税以及课税时税率水平的确定与课税对象的价格弹性成反比。也就是说，需要根据商品需求对课税引起的价格弹性的灵敏程度来确定课税的税率水平。因此，根据最适课税理论逆弹性的税率设计原则，弹性越高，商品需求对课税反应的灵敏度越高，税率水平的确定越低，相反，对于弹性低的商品课税时，实施较高的税率水平，对无弹性实施的税率水平是最高的。不难看出，逆弹性命题虽然符合税收效率原则的要求，但是严重违背了税收公平原则。同时，也可以看出，由于实施差别税率，最适商品课税理论根据课税引起的超额负担的大小来确立商品课税制度。该理论认为，要使商品税具备一定的再分配功能，只是要满足这样一个条件即高收入者的消费支出中所含的商品税高于低收入者。从现实经济中来看，高收入者的消费支出占全部收入的比例小于低收入者的消费支出占全部收入的比例。因此，要使商品税具有再分配功能，政府课征的商品税必须使高收入者的消费支出中所包含的税收大大高于低收入者的消费支出中所包含的税收。所以，最适课税理论认为，商品税的再分配功能要求具备两个前提条件：一是有一套差别税率；二是对必需品适用低税率或免税，对奢侈品适用高税率。

### （二）最适所得课税理论

最适课税理论是米尔利斯等人在 20 世纪 70 年代提出的。根据米尔利斯等人的研究结论，无论社会福利函数的具体形式如何，只要收入分配数量存在一个已知的上限，则最高收入档次的边际税率应该为零。这一结论表明，即使将穷人的福利均包含于社会福利函数中的重要位置，也没必要通过高累进税率去改进穷人福利。最适课税的税率形式应该是近似线性的，并附有特定的免税水平，存在负税率。边际税率相当低，一般在 20%—30%，从不超过 40%。[1] 最适课税理论认为，在社会福利最大化的前提下，社会没有必要通过高的累进所得税税率结构来实现收入的再分配，应采用较低程度累进的所得税税率结构来实现税收公平原则。在其看来，边际税率越高，替代效应就越大，经济效率的损失也就越大。过高累进程度的所得税税率结构，只是限制了高收入者的收入水平，低收入者并没有因此而获得免税额或者说是补助额的增加。过高累进程度的税率结构无助于实现税收对收入分配的公平原则。在米尔利斯等人看来，最适所得税税率结构应当是倒"U"形，即低收入者和高收入者应适用较低的边际税率，而中等收入者适用较高的边际税率。[2] 这暗含着，最适所得税税率结构应该是"两头低、中间高"的税率结构。而对于这种税率结构的具体形式，最适课税理论将其与各国的政策目标和收入结构相结合予以阐述。

### （三）直接税与间接税搭配理论

许多经济学家从不同角度对直接税（所得税）和间接税（商品税）的优劣进行分析后认为，虽然所得税是一种良税，但差别性的商品税在资源配置效率方面是所得税所不能取代的：第一，所得税不能对闲暇课税，而且由于它无法在商品之间区别对待，故政府应利用商品税对闲暇商品课征高税，以抑制人们对闲暇的消费；第二，

---

[1] 尹音频：《资本市场税制优化研究》，中国财政经济出版社 2006 年版。
[2] 杨林：《从最适课税理论看我国税制》，《中国财经报》2002 年 3 月 20 日。

经济活动存在外部不经济性,故政府应通过征收差别商品税使各项经济活动的私人成本等于社会成本,以使社会资源得到更合理的配置。而且,所得税会影响劳动力供给,抑制私人储蓄和投资活动,产生额外负担。所以,最适课税理论首先承认无论是商品税还是所得税都有其存在的合理性和必然性。此外,税制模式的选择取决于政府的政策目标。在所得税和商品税并存的复合税制情况下,是以所得税还是以商品税作为主体税种?一般而言,所得税适合于实现分配公平目标,商品税适合于实现经济效率目标。如果政府的政策目标以分配公平为主,就应选择以所得税为主体税种的税制模式;如果政府的政策目标以经济效率为主,就应选择以商品税为主体税种的税制模式。一国的税收制度最终实行何种税制模式,要取决于公平与效率目标间的权衡。[①]

## 三 最适课税理论在证券市场的运用

最适课税理论首先承认征纳主体之间的信息不对称,与最优课税理论存在明显的区别,最优课税理论是以征纳主体之间的信息完全对称为前提的。最适课税理论承认政府课税制度和行为对社会经济行为的扭曲作用,而且主张根据市场实际情况和宏观调控的目标,利用税收的这种扭曲作用,通过课税制度的合理搭配以及课税制度的合理搭配,从市场出发,实现对市场行为的纠正,力求将税收扭曲作用带来的社会剩余损失降到最小。最适课税理论以市场信息为前提,制定相应的课税制度,也允许课税制度与市场适应的偏差存在。最适课税理论在证券市场的运用,关键在于课税制度搭配、税率结构选择等的合理运用,受各国证券市场实际情况影响。各国证券市场实际情况不同,带来的相应课税制度设置存在明显差异。

首先,一国政府如何对证券市场的交投行为进行课税,实行什么

---

[①] 郭庆旺、匡小平:《最适课税理论及对我国税制建设的启示》,《财政研究》2001年第5期。

类型的税制结构,应该取决于本国政府对证券市场的政策目标。一般来说,需要什么样类型的政策目标,决定了政府对市场的干预程度,仅仅从税收调控的角度来说,也就决定了在信息不对称前提下,税收政策设置、税率结构,以及不同交投行为、不同交易主体、不同层次交投市场、不同交投环节之间税收布局的综合运用。

其次,差别税率的运用。从上述分析中可以看出,最适课税理论阐述了在信息不对称前提下,税收工具扭曲作用存在的不可避免性。将证券产品的交投行为视作商品的买卖行为,则可以完全根据最适课税理论的逆弹性命题,对市场的交投行为进行税率结构设置,引导市场资金流向;还可以充分运用税收工具的扭曲作用,实施差别税率对市场投机炒作等扰乱市场的行为进行适当的调节,从而引导市场稳定健康发展。特别是我国证券市场,普遍存在信息不对称的情况,如何运用差别税率结构,针对不同市场、不同主体以及不同交投行为之间进行差别课税予以限制和鼓励,避免证券市场的大起大落的波动,减少其对实体经济的损害,真正成为实体经济的晴雨表,是当前证券市场课税应当予以重视的课题。

最后,税制结构的选择问题。最适课税理论主张根据各国经济政策目标来确定本国的税制结构,主张直接税与间接税的合理搭配,实现对税收公平原则和税收效率原则的兼顾。根据最适课税理论,以公平为主的政策目标,应选择以直接税为主的税制结构,而以效率为主的政策目标,则应选择以间接税为主的税制结构。一国政府究竟应该如何选择直接税与间接税之间的合理搭配,取决于本国政府对公平与效率之间的权衡。当前,对我国证券市场效率(包括融资效率和投资效率)与公平(包括交投机会公平和交投结果公平等)如何衡量,决定了我国证券市场课税结构的选择问题。我国证券市场正处于"新兴+转轨"的发展阶段,证券市场课税不仅需要公平,而且需要效率;不仅不能因为课税而降低市场的交投效率,而且需要通过课税制度的合理布局,实现机会公平、结果公平,因此选择直接税与间接税相结合的复合税制结构是我国证券市场课税的必然选择。

# 第三章 证券市场课税的经济效应

政府的课税行为是对纳税人的应税经营所得、经济行为以及财产等无偿地、固定地和强制地获得收入的过程。因此，政府的课税行为一定会对经济主体的经营与管理策略产生影响。课税效应，是指经济主体因政府凭借政治权力进行课税给其经济策略和经济行为选择方面带来的影响。一般来说，这种影响既存在直接的，也存在间接的。证券市场课税主要是通过信息冲击、心理预期冲击等传导机制，影响市场投资主体未来预期收入和当前交易成本，从而对市场主体的交投策略产生影响，而这种影响不仅直接地对证券市场价格、市场规模、市场投资行为等产生影响，而且不同的税收政策及税负布局，会对证券市场结构、市场效率等产生影响，这正是政府运用税收手段调节证券市场的集中体现。同时，证券市场是社会资本包括闲置资本的"储水池"，会对社会资源配置产生间接效应，从而进一步间接地影响社会居民消费、实体经济结构和经济增长发展，因此政府可以通过税收手段调节证券市场，实现利用证券市场达到预期实体经济发展的目标。本章主要是基于市场视角，从直接影响和间接影响两个方面，分析证券市场课税的经济效应。

## 第一节 证券市场课税的直接效应

### 一 证券市场课税对证券市场价格的效应

学术界关于政府课税行为对证券市场价格所产生影响的讨论，主要是集中在证券市场价格波动的影响和证券市场价格水平的影响两个方面。从讨论的视角来看,对政府课税行为影响的讨论只是集中在证券交易税对证券市场价格波动和价格水平影响的探讨上。无论是国内研究还是国外研究,这方面的研究都比较充分。

**(一) 对价格波动的影响**

在证券市场上,信息将随时、随机地流入市场,而买卖双方均会迅速对这些信息做出反应。如果市场有充分的宽度、深度和弹性,证券市场价格将围绕价值随机波动,且价格对新信息的反应是即时的。如果投资者对证券价值的估计是正确的,且买卖双方的意见一致,价格将呈窄幅波动。关于证券交易税对证券市场价格波动的影响,不同的学者有着不同的观点。从国外学者的研究中可以看出,主要存在以下三种观点。

1. 抑制价格波动的观点

持该观点的学者认为,由于市场存在大量的噪声交易者,特别是在市场体制不够健全的证券市场中,这种以投机为主要目的的噪声交易者比重比较大,其并不会因为证券产品的内在价值而投资,而是根据证券产品价格波动来进行投资抉择。因此,证券交易税可以通过提高证券交易成本,影响投资者预期交易所得,改变其交易策略,降低噪声交易者的交易频率,降低市场的过度波动。美国著名经济学家 Joseph E. Stiglitz[1] 将证券市场交易者分为四类即充分信息交易者、部分信息交易者、无信息交易者和噪声交易者,并探讨利用税收政策抑制短期交易行为,研究表明证券交易税可以抑制投资者的短期投机交易行为,增强市场的稳定性,因而可以有效地降低证券市场的波动性。Keynes[2] 提出金融交易税可以打击引起证券市场泡沫、带来经济进一步衰退的投机行为。随后,Tobin[3]、Summers

---

[1] Joseph E. Stiglitz, "Using Tax Policy to Curb Speculative Short-Term Trading", *Journal of Financial Services Research*, 1989, 3 (2-3): 101-115.

[2] Keynes, John Maynard, *The General Theory of Employment, Interest, and Money*, 2007 Edition, Palgrave Macmillan, New York, NY, 1936.

[3] Tobin, James, "A Proposal for International Monetary Reform", *Eastern Economic Journal*, 1978, 4 (3-4): 153-159.

和 Summers[①] 也提出了相类似的税收观点。Campbell 和 Froot[②] 通过阐述各国证券交易税的征管经验,指出证券交易税并不一定影响市场的流动性,通过合理的证券交易税制度的设计,可以有效规范市场发展,抑制投机性交易行为。Amihud 和 Mendelson[③]、Ericsson 和 Lindgren[④] 阐述了证券交易税与证券市场流量之间的关系,认为证券交易税影响投资者的交易成本,从而影响投资者投资策略,进而影响市场的价格波动。Baltagi 等[⑤]基于新兴证券市场,认为由于证券交易税是投资者交投成本的重要组成部分,开征证券交易税对证券市场行为产生重要影响。Subrahmanyam[⑥] 通过研究交易税与金融市场流动性的关系,认为交易税会降低金融市场的流动性和信息投资者的收益,迫使投资者改变短期交投策略,注重证券产品的内在投资价值,从事战略性投资,降低市场的波动性。

2. 增强价格波动的观点

持该观点的学者认为,券商佣金成本和证券交易税成本是二级市场证券交易成本的主要构成部分,由于税收具有的固定性、无偿性和强制性等特性,税收成本是证券交易者承担的刚性交易成本,不可轻易变动。这样,证券交易税的课征给投资者带来了预期风险增加,为弥补预期风险增加所带来的成本上升,投资者特别是噪声交易者势

---

[①] Summers, Lawrence H., and Victoria P. Summers, "When Financial Markets Work Too Well: A Cautious Case for a Securities Transactions Tax", *Journal of Financial Services Research*, 1989, 3 (2): 261 – 286.

[②] Campbell, John Y., and Kenneth A. Froot, "International Experiences with Securities Transaction Taxes", in Frankel, Jeffrey A. ed., *The Internationalization of Equity Markets*, University of Chicago Press, Chicago, IL, 1994.

[③] Amihud, Yakov, and Haim Mendelson, "Transaction Taxes and Stock Values", in Lehn, Kenneth, and Robert W. Kamphius, Jr., eds., *Modernizing US Securities Regulations*, Irwin Professional Publishing, Burr Ridge, IL, 1992.

[④] Ericsson, J., and R. Lindgren, "Transaction Taxes and Trading Volume on Stock Exchanges: An International Comparison", Working Paper 39, Stockholm School of Economics, Stockholm, Sweden, 1992.

[⑤] Baltagi, Badi H., Dong Li, and Qi Li, "Transaction Tax and Stock Market Behavior: Evidence from an Emerging Market", *Empirical Economics*, 2006, 31 (2): 393 – 408.

[⑥] Avanidhar Subrahmanyam, "Transaction Taxes and Financial Market Equilibrium", *The Journal of Business*, 1998, 71 (1): 81 – 118.

必通过扩大报价的价差,增强市场价格的波动。特别是,对于做市值管理的投资者来说,证券交易税所带来的成本上升,势必在与流动性交易者的交易中通过扩大报价差价来弥补,从而维持自身的风险承担和自身的获利水平,加大了市场价格的波动性。国内外的部分学者对我国证券市场2002—2007年和2008—2011年印花税调整带来的市场交易量和股指波动情况进行了分析,认为印花税的调整并不能抑制股票的上涨和下跌,而且在一定程度上还加大了股票的波动程度。

3. 不确定性的观点

持此观点的学者认为,从世界各国证券交易税开征的情况来看,基本上施行单一比例税率,证券交易税对证券市场交易者并非歧视性的,其在降低噪声交易者的交易活动和交易频率的同时,同样也会对价值投资者、中长期投资者等稳定市场交易者的交易活动和交易频率带来影响,且这种影响程度是无法判断的,因此证券交易税对市场价格波动的影响也是不确定的。证券交易税对市场价格波动的影响和影响程度,要视市场环境而定,不能一概而论,取决于市场噪声交易者的比重。

无论是学术界还是市场参与者,都认为证券交易税对市场价格波动性的影响是不确定的,而且从最近的研究成果来看,这种不确定性的观点越发明显。综观国内外研究成果,几乎都认为在不同的时期和不同的市场环境下,证券交易税对市场价格波动的影响也是不同的。Kupiec[1]、Grundfest和Shoven[2]认为,因为无法对证券交易税对每个交易者的影响和作用进行细分,因此征收证券交易税不一定能减少市场的波动性。在一个成熟的证券市场里,市场价格对市场信息反应越充分,市场信息效率越高。此时,证券交易税会大大损伤

---

[1] Kupiec, P. H. A., "Security Transaction Tax and Capital Market Efficiency", *Contemporary Economics Policy*, 1995, 13: 101 – 112; Kupiec, P. H., "Noise Trader, Excess Volatility and a Securities Transactions Tax", *Journal of Financial Service Research*, 1996, (10): 115 – 129.

[2] Grundfest, Josegh A. and Shoven, John B., "Adverse Implications of a Securities Transactions Excise Tax", *Journal of Accounting Auditing and Finance*, 1991, 6 (4): 409 – 420.

市场的信息效率。而对一个欠发达的证券市场来说，适当的证券交易税主要是打击了噪声交易者，市场价格能更好地反映股票的公平价值，使市场的信息效率相对提高，从而避免由于信息流动影响市场证券产品价格的波动。[①] 从我国 2000 年以来印花税调整以及市场走势来看，在不同的涨跌阶段，印花税调整对市场价格的影响也是不一样的。

然而，政府证券市场课税行为对市场价格波动的影响不能就单一证券交易税而论，政府课税行为对市场价格波动的影响主要是看税制整体的设计。诚然，单一的证券交易税必然增加投资者的交易成本，但是如果结合持有时间的长短，实施差别累退比例税率，改变市场投资者的预期收益率，引导投资者选择价值投资策略，证券课税行为则会稳定市场价格的波动幅度。在欠成熟的证券市场中，就市场交投者心理来说，合理设计的证券交易税，虽然影响市场的交易量，但将更加有利于减少市场的投机行为，减缓投资者进出市场的速度，有利于提高市场的质量。

（二）对价格水平的影响

从理论上来看，证券交易税的调整会增加或者减少投资者的交易成本，影响投资者的预期收益率水平，进而导致证券市场价格水平的下跌或上涨。一般来说，提高证券交易税的税率水平，必然增加证券市场的交易成本，降低投资者未来预期收益率，选择退出市场交投，从而降低市场证券价格水平；降低证券交易税税率水平，会增加投资者未来预期收益率，从而引来新的投资者或者诱导原投资者增加规模，增强市场流动性，引起证券市场产品价格水平的上升。学术界关于证券交易税对于证券市场价格水平的影响，看法也是不同的，但是多数学者认为证券交易税水平提高会导致证券价格水平下跌。Umlauf[②] 通过研究瑞典证券交易税变化对股价的影响，认为提高证券交易税会引

---

① 杨志银、柯艺高：《中国证券市场税收问题研究》，经济科学出版社 2012 年版。
② Steven R. Umlauf, "Transaction Taxes and the Behavior of the Swedish Stock Market", *Journal of Financial Economics*, 1993, 33 (2): 227–240.

起股票价格综合指数的下跌，发现征收 1% 证券交易税的当天，瑞典的股票价格综合指数下跌 2.2%，而在交易税税率由 1% 提高到 2% 的当天，股票价格综合指数下跌 0.8%。

中国学者刘勇[①]利用 Umlauf 的方法和事件研究法研究了我国三次印花税调整对上海股票市场价格水平的影响，进一步实证了印花税下调会使股价水平上升、印花税上调会使股价水平下跌这一理论假说。标准资产估价理论认为，资产交易税上升会导致资产价格的下降，而交易税下降会导致资产价格的上升。根据 Umlauf（1993）研究方法，刘勇选取时间为 1997 年 5 月 10 日、1998 年 6 月 12 日和 2001 年 11 月 16 日的三次印花税调整。研究标准样本为 1997 年 1 月 2 日到 2002 年 5 月 20 日，共计 1288 个观测值。其中，上证综合指数样本收益率的均值和方差分别是 0.0403% 和 0.01668，而上证 A 股指数样本收益率的均值和方差分别为 0.0425% 和 0.01677。表 3-1 给出了三次印花税调整对上海股票指数收益率的影响情况。

表 3-1　　　　　　　印花税调整对上海股市的影响

| 日期 | 印花税调整 | 上海综合指数收益率 | 30 天指数收益率均值 | 上海 A 股指数收益率 | 上海 A 股指数 30 天收益率均值 |
|---|---|---|---|---|---|
| 1997 年 5 月 10 日 | 由 0.3% 提高到 0.5% | 2.236% (-47.244)* | -0.426% (-8.300)* | 2.248% (-47.212)* | -0.428% (10.077)* |
| 1998 年 6 月 12 日 | 由 0.5% 降为 0.4% | 2.615% (-55.415)* | -0.079% (2.558)* | 2.669% (-56.218)* | -0.0724% (2.466)* |
| 2001 年 11 月 16 日 | 由 0.4% 降为 0.2% | 1.556% (-32.610)* | 0.013% (0.577) | 1.550% (-32.274)* | 0+ (0.820) |

注 1：括号中是 t 检验统计量。* 表示在 5% 的显著性水平下显著；无标记意味着不显著。
注 2：0+ 表示该值非常接近于零，但符号为正。计算中的真实数值为 0.0000419。
资料来源：刘勇：《股票交易印花税对股票价格影响研究》，《上海管理科学》2004 年第 3 期。

刘勇通过上面对上海股票市场对印花税调整效应的经验分析，得

---

[①] 刘勇：《股票交易印花税对股票价格影响研究》，《上海管理科学》2004 年第 3 期。

出如下结论。①

第一,上海股市对印花税调整有很敏感的反应,具体反应模式为当印花税税率下调时,股票价格指数上升,价格指数收益率为正;当印花税税率上升时,股票价格指数下降,价格指数收益率为负。这种效应是显著的。

第二,就反应强度而言,所造成的数量效应并不是一致的。这主要是因为一方面每次印花税税率调整的幅度不同。当调整幅度较大时,相应股票价格指数变化较大,当调整幅度较小时,股票价格指数变动也较小。另一方面,这和每一次公布实施时股票市场原来的运动趋势以及最近几次接连发布的政策措施有关。

第三,就反应的时效而言,上海股市会及时做出反应,且在10个交易日内市场反应最大。随着时间的推移,效应逐渐减少。当达到30个交易日的时候,效应已经很微弱了。

在关于上海股票市场个股与印花税调整之间关系的研究中,刘勇②选择1997年5月10日、1998年6月12日和2001年11月6日我国印花税税率三次调整的时间,选取印花税调整之前30个交易日和印花税调整之后70个交易日数据,根据不同的样本区间长度进行调整,并从上证30指数构成股票中选取20只股票进行分析检验,得出表3-2中的检验结果。

表3-2　　　　　　　上海股票市场印花税调整效应检验结果

| 显著性水平 | 异常收益均值显著情况 |||||||
|---|---|---|---|---|---|---|
| | 后10天 | 后20天 | 后30天 | 后40天 | 11—20天 | 21—30天 |
| 1997年印花税税率调整（共有20只股票） ||||||||
| 5% | 2 | 3 | 3 | 10 | 0 | 0 |
| 10% | 1 | 0 | 2 | 3 | 0 | 2 |

---

① 刘勇:《股票交易印花税对股票价格影响研究》,《上海管理科学》2004年第3期;周宏、刘勇:《交易成本对股票价格的影响研究——基于深圳股票市场的经验研究》,《财经问题研究》2005年第3期。

② 刘勇:《股票交易印花税对股票价格影响研究》,《上海管理科学》2004年第3期。

续表

| 显著性水平 | 异常收益均值显著情况 ||||||
|---|---|---|---|---|---|---|
| | 后10天 | 后20天 | 后30天 | 后40天 | 11—20天 | 21—30天 |
| 1997年印花税税率调整（共有20只股票） ||||||||
| 15% | 7 | 1 | 2 | 1 | 0 | 0 |
| 不显著 | 10 | 16 | 13 | 6 | 20 | 18 |
| 负值数 | 19 | 20 | 20 | 19 | 15 | 16 |
| 1998年印花税税率调整（共有20只股票） ||||||||
| 5% | 0 | 0 | 0 | 1 | 0 | 0 |
| 10% | 2 | 1 | 2 | 1 | 1 | 0 |
| 15% | 0 | 3 | 0 | 1 | 3 | 0 |
| 不显著 | 18 | 16 | 18 | 17 | 16 | 20 |
| 正值数 | 13 | 12 | 11 | 12 | 10 | 7 |
| 2001年印花税税率调整（共有20只股票） ||||||||
| 5% | 5 | 2 | 4 | 8 | 3 | 1 |
| 10% | 0 | 1 | 0 | 2 | 2 | 3 |
| 15% | 4 | 2 | 1 | 0 | 3 | 1 |
| 不显著 | 11 | 15 | 15 | 10 | 12 | 15 |
| 正值数 | 17 | 11 | 8 | 2 | 2 | 1 |

注：负值数表示异常收益均值小于零的股票数目，正值数表示异常收益均值大于零的股票数目。

通过对上海股市三次印花税调整对个股股价反应研究的经验检验，有如下结论。[1]

第一，概括来说，单只股票对印花税调整将会做出反应，并且服从一般规律：印花税税率下调将会使股价上升，会得到一个正的异常收益；印花税税率上升，将会使股价下跌，会得到一个负的异常收益。

第二，从数量上来讲，单只股票对印花税调整的反应不是很明显。这一方面取决于当时印花税税率调整的幅度。一般说来，税率调整幅度越大，股票价格的反应也就越明显。例如，股票价格对1997年和

---

[1] 刘勇：《股票交易印花税对股票价格影响研究》，《上海管理科学》2004年第3期。

2001年印花税调整比1998年调整的反应更为显著，就是因为前者印花税税率调整幅度较大。这另一方面还取决于既有的政策组合以及本来的股市运动形态。

第三，从时间上来说，单只股票对印花税调整随着时间推移而衰减。一般说来，印花税调整公布实施后10个交易日中表现比较显著。

虽然很多学者从不同的角度对政府课税行为对有价证券价格水平的影响提出了自己的观点，但是从证券市场实际运行过程以及市场交投行为影响因素分析来看，在以物质生产为主的经济体系中，财富和商品基本上以成本定价方式来衡量，心理预期对其影响并不是很大。而进入虚拟经济体系以后，证券交易采用资本化定价方式，资本定价方式强调的是资本商品未来的收益和增值空间，心理预期对经济主体具有极其重要的影响。因此，政府增税或减税的课税信息冲击将通过投资者心理预期机制的传导，影响证券预期收益率，进而影响证券价格以及证券市场的运行。证券交易税上升会导致证券价格水平的下降，而证券交易税下降会导致证券价格水平的上升。

然而，在一个成熟的证券市场里，市场价格对市场信息反应越充分，市场信息效率越高。证券价格决定于大量提供信息的交易行为的合力，并因此具有丰富的信息含量，能够为社会资源配置传递准确的信号。此时，流动性是证券市场效率的生命线，交易税会大大损伤市场的信息效率。证券交易税直接提高交易成本，提高证券要求的收益率，降低了市场流动性和交易量，使投资者对市场信息的敏感度减弱，使证券价格不能充分反映市场信息，造成证券市场传递信息的失真和社会资源配置信号的紊乱，从而导致价格扭曲。此外，证券交易税使用于消除市场错误定价的套利的成本提高，市场错误定价将更加严重。当某种资产价格具有误导性，且与其内在价值不一致的时候，由于缺乏充分的交易，就需要花费较长的时间来纠正这种偏差。这时，证券市场就是非效率的。

而对一个欠发达的证券市场来说，市场中存在着大量的噪声交易者，其交易不以股票内在价值为基础，使股价远离其内在价值，削弱了市场所能提供的信息质量。证券交易税的开征提高了交易成本，从而限制了过度投机的非理性行为，对于频繁进出、短线炒作、庄家洗盘和对敲等行为会起到明显的抑制作用。在这种情况下，适当的证券交易税虽然不加区别地限制了所有交易者，但主要是打击了噪声交易者，降低了他们的交易水平，减少其交易对价格的影响，从而对证券市场失真的信息产生修复作用，市场价格能更好地反映证券产品的内在价值。[1]

## 二　证券市场课税对市场规模的效应

### （一）对市场供给规模的影响

一般来说，企业在经营过程中，可以通过股权、债权以及企业自身的留存收益等方式进行融资。根据我国现行税收制度的规定，不同的融资方式承担的税收成本是不一样的。就我国证券产品股票和债券而言，通过发行股票等股权筹资，是不用承担任何税收成本的，且不用承担固定的股息；而通过发行债券等债权方式融资，虽然能够允许其所承担的固定利息成本在企业所得税税前扣除，但是增加了企业的财务风险。不同的融资方式所带来的差异性税收成本和收益，必然影响企业融资方式的选择。

就当前我国证券市场而言，上市公司发行股票进行融资，不承担任何的税收成本，而且其溢价收益作为"资本公积"核算，即使在后续经营中转增股份，也不用承担任何税收成本。再者，与企业发行债券相比，上市公司不用承担固定的利息支出，而可以根据市场运行趋势灵活进行股息分配等，达到炒作、减持目的。对于企业经营融资来说，发行股票融资比发行债券融资有利，因此，我国目前证券市场采取收费而不是征税的方式进行 IPO，在一定程度上刺激了 IPO 数量的增加。在市场投资者来看，这也是我国目前证券市场发行环节 IPO 长期排队、拥挤的主要原因之一。这种不征税方式也导致了目前市场普遍存在发行质量不高的问题，粉饰、包装等欺诈上市行为普遍

---

[1] 茆晓颖：《中国证券市场税收效应和制度分析》，博士学位论文，苏州大学，2006 年。

存在。

对于我国证券市场不够成熟特别是基础制度不够完善的现状而言，政府的课税行为虽然在一定程度上对市场供给产生不利影响，但是如果不对其上市行为进行征税或者说少征税，而将企业上市发行股票的溢价收入与其未来经营业绩相挂钩，合理设计差异化课税政策，则不仅可以实现对IPO发行质量和发行水平的监管，而且在一定程度上杜绝或者减少市场欺诈发行行为，还可以有效地防止"病从口入"，从源头上阻止投机炒作行为。对发行环节课税，短期会对市场供给产生一定的影响，但是从长期来看，通过合理设计政府的课税政策，不仅可以提高上市公司的质量，从源头鼓励价值投资，而且可以实现虚实经济之间的良好循环，真正达到证券市场服务实体经济、成为反映实体经济的"晴雨表"的目的。

### （二）对市场需求规模的影响

政府课税行为引起二级市场投资者的交易成本，对市场规模必然产生影响，本节主要是从交易行为课税和交易所得课税两个方面阐述课税行为对证券市场需求规模的影响。

#### 1. 交易行为税对市场规模的影响

从理论上说，交易行为的课税一定会增加投资者的交易成本，势必影响投资者参与市场交投的程度，影响投资者购入证券产品的数量，进而在价格和数量双重作用下影响市场的规模。无论是增税还是降税，从我国证券市场的历次印花税调整过程来看，印花税的调整对市场交易规模的短期影响显著，但是随着时间的推移，这种影响不断减弱。从2005年、2007年两次印花税调整的过程来看：2005年处于长期熊市的过程中，下调印花税虽然带来了10个交易日的短暂上涨过程，成交量也得到一定的放大，但是随后成交量再次萎缩，一路下行，直至股权分置改革，市场才开始缓慢复苏，带来2005年下半年至2007年的上涨行情；2007年，由于市场属于上涨过程，印花税上调后第一天引起沪深股市交易量的下降并不显著，第5、第10、第20、第30天的交易量下降均变得明显，但是印花税上调并没有改变当时市场非理性的上涨行为，而且对市场交易量的影响在上涨趋势下很快降低，从长期来看，上调印花税抑制市场交投、降低市场热度目标的实现并不显著。2008年、2009年两次印花税的下调，特别是在2008年金融危机所带来的市场下跌趋势下，确实带来交易规模的大幅增加，但是随着时间的推移，这种交易规模的增加是逐步递减的，最终再次回到缩量下跌过程（见表3-3）。因此，从我国证券市场历次印花税调整对沪深两市交易量的影响来看，交易行为课税虽然会增加交易者的交投成本，进而在非常短的交易时间内带来交易规模的增加或减少，但从长期来看，交易行为课税对市场规模的影响是非常小的，无法改变市场运行的长期涨跌趋势。

表3-3　我国历次印花税调整对沪市A股市场交易量的影响　单位：亿元

| 时间 | 印花税调整内容 | 前后一天交易量增减 | 前后5天交易均量增减 | 前后10天交易均量增减 | 前后20天交易均量增减 | 前后30天交易均量增减 | 涨跌阶段 |
|---|---|---|---|---|---|---|---|
| 1990.06.08 | 开征印花税 | | | | | | |
| 1991.10.10 | 6‰调为3‰ | -0.09 | 0.013 | 0.046 | 0.058 | 0.042 | 慢涨 |
| 1997.05.12 | 3‰调为5‰ | 27.4 | -24.634 | -33.667 | -33.629 | -39.54 | 上涨 |
| 1998.06.12 | 5‰调为4‰ | 12.7 | -10.248 | -13.537 | -23.1255 | -28.32 | 下跌 |
| 2001.11.16 | 4‰调为2‰ | 100.0 | 46.896 | 33.4 | 9.3535 | 8.322 | 下跌 |
| 2005.01.23 | 2‰调为1‰ | 7.85 | 1.88 | 18.918 | 34.8705 | 37.47 | 下跌 |
| 2007.05.30 | 1‰调为3‰ | 227 | -268.6 | -194.2 | -199.3 | -354.07 | 上涨 |
| 2008.04.24 | 3‰调为1‰ | 10359 | 795.6 | 767.02 | 482.515 | 238.44 | 下跌 |
| 2008.09.19 | 卖方单边征收 | -18.8 | 412.32 | 312.25 | 170.5 | 93.93 | 下跌 |

注：数据主要是根据同花顺股票交易软件数据统计而成。

对市场结构性交投行为的课税，可以实现对不同交易行为的影响，虽然会带来短期交易量的减少，但从长期市场发展来看，不会对市场交投规模产生过大的影响，反而会增加市场规模。对发行环节的上市融资行为进行税收调节，通过合理的税制设计，将企业的上市融资行为与企业的经营相挂钩，既可以减少和杜绝上市公司的粉饰、包装上市等欺诈行为的发生，防止"病从口入"，提高上市公司质量，还可以利用税收政策鼓励上市公司上市融资之后努力经营，回报股东，实现虚实经济之间的相互增长。对交易行为和交投所得，根据投资者对证券产品持有时间的长短，实施差别课税政策，抑制短期交投行为，引导投资者进行长期价值投资。特别是对交易所得实施的这种差别课税政策，会导致市场投资者选择回报率高、具备长期价值增长的上市公司进行投资，这样短期会引起市场交投规模的下降，但长期不仅不会引起市场规模的下降，反而会导致市场规模的稳步增长。

2. 证券所得税对市场规模的影响

证券所得税是指关于证券投资所得收益和交易所得收益两个方面的课税，一般来说，证券投资所得包括证券投资所得税和证券交易所得税两个部分。证券投资所得税指在证券投资交投过程中，因持有证券投资产品而获得投资收益的所得税，主要是利息、股息、红利等所得税，而证券交易所得税是指因证券产品价格波动进行买卖等交易活动而获得的差价收益所承担的所得税，其在很大程度上应属于广义的资本利得税范畴。关于证券所得税的经济影响，沈峰[1]从资金成本、跨期消费、储蓄以及资本锁住效应等方面进行了阐述，但其更多的是从股息所得税和资本利得税两个方面，利用宏观经济和微观经济策略选择模型进行了阐述，对于证券所得税对市场规模的影响方面，主要谈的是资本锁住所带来的影响，比较缺乏从具体的市场交投行为特别是证券所得税对市场投资主体心理预期影响方面的阐述。杨志银、柯艺高[2]从理论方面阐述了证券交易所得税对证券资产风险收益组合的影响，进而影响市场结构性规模，认为证券交易所得征税会同时影响投资收益和投资风险，研究税收对证券资产风险收益组合的影响，实质上也就是研究税收对风险承担的影响[3]，如果税收能够影响人们对风险的承担，则课税一定会导致风险资产比重的改变，从而使投资者

---

[1] 沈峰：《证券所得税的经济影响和制度改革——兼论我国证券所得税制度的优化设计》，博士学位论文，厦门大学，2007年。

[2] 杨志银、柯艺高：《中国证券市场税收问题研究》，经济科学出版社2012年版；茆晓颖：《中国证券市场税收效应和制度分析》，博士学位论文，苏州大学，2006年。

[3] 同上。

的资产组合结构发生变化；如果税收不会影响人们对风险的承担，人们在选择资产组合结构时就不会受到税收的干扰，因而税收也就不会对资产组合产生影响。

虽然从已经得到各国印证的所得课税对市场规模影响的理论来看，证券所得税的开征对市场规模存在诸多影响，但在实际的证券市场情况中，如果以新增投资者开户数来反映市场投资者规模的话，所得税政策调整对新增投资者开户数的影响并不是很明显，反而与所得税政策调整当期市场运行处于涨跌的不同阶段相关性比较大。从表3-4的数据可以看出，减税并不一定带来证券市场新增投资者开户数的逐年增加，但降税当年确实带来了新增投资者开户数的增加，但随后的影响逐渐减弱。增税对新增投资者开户数的影响则比较明显，从我国关于证券投资所得课税政策调整历程来看，每次增税政策的调整都带来了新增投资者开户数的减少，而且持续过程比较长，比如2009年10月1日开始对限售额转让所得征税的政策调整，对新增投资者开户数的影响比较长。

表3-4　　　所得税政策调整对新增投资者开户数的影响　　　单位：万户

| 时间 | 所得税调整内容 | 降税或增税 | 当年增减变化户数 | 第2年增减变化户数 | 第3年增减变化户数 | 第4年增减变化户数 | 第5年增减变化户数 |
| --- | --- | --- | --- | --- | --- | --- | --- |
| 1994 | 明确股票转让所得征收个人所得税 | 增税 | 151.4 | 110.3 | 522.7 | 502.8 | 286.1 |
| 1997 | 财税字〔1998〕61号 | 降税 | 502.8 | 286.1 | 281.7 | 676.7 | 462.0 |
| 2009 | 财税〔2009〕167号 | 增税 | 862.8 | 748.9 | 550.8 | 291.4 | 257.0 |
| 2010 | 财税〔2010〕70号 | 增税 | 748.9 | 550.8 | 291.4 | 257.0 | 484.1 |
| 2012 | 财税〔2012〕85号 | 降税 | 550.8 | 291.4 | 257.0 | 484.1 | 4013.8 |

续表

| 时间 | 所得税调整内容 | 降税或增税 | 当年增减变化户数 | 第2年增减变化户数 | 第3年增减变化户数 | 第4年增减变化户数 | 第5年增减变化户数 |
|---|---|---|---|---|---|---|---|
| 2015 | 财税〔2015〕101号 | 降税 | 4013.8 | 3243.5 | 2505.3 | — | — |

注：1. 1994年1月国务院发布的《中华人民共和国个人所得税法实施条例》（1994年1月28日中华人民共和国国务院令第142号）中明确，对股票转让所得征收个人所得税。

2. 《财政部、国家税务总局关于个人转让股票所得继续暂免征收个人所得税的通知》（财税字〔1998〕61号）规定：从1997年1月1日起，对个人转让上市公司股票取得的所得继续暂免征收个人所得税。

3. 财税〔2009〕167号文明确，自2010年1月1日起，对个人转让限售股取得的所得，按照"财产转让所得"，适用20%的比例税率征收个人所得税。

4. 《关于个人转让上市公司限售股所得征收个人所得税有关问题的补充通知》（财税〔2010〕70号），明确扩大限售股征税范围。

5. 《关于实施上市公司股息红利差别化个人所得税政策有关问题的通知》（财税〔2012〕85号）规定，个人从公开发行和转让市场取得的上市公司股票，持股期限在1个月以内（含1个月）的，其股息红利所得全额计入应纳税所得额；持股期限在1个月以上至1年（含1年）的，暂减按50%计入应纳税所得额；持股期限超过1年的，暂减按25%计入应纳税所得额。上述所得统一适用20%的税率计征个人所得税。

6. 《财政部 国家税务总局 证监会关于上市公司股息红利差别化个人所得税政策有关问题的通知》（财税〔2015〕101号）明确规定个人从公开发行和转让市场取得的上市公司股票，持股期限超过1年的，股息红利所得暂免征收个人所得税。

资料来源：政策调整内容来源于国家税务总局网站，数据统计来源于《上海证券交易所统计年鉴》（2018卷）。

然而，总体上而言，证券所得税对市场规模的影响主要取决于所得税税制设计是否合理，是否考虑了市场实际交投行为以及政府对市场的目标期望。首先，以市场稳定为目标，促进价值投资，抑制投机行为，证券所得课税行为则会引起短期市场规模发生变化，特别是交易量的变化，但是在长期由于市场稳定，价值投资增加了市场氛围，证券所得课税增强市场交投环境的公平性，对场外投资者吸引力将增强，这样反而会增加市场规模。其次，证券所得税优惠政策的使用，可以缓解所得课税所带来的效率损失，降低风险程度，刺激市场需求规模。主要是因为：一是根据持有时间长短，实施递减式的税收优惠政策，引导价值投资者；二是允许证券投资亏损税前扣除，与投资者分担风险，降低投资者自身的交投风险，会刺激投资者对证券产品的持有需求，降低课税带来的效率损失，缓解课税对市场规模的短期缩减影响。

## 三 证券市场课税对证券市场结构的效应

### (一) 对证券产品结构产生的效应

从证券交易课税来看，对证券交易行为就其交易额征税，必然导致交易成本的增加。政府对证券交易行为课税对产品结构产生的影响，主要是对不同产品的交易行为的征免税以及是否税前扣除等课税政策引起的。如果对股票交易课税，而对债券、基金的购买行为不课税，则会引起股票、债券等证券产品之间的替代效应，从而改变市场投资者对市场产品的需求结构。如果增加短期交易的税收成本，而对中长期交易行为实施减税或免税规定，会对市场产品持有期限结构产生影响。对于市场投资者来说，证券产品交投频率的高低，也会影响投资者交投成本的实际税负，对于交易频繁的证券产品来说，受政府课税的影响是最大的。特别是在我国证券市场，虽然证券交易所普遍征收的印花税是单向征收，但是产品交投频率对其交易规模是存在很大影响的。不同证券产品之间交易的税收差别待遇，一定会产生证券产品之间的替代效应，给市场投资者的投资产品选择策略产生影响，从而会对市场中不同产品的需求产生影响，最终影响市场的产品结构。此外，对证券产品的转让所得的不同税收处理，也会对市场产品结构产生影响。也正是因为税收对市场产品结构能够产生影响，政府可以利用课税的差别税收政策，引导市场投资。

### (二) 对市场主体结构产生的效应

从股票供给来看，如果对未上市企业的股份买卖行为特别是买卖所得课征较高的税收成本，而对于上市公司股票买卖的税收成本相对较低，则能鼓励企业上市发行交易，改变上市公司的结构。如果对证券发行环节的认购行为不征税，则会导致发行认购主体的增加。相反，对证券发行认购行为进行适当的课税，可以平衡不同交易环节带来的税收成本差异，从而平衡不同交易环节的交投热度。我国当前认购环节热度不减，一部分是受认购收益影响。除此之外，虽然发行环节和二级市场购买行为都不用承担购买的税收成本，但是从市场交投心理和预期收益角度来看，我国对发行认购不用承担任何的佣金成本，也是一个重要因素。

　　从投资者结构来看，课税对不同投资者市场交投产生的影响是不同的。如果对机构投资者和非机构投资者（中小投资者或者个人投资者）的课税不一样，对机构投资者实施低税甚至免税，对非机构投资者实施较高的税收政策，则会带来两类投资者结构的改变，特别是考虑投资能力和交投频率所带来的实际税负差别，这种结构变化会更加明显。如果利用税收政策鼓励基金等机构投资者的分配率和回报率，则会大大改变机构投资者和个人投资者的比例，特别是市场投资能力不强的个人投资者，由于获利能力不强，在机构投资者回报率高于银行存贷款利率的前提下，会选择购买机构投资者销售的基金等证券产品，间接投资证券市场，从而改变二者的结构比例。如果根据持有期限长短对证券交易行为和交易所得实施差别税收待遇，持有期限越长，税收成本越低，这种课税制度的安排，会改变市场投资者持股投资的时间结构，进而会改变市场长期投资者与短期投资者之间的结构比例。此外，对不同的交易方式实施差别课税政策，会影响投资者的交投买卖行为，在一定程度上改变证券市场买卖交易结构。

　　从证券营业机构来分析，不同类型的证券营业机构，在地位、市场影响程度等方面也存在不同。如果根据营业机构规模以及地位等不同而实施不同的课税政策，则会对不同的营业机构产生不同的影响。证券课税正是通过影响证券营业机构之间的运行成本，改变证券营业机构之间的市场结构，通过对营业机构不同经营业务课征不同的税收，影响营业机构的业务经营主体结构。[①]

---

[①] 杨志银、柯艺高：《中国证券市场税收问题研究》，经济科学出版社2012年版。

## 四 课税对证券市场效率的影响

我们认为,证券市场的效率主要包括信息与价格效率、交易效率、价值发现效率和资源配置效率等几个方面。这里,信息与价格效率指市场价格对市场信息的灵敏程度,市场价格对市场信息的灵敏度越高,说明市场效率也就越高。交易效率是指证券市场投资者的参与程度和市场交投行为的活跃程度。而价值发现效率是指证券市场产品价格是否真正反映上市公司的价值,或者说证券市场价格偏离上市公司价值的程度,这种偏离程度越低,市场价值投资所占比重就比较大,市场价值发现效率也就越高。资源配置效率则指的是证券市场对社会闲置资本集聚后,是否真正使用到具有长期价值成长的上市公司,市场资金是否真正流向具有中长期价值投资的产品,市场资金是否能够很好地服务于实体经济的发展。

政府的课税行为是任何一个国家证券市场投资者进行投资时不可忽视的政策因素,关于政府课税行为是否影响证券市场效率,无论是西方学者还是我国国内学者,均有两种不同的观点。

第一种观点认为,课税会直接导致交投成本的增加和投资收益的减少,投资者出于节税和避税的需求,不愿意出售和推迟出售所持有的证券资产,产生投资锁住效应,从而降低市场的流动性和交易量,市场价格对市场信息的灵敏度降低,交易频率也降低,从而降低证券市场的信息与价格效率和交易效率。而且,这种价格与信息效率和交易效率的降低,也会降低价值发现效率,因为缺乏交易效率会带来纠正价值发现效率的低下。持此种观点的大部分学者还认为,政府的课税行为还会扭曲市场原最优资产投资组合所确定的资源配置,降低市场的资源配置效率。然而,这种观点是基于证券市场发展比较完善、市场机制调节比较充分的假设。

第二种观点认为,市场不可能是完全充分竞争的市场,利用税收手段进行调节是世界各国证券市场的普遍做法,政府的课税行为是为了弥补市场机制调节失灵,有利于提高证券市场的效率水平。持此观点的学者认为，政府课税对证券市场效率造成损失，是相对于成熟证券市场而言的。对于类似我国尚未发展成熟的证券市场而言，市场投机氛围比较浓，噪声交易者所占比重比较大，而且市场投资者特别是中小投资者还不够成熟，独立的投资行为还未成型，大部分中小投资者只是跟风投资。政府的课税行为有利于抑制市场的短期投机交易行为，避免市场短期剧烈波动，从而避免价格与信息之间的失真。通过政府课税行为的合理设计和布局，可以有效引导市场进行价值投资，有利于提高市场价值发现效率，从而促进资源优化配置。

我们认为，政府课税行为是否损害证券市场的效率，取决于市场的成熟程度。我国证券市场正处于不断建设和完善的阶段，各种投机行为比较多，市场价值投资理念不够深入，无论是发行市场的供需，还是二级市场的交投行为，各种欺诈、投机行为普遍存在，政府的课税行为虽然会导致市场交易效率的降低，但是会提高市场价格与信息效率、价值发现效率和资源配置效率。

## 第二节　证券市场课税的间接效应

### 一　证券市场课税对社会资源配置的间接效应

证券市场是社会闲置资本的"储水池"，是连接闲置资本持有者和实体经济发展中资金需求者的中间媒介，对社会资源特别是社会闲置资本的配置，是证券市场的基础性功能。市场资金是逐利的，政府对证券市场的课税行为势必影响市场投资主体的交易成本和投资净收益，影响投资者的交投策略选择，影响市场资金的流向，从而影响社会资源的配置。关于政府课税行为是否能够提高社会资源配置效率，理论界也存在不同的观点。

第一种观点认为政府课税行为对提高社会资源配置是无效的。持此观点的专家学者认为，证券交易税会增加市场的交投成本，降低证券产品价格，降低项目流动性，减低市场投资者对预期投资需求量和真实生产水平，从而降低证券市场效率，造成市场信息和价格失真，交投效率低下，价值发现效率降低，导致市场配置资源效率的降低。持此观点的学者，只看到了单一调整对资源配置的影响，而忽略了整个税制体系合理布局对社会资源的配置效率。

第二种观点则恰好相反，认为证券市场课税行为有利于提高社会资源的配置效率。他们认为，一方面有效市场理论是以完全理性为基础的，而现实社会更多的是有限理性。在有限理性的前提下，市场交投博弈存在市场失灵的现象，政府调控可以弥补这种市场失灵所带来的资源配置问题。从这个角度来说，政府课税行为虽然降低了市场波动，也在一定程度上减少了市场对证券产品的投资需求，但是从全社会来说，降低了社会对非生产性资本的配置，将更多资金用于生产性配置，从而使社会资源在整个经济系统得到更好的配置。另一方面，如果证券市场上普遍存在对证券产品价格短期表现的注重，投资者也自然会热衷于短期见效快的项目，而对长期价值成长型项目比较不重视。这样，同一笔资金交投频率越高，政府的课税行为比如征收证券交易税，会使交易成本也会越高，这使投资者持股期限延长，风险增加，使投资者注重价值投资，减少短期投机行为，投资者会更多地关注企业的长期价值增长情况，关注企业的经营战略、经营布局以及未来获利能力等，从而纠正证券市场由于投机行为所导致的资源配置低下的配置现状。

从上述两种观点来看，政府对证券市场的税收调控是否能够提高社会资源配置效率，仍然是取决于市场的发展程度。如果市场发展比较成熟，投资者特别是机构投资者比重比较大，市场稳定机制比较好，市场波动比较理性，政府的课税行为则有可能破坏原有市场机制调节下的社会资源配置效率。如果市场发展不成熟，各种短期投资行为、噪声交易者所占比重比较大，市场欺诈、包装、坐庄哄抬等市场投机行为盛行，那么政府的课税行为有利于纠正市场失灵等导致的社会资源配置效率低下的问题，促进社会资源的有效配置。从我国实际出发，通过调研发现当前我国证券市场普遍存在短期投机交易行为，特别是对于私募基金、中小投资者，这种短期投机交易行为比较常见，在问卷调查的结果中，进行短期交易的被调查对象中占比高达98%的个人投资者回答不注重上市公司的价值，而主要是跟随市场炒作概念等短期交投行为获利。通过市场信息欺诈、包装、坐庄，通过讲"故事"拉抬股价等短期的、注重价格波动的投机行为也是十分常见。根据中国证券业协会统计，仅 2015 年 1—6 月证监会共受理严重扰乱市场秩序的典型案件线索 369 条，新启动初步调查 180 起，同比增长 15%；新增立案调查 136 起，同比增长 46%；新增涉外协查案件 73 起（其中沪港通开通以来新增市场监察信息交换 17 起），同比增长 30%；移送公安机关案件 22 起，累计对 138 名涉案当事人采取限制出境措施，冻结涉案资金和收缴罚没款分别达 3.8 亿元和 1.29 亿元人民币。[①] 通过政府课税行为，合理引导市场投资者进行中长期价值投资，虽然可能会导致我国证券市场短期流动性的减弱，但是从市场发展和资源配置方面来看，政府课税行为会提高证券市场对社会资源的配置效率，而且通过课税提高市场上市公司质量，促进上市公司治理，提高市场对应的实体经济载体的获利能力，能够提升证券市场的竞争力，长期反而会增强市场的流动性，其关键在于课税制度的合理选择。

## 二 证券市场课税对居民消费的间接效应

影响居民消费的因素是多方面的，证券市场课税会影响居民的投资行为，但是否会对居民消费产生冲击，是社会和学界普遍关注的问题。从我们现实的感官来看，居民持有证券会带来一种"虚拟"财富效应，进而影响居民消费能力、消费结构以及消费水平。居民参与证券市场投资，主要是因为证券市场投资能带来的预期收益。证券市场课税对居民消费的影响，是由于政府的课税行为通过信息机制、心理预期机制以及价格机制等影响投资者的投资策略，从而影响市场的价格波动和收益率，影响居民的"财富幻想"变化，进而通过心理预期影响居民的消费行为和消费能力。证券市场课税行为对居民消费的影响主要是由于政府课税行为改变了证券市场投资的预期收益水平，

---

① 中国证券业协会：《证监会 2015 年上半年稽查执法综述》，2015 年 7 月 24 日。

这种影响可以是短期的，也可以是中长期的，主要是取决于居民对证券资产的持有期限。因此，我们认为如果证券市场课税能够很好地促进市场稳定健康发展，能够通过课税政策合理布局杜绝粉饰上市、高价发行、抱团取暖等投机炒作行为，引导上市公司融资后努力经营回馈投资者，增强股票等证券市场的财富效应，那么证券市场课税不仅会提高市场质量和竞争力，而且还会促进居民消费和虚实经济的良性循环发展，关键在于课税制度的合理布局。

从理论上讲，理性经济人总是想方设法地实现自身效用的最大化。

**（一）对居民消费的静态效应**

我们考虑居民当前购买一定数量的证券产品进行投资，但是在购买该证券产品时，需要按照国家规定缴纳税率水平为 $T$ 的税收交易成本。而且，$t$ 期居民收入 $m_t$ 除了用于消费 $C_t$ 以外，所有的储蓄均用于购买证券产品 $a_t$。假设居民效用函数为不变相对风险厌恶效用函数：

$$U_t = \frac{C_t^{1-\theta}}{1-\theta} \tag{3-1}$$

其中，$\theta$ 为风险厌恶系数。

在消费 $C_t$ 和证券资产投资规模 $a_t$ 的选择下，居民面临消费效用最大化的决策过程为：

$$U_t(C_t, a_t) = \frac{C_t^{1-\theta}}{1-\theta} + \frac{a_t^{1-\theta}}{1-\theta} \tag{3-2}$$

居民面临的预算约束为：

$$(1+T)a_t + C_t = m_t \tag{3-3}$$

构造拉格朗日函数：

$$\Gamma = \frac{C_t^{1-\theta}}{1-\theta} + \frac{a_t^{1-\theta}}{1-\theta} + \lambda \left[ m_t - C_t - (1+T)a_t \right] \tag{3-4}$$

通过对拉格朗日函数分别对 $C_t$、$a_t$ 和 $\lambda$ 求 FOC，得到：

$$\frac{\partial \Gamma}{\partial C_t} = C_t^{-\theta} - \lambda = 0 \tag{3-5}$$

$$\frac{\partial \Gamma}{\partial a_t} = a_t^{-\theta} - \lambda(1+T) = 0 \tag{3-6}$$

$$\frac{\partial \Gamma}{\partial \lambda} = m_t - C_t - (1+T) a_t = 0 \qquad (3-7)$$

由式（3-5）得到：

$$\lambda = C_t^{-\theta}$$

将其代入式（3-6），经过整理得到：

$$\left(\frac{a_t}{C_t}\right)^{-\theta} = 1 + T$$

进而得出：

$$a_t = \frac{C_t}{(1+T)^{\frac{1}{\theta}}} \qquad (3-8)$$

将式（3-8）代入式（3-7）得到：

$$C_t = \frac{m_t}{1 + (1+T)^{1-\theta}}$$

这样可以看出，居民消费是受到收入水平和证券产品交易税税率 $T$ 的影响。通过求 $C_t$ 关于 $T$ 的微分，得到：

$$\frac{dC_t}{dT} = -\frac{(1+T)^{-\theta}}{[1 + (1+T)^{1-\theta}]^2} m_t \qquad (3-9)$$

可知，$\frac{dC_t}{dT}$ 小于0，说明证券投资交易课税对居民消费的影响是负向的。也就是说，无论是风险厌恶型投资者还是风险偏好型投资者，在收入不变的前提下，增加税收，居民为了保持固定的投资规模，维持预期收益目标，不得不减少当期的消费水平。

（二）对居民跨期消费的影响

我们考虑居民进行 $t$ 与 $t+1$ 两期证券投资，$t$ 期通过提供劳动取得工资收入 $W_t$，并将其用于当期消费 $C_{1t}$，消费效用函数为 $U(C_{1t})$，剩余全部购进一定规模的证券产品进行投资，即证券投资规模为 $W_t - C_{1t}$。$t+1$ 期除了通过出卖 $t$ 期购进的证券投资产品获取收益以外，不再获得其他任何收入。而且 $t+1$ 期期末，全部收益全部消费完成，并从该期消费中获得消费效用 $U(C_{2t})$。假定居民进行证券投资的收益率为 $\delta$，政府对证券投资收益征收的平均税率水平为 $T$。在不考虑其他因素的情况下，该居民的目标是在两期消费和储蓄投资之间进行选择，实现两期消费效用最大化。我们同样假设居民具体的效用函数形式为

## 第三章 证券市场课税的经济效应

不变相对风险厌恶效用函数:

$$U_t = \frac{C_t^{1-\theta}}{1-\theta} \qquad (3-10)$$

其中, $\theta$ 为风险厌恶系数。

居民面临的最优化决策为:

$$\text{Max} U_t = \frac{C_{1t}^{1-\theta}}{1-\theta} + \frac{1}{1+\rho} \frac{C_{2t+1}^{1-\theta}}{1-\theta} \qquad (3-11)$$

其中, $\rho$ 为折现系数, 假设银行存款利率为 $\gamma$, 其预算约束为:

$$C_{1t} + \frac{C_{2t+1}}{1+\gamma_{t+1}} = W_t + \frac{(W_t - C_{1t})\delta(1-T)}{1+\gamma_{t+1}} \qquad (3-12)$$

构造拉格朗日函数:

$$\Gamma = \frac{C_{1t}^{1-\theta}}{1-\theta} + \frac{1}{1+\rho} \frac{C_{2t+1}^{1-\theta}}{1-\theta} + \lambda \left[ C_{1t} + \frac{C_{2t+1}}{1+\gamma_{t+1}} - W_t - \frac{(W_t - C_{1t})\delta(1-T)}{1+\gamma_{t+1}} \right]$$

$$(3-13)$$

分别求解关于 $C_{1t}$ 与 $C_{2t+1}$ 的一阶导数, 得到:

$$\frac{\partial \Gamma}{\partial C_{1t}} = C_{1t}^{-\theta} + \lambda \left[ 1 + \frac{\delta(1-T)}{1+\gamma_{t+1}} \right] = 0 \qquad (3-14)$$

$$\frac{\partial \Gamma}{\partial C_{2t+1}} = \frac{1}{1+\rho} C_{2t+1}^{-\theta} + \lambda \frac{1}{1+\gamma_{t+1}} = 0 \qquad (3-15)$$

$$\frac{\partial \Gamma}{\partial \lambda} = C_{1t} + \frac{C_{2t+1}}{1+\gamma_{t+1}} - W_t - \frac{(W_t - C_{1t})\delta(1-t)}{1+\gamma_{t+1}} = 0 \qquad (3-16)$$

由式 (3-14) 和式 (3-15) 移项, 然后用式 (3-14) 除以式 (3-15), 可得:

$$(1+\rho)\left(\frac{C_{1t}}{C_{2t+1}}\right)^{-\theta} = 1 + \gamma_{t+1} + \delta(1-T) \qquad (3-17)$$

推出:

$$\left(\frac{C_{2t+1}}{C_{1t}}\right)^{\theta} = \frac{1+\gamma_{t+1}+\delta(1-T)}{1+\rho}$$

即:

$$\frac{C_{2t+1}}{C_{1t}} = \left[\frac{1+\gamma_{t+1}+\delta(1-T)}{1+\rho}\right]^{\frac{1}{\theta}}$$

进而推出:

$$C_{2t+1} = \left[\frac{1+\gamma_{t+1}+\delta(1-T)}{1+\rho}\right]^{\frac{1}{\theta}} C_{1t} \qquad (3-18)$$

将式（3-18）代入式（3-17），并移项处理得到：

$$C_{1t} + \frac{\left[\frac{1+\gamma_{t+1}+\delta(1-T)}{1+\rho}\right]^{\frac{1}{\theta}} C_{1t}}{1+\gamma_{t+1}} = W_t + \frac{(W_t - C_{1t})\delta(1-T)}{1+\gamma_{t+1}}$$

整理得到：

$$C_{1t}\left\{1 + \frac{\left[\frac{1+\gamma_{t+1}+\delta(1-T)}{1+\rho}\right]^{\frac{1}{\theta}}}{1+\gamma_{t+1}} + \frac{\delta(1-T)}{1+\gamma_{t+1}}\right\} = W_t\left[1 + \frac{\delta(1-T)}{1+\gamma_{t+1}}\right]$$

进而得出：

$$C_{1t} = \frac{1+\gamma_{t+1}+\delta(1-T)}{1+\gamma_{t+1}+\delta(1-T) + \left[\frac{1+\gamma_{t+1}+\delta(1-T)}{1+\rho}\right]^{\frac{1}{\theta}}} W_t \qquad (3-19)$$

将 $C_{1t}$ 表达式代入式（3-18），得到 $C_{2t+1}$ 表达式：

$$C_{2t+1} = \frac{1}{[1+\gamma_{t+1}+\delta(1-T)]^{1-\theta} + \left[\frac{1+\rho}{1+\gamma_{t+1}+\delta(1-T)}\right]^{\frac{1}{\theta}}} W_t$$

$$(3-20)$$

由 $C_{1t}$ 和 $C_{2t+1}$ 的表达式可以看出，居民在 $t$ 和 $t+1$ 期的最优消费均受到折现系数 $\rho$、利率水平 $\gamma$、证券投资收益率 $\delta$ 和投资收益平均税率水平 $T$ 的影响。

考察课税对居民消费的影响，我们只需求 $C_{1t}$ 关于 $T$ 的微分即可。由 $C_{1t}$ 表达式可以得到：

$$C_{1t} = \frac{1+\gamma_{t+1}+\delta(1-T)}{1+\gamma_{t+1}+\delta(1-T) + \left[\frac{1+\gamma_{t+1}+\delta(1-T)}{1+\rho}\right]^{\frac{1}{\theta}}} W_t$$

$$= \frac{1}{1 + \left(\frac{1}{1+\rho}\right)^{\frac{1}{\theta}} [1+\gamma_{t+1}+\delta(1-T)]^{\frac{1}{\theta}-1}} W_t$$

由此可得：

$$\frac{dC_{1t}}{dT} = \frac{\frac{1-\theta}{\theta}\delta\left(\frac{1}{1+\rho}\right)^{\frac{1}{\theta}}\left[1+\gamma_{t+1}+\delta(1-T)\right]^{\frac{1}{\theta}-2}}{\left\{1+\left(\frac{1}{1+\rho}\right)^{\frac{1}{\theta}}\left[1+\gamma_{t+1}+\delta(1-T)\right]^{\frac{1-\theta}{\theta}}\right\}^2}W_t \quad (3-21)$$

由 $\frac{dC_{1t}}{dT}$ 表达式可以看出，当风险厌恶系数 $\theta>1$ 时，$\frac{dC_{1t}}{dT}<0$，说明税率提高使居民消费减少，需弥补因税率提高所带来的税收成本，以保证第二期消费不会因为税率提高而减少，从而实现自身因证券投资而带来的效用最大化。当风险厌恶系数 $\theta<1$ 时，$\frac{dC_{1t}}{dT}>0$，说明居民属于风险偏好型的投资者，税率的提高将使居民不愿意将收入用于投资而多承担税收成本，选择增加当期消费，减少证券投资规模。

从证券市场长期发展来看，如果证券市场课税行为能够提升市场本身的吸引力，能够通过合理课税，引导证券产品融资者合理回报投资者，形成证券市场投资者稳定的预期收入，那么证券市场课税对居民消费的影响也将是正向的。这样，利用证券市场通过稳定收益率回报投资者，吸收源源不断的社会闲置资金，可为实体经济发展提供更多的资金源泉。上市公司通过证券市场获取资金后努力生产经营，做大做强实体经济，注重对股东的回馈，促进虚实经济之间在稳定回报的基础上实现良性循环，进而增加居民收入，更进一步促进居民的消费水平和消费规模。

（三）计量模型与实证检验

1. 数据来源与变量选择

为了检验证券市场课税对居民消费的影响，根据前述理论模型构建的结果，我们选用城镇居民人均消费水平（consump）、证券交易印花税税率（staxr）、证券投资收益率（investr）、居民消费价格指数（cpi）作为变量指标，其中，证券投资收益率以市场综合回报率数据为依据。城镇居民收入消费水平、证券交易印花税税率、证券投资收益率的数据主要来源于国泰君安 CSMAR 数据库。

样本区间选取 1990—2016 年共计 27 个年度的时间序列数据，

对年中变更证券交易印花税税率的,以变更前后时间为权重计算加权交易印花税税率。对数据进行两方面的处理:(1)对于 $consump$ 数据取对数,同时采用回归法对其去时间趋势处理。(2)为了充分反映税收变化对消费的影响,我们考虑 $consump$ 取对数后的增量影响,因此对各变量数据求解逐年增加量,即以本年度量减去上一年度量,求其变化的量。经过上述处理后,具体的数据统计性特征描述如表 3-5。

表 3-5　　　　　　　　数据统计特征与描述

| 变量 | 平均值 | 标准差 | 最小值 | 最大值 |
| --- | --- | --- | --- | --- |
| $consump$ | 8.488 | 0.954 | 6.723 | 9.963 |
| $staxr$ | 0.00246 | 0.00149 | 0.00100 | 0.00600 |
| $investr$ | 0.379 | 0.894 | -0.642 | 3.492 |

2. 单位根检验

为了避免所建立模型存在伪回归的问题,需要对相关变量的时间序列数据进行单位根检验。本书采用 Augmented Dickey-Fuller 提出的 ADF 单位根检验分别对经过增量计算后的 $consump$、$staxr$、$investr$ 进行单位根检验,具体检验结果如表 3-6 所示。

表 3-6　　　　　　　　单位根检验

| 变量 | T 统计量 | 1% | 5% | 10% | 结论 |
| --- | --- | --- | --- | --- | --- |
| $consump$ | -2.781* | -3.750 | -3.00 | -2.630 | 平稳 |
| $staxr$ | -4.401** | -3.750 | -3.00 | -2.630 | 平稳 |
| $investr$ | -5.620*** | -3.750 | -3.00 | -2.630 | 平稳 |

注:*、**、*** 分别代表 10%、5%、1% 显著性水平下拒绝原假设。

3. 信息准则选择

为了确定 VAR 模型的滞后阶数,对经过求解增量的 $consump$、$staxr$、$investr$ 确定滞后阶数,结果如表 3-7 所示。

表 3-7　　　　　　　VAR 模型滞后阶数确定信息准则

| lag | LL | LR | FPE | AIC | HQIC | SBIC |
| --- | --- | --- | --- | --- | --- | --- |
| 0 | 144.3 |  | 5.30e-10 | -12.84 | -12.81 | -12.69 |
| 1 | 166.4 | 44.31 | 1.60e-10 | -14.04 | -13.90 | -13.44 |
| 2 | 174.8 | 16.72 | 1.80e-10 | -13.98 | -13.73 | -12.94 |
| 3 | 184.2 | 18.77 | 2.00e-10 | -14.01 | -13.66 | -12.53 |
| 4 | 213.3 | 58.27* | 4.50e-11* | -15.85* | -15.39* | -13.91* |

注：*表示根据相应准则选择的滞后阶数。

根据 AIC 和 SC 信息准则，对 consump、staxr、investr 构建 3 维的向量自回归模型，滞后阶数为 4 阶。

4. VAR 模型构建与估计

根据上述信息规则选择，对 consump、staxr、investr 构建 VAR（4）模型，模型方程估计结果如下①：

$$\begin{pmatrix} consump \\ staxr \\ investr \end{pmatrix} = \begin{pmatrix} 0.0642978^{**} \\ -0.0018622^{***} \\ 0.2322963 \end{pmatrix} + \begin{pmatrix} 0.9350883^{***} & 22.19334^{*} & -0.0133683 \\ 0.0067382^{**} & -0.5371348^{*} & 0.0005073^{**} \\ -6.611476^{**} & -522.0669^{**} & -0.3959281^{**} \end{pmatrix} \begin{pmatrix} consump_{t-1} \\ staxr_{t-1} \\ investr_{t-1} \end{pmatrix} + \begin{pmatrix} -0.6694134^{**} & -16.43013 & -0.0217187 \\ 0.0006358 & -0.4124122^{*} & 0.0003931^{*} \\ 4.340584 & 95.59196 & -0.049939 \end{pmatrix} \begin{pmatrix} consump_{t-2} \\ staxr_{t-2} \\ investr_{t-2} \end{pmatrix} +$$

$$\begin{pmatrix} 0.3418594^{*} & 4.561134 & -0.0179266 \\ 0.000324 & 0.0021866 & 0.000264^{*} \\ -4.660705 & 139.0894 & -0.318577^{**} \end{pmatrix} \begin{pmatrix} consump_{t-3} \\ staxr_{t-3} \\ investr_{t-3} \end{pmatrix} + \begin{pmatrix} -0.1953694 & -11.87407 & 0.0142057^{*} \\ 0.0064801^{***} & 0.0295195 & 0.000256^{**} \\ 3.162325 & -513.1853^{***} & -0.3855644^{*} \end{pmatrix} \begin{pmatrix} consump_{t-4} \\ staxr_{t-4} \\ investr_{t-4} \end{pmatrix} + \begin{pmatrix} \xi_{1t} \\ \xi_{2t} \\ \xi_{3t} \end{pmatrix}$$

由图 3-1 可知，这个模型的 AR 根是较为稳定的，所有根均在单位圆中，说明所建立的 VAR（4）模型是稳定的。

---

① ***、**、* 分别表示在 1%、5%、10% 上的统计显著性。

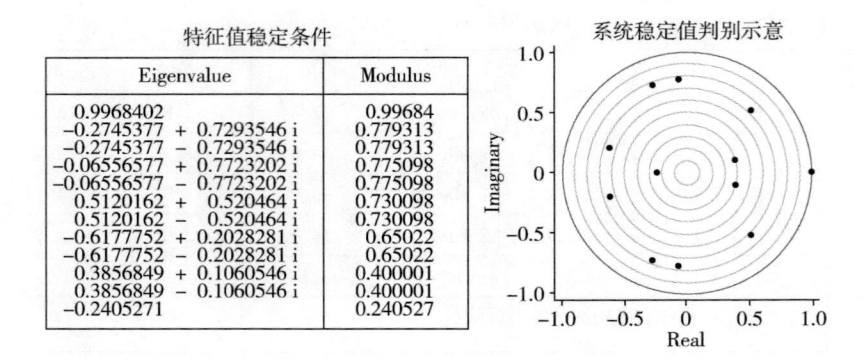

| 特征值稳定条件 ||
| --- | --- |
| Eigenvalue | Modulus |
| 0.9968402 | 0.99684 |
| −0.2745377 + 0.7293546 i | 0.779313 |
| −0.2745377 − 0.7293546 i | 0.779313 |
| −0.06556577 + 0.7723202 i | 0.775098 |
| −0.06556577 − 0.7723202 i | 0.775098 |
| 0.5120162 + 0.520464 i | 0.730098 |
| 0.5120162 − 0.520464 i | 0.730098 |
| −0.6177752 + 0.2028281 i | 0.65022 |
| −0.6177752 − 0.2028281 i | 0.65022 |
| 0.3856849 + 0.1060546 i | 0.400001 |
| 0.3856849 − 0.1060546 i | 0.400001 |
| −0.2405271 | 0.240527 |

图 3−1　模型稳定性

### 5. Granger 因果关系检验

为了验证三者之间的因果关系，我们采用 Granger 检验，检验结果如表 3−8 所示。

**表 3−8　Granger 因果关系检验结果**

| 原假设 | 卡方值 | P 值 | 结论 |
| --- | --- | --- | --- |
| $consump$ 不是 $staxr$ 的格兰杰因 | 2.373 | 0.668 | 接受原假设 |
| $consump$ 不是 $investr$ 的格兰杰因 | 20.690 | 0.000 | 拒绝原假设 |
| $staxr$ 不是 $consump$ 的格兰杰因 | 6.974 | 0.023 | 拒绝原假设 |
| $investr$ 不是 $consump$ 的格兰杰因 | 1.460 | 0.834 | 接受原假设 |
| $investr$ 不是 $staxr$ 的格兰杰因 | 27.157 | 0.000 | 拒绝原假设 |
| $staxr$ 不是 $investr$ 的格兰杰因 | 8.753 | 0.068 | 拒绝原假设 |

从上述结果可以看出，证券交易税变量 $staxr$ 是居民消费变量 $consump$ 的格兰杰因，而且 $staxr$ 也是 $investr$ 的格兰杰因。虽然 $investr$ 不是 $consump$ 的格兰杰因，但不影响分析证券课税对居民消费的冲击影响。

### 6. 脉冲响应分析

脉冲响应分析是模型受到某种冲击时系统变量的动态影响，这里通过考虑证券课税变量 $staxr$ 的脉冲对居民消费变量 $consump$ 的动态影响，可以看出证券市场课税对居民消费的冲击影响。具体脉冲响应如

图 3-2 所示。

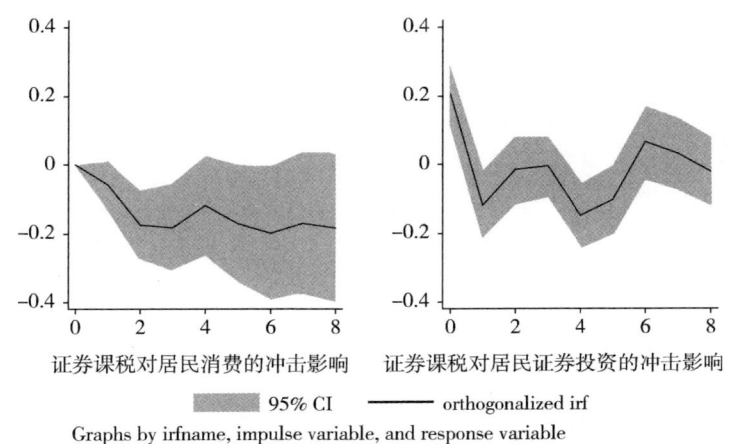

图 3-2 脉冲响应

通过脉冲响应图可以看出，证券交易课税税率的变化，对居民消费的影响迅速产生一个负向影响，随后负向影响减弱，进而在逐步短期恢复之后，重新步入比较平稳的负向影响。这种影响基本上与我国证券交易印花税的先升后降的趋势相吻合，同时与印花税对市场波动中长期效果不明显的市场效应相吻合。而且，证券交易税变化对证券投资收益率的影响比较大，特别是第四期以后，证券交易课税对证券投资收益率的影响逐步增加，说明降税提升了市场收益率，但是这种收益率随着时间推移而逐步减弱，甚至出现相反的影响，在一定程度上抵消了降税对居民消费的冲击，从而使居民消费对证券交易课税的脉冲影响减弱。

## 三 证券市场课税对实体经济结构的间接效应

证券市场主要是通过市场融资的规模结构影响实体经济结构，证券市场课税对实体经济结构的影响，也需要根据不同发展成熟程度的证券市场视情况而定。如果市场发展比较成熟，市场价值发现效率比较高，资源配置效率也比较高，政府对证券市场的课税行为有可能扭曲了最优资金流向的结构，这时会间接地扭曲原有实体最优经济结构。但是对于发展还不够成熟的证券市场，市场投机行为比较盛行，市场价值发现效率低下，政府的课税行为会更好地抑制市场的投机行为，通过税收政策的合理布局，引导市场进行价值投资，这样，证券市场课税会促进实体经济结构的优化。因为这样的课税制度，投资者更青睐于具有投资价值的上市实体经济体，会促进具有价值成长型的实体经济体得到更好的发展，而实体经济体也会努力经营发展，转型升级，通过良好的经营业绩回报股东，以获得更进一步融资的资格和扩大融资规模。

证券市场课税对实体经济结构的影响主要是通过对证券市场的治理实现。一方面，证券市场课税对证券市场运行的总体影响，影响投资者进出市场的策略选择，对市场融资难易和方便程度产生影响；另一方面是通过证券市场课税制度的合理设置，促进和引导市场投资者进行价值投资，使当前的概念炒作等投机行为减少，使市场融资主体注重实体经营，努力发展后回报股东，从而引导市场投资者的资金流向实体经济，特别是流向具有投资价值的行业，同时也杜绝通过包装、概念炒作等的市场投机行为，促进低回报率行业努力经营，从而改变我国现有发行融资集中于银行、资本货物、多元金融行业等的现状，在一定程度上促进实体经济产业或行业的优胜劣汰，促进高新技术行业的发展。

我国证券市场发展还不够成熟，上市公司的质量还不够高，上市发行结构对实体经济发展的作用还比较弱化。从表3-9中可以看出，虽然我国长期以来对证券市场的交投行为进行课税，证券市场发展对实体经济发展起到强支撑作用，但是证券市场课税对实体经济的引导作用并不是很明显。2000—2015年我国通过上市发行融资的企业主要集中于银行、资本货物、多元金融行业，其次是公用事业Ⅱ、运输、材料Ⅱ、能源Ⅱ和房地产行业，对技术、消费、生命科学等高科技行业的直接融资比例比较小，形成了虚拟经济和虚拟经济之间的循环，而并非虚拟经济和实体经济之间的循环，在一定程度上弱化了证券市场对实体经济的支撑作用，这样的融资结构对实体经济结构的支撑作用也是弱化的。当然不可否认证券市场通过银行、资本货物以及多元金融行业对实体经济的资源配置作用,但是至少证券市场直接优化实体经济结构的功能在弱化。

表3-9　　　　2000—2015年分行业上市发行融资规模　　　单位:亿元

| 行业名称 | 总额 | 首发 | 定向增发 | 公开增发 | 配股 | 可转债 | 债券发行 |
|---|---|---|---|---|---|---|---|
| 银行 | 300149.04 | 3162.24 | 2459.04 | 85.35 | 1835.53 | 955.00 | 291651.88 |
| 资本货物 | 77400.27 | 4504.74 | 5219.81 | 384.05 | 467.90 | 348.08 | 66475.68 |
| 多元金融 | 50286.13 | 1099.29 | 2635.19 | 389.64 | 197.19 | 136.30 | 45828.51 |
| 公用事业Ⅱ | 48280.64 | 580.00 | 2869.80 | 225.39 | 169.93 | 321.95 | 44113.58 |
| 运输 | 47125.06 | 1186.10 | 1771.57 | 199.58 | 81.18 | 193.10 | 43693.53 |
| 材料Ⅱ | 43511.59 | 2412.63 | 6699.78 | 1074.13 | 684.43 | 914.97 | 31725.64 |
| 能源Ⅱ | 38464.40 | 2220.66 | 1577.85 | 21.33 | 28.41 | 541.00 | 34075.14 |
| 房地产 | 20050.52 | 199.64 | 3663.51 | 443.72 | 171.98 | 78.90 | 15492.76 |
| 零售业 | 6836.80 | 208.45 | 900.85 | 3.48 | 79.76 | 8.21 | 5636.06 |
| 技术硬件与设备 | 6399.93 | 1140.27 | 2827.11 | 132.45 | 102.51 | 117.00 | 2080.59 |
| 电信服务Ⅱ | 6109.59 | 128.14 | 65.04 |  | 45.00 |  | 5871.40 |
| 食品、饮料与烟草 | 5995.04 | 688.74 | 1434.20 | 63.58 | 74.29 | 63.50 | 3670.74 |
| 汽车与汽车零部件 | 5834.13 | 424.60 | 1789.08 | 81.53 | 113.37 | 87.00 | 3338.55 |
| 耐用消费品与服装 | 4967.78 | 973.43 | 1130.18 | 160.32 | 80.45 | 51.80 | 2571.60 |
| 保险Ⅱ | 4435.53 | 1012.59 |  |  |  | 260.00 | 3162.94 |
| 制药、生物科技与生命科学 | 4095.38 | 851.40 | 1337.52 | 89.89 | 104.46 | 49.02 | 1663.09 |
| 媒体Ⅱ | 3524.48 | 384.77 | 1986.46 | 57.80 | 31.69 | 59.50 | 1004.26 |
| 消费者服务Ⅱ | 3230.39 | 94.84 | 337.93 | 5.40 | 11.30 | 7.43 | 2773.49 |
| 软件与服务 | 2577.18 | 619.79 | 897.86 | 17.65 | 15.19 | 10.00 | 1016.69 |
| 商业和专业服务 | 1817.95 | 279.54 | 275.25 | 3.63 | 3.00 |  | 1256.53 |
| 半导体与半导体生产设备 | 1566.18 | 332.07 | 521.21 | 10.00 | 35.34 | 9.11 | 658.45 |
| 食品与主要用品零售Ⅱ | 1463.64 | 157.02 | 459.86 | 19.86 | 39.15 |  | 787.48 |
| 医疗保健设备与服务 | 629.24 | 149.60 | 137.98 |  | 10.57 |  | 331.10 |
| 家庭与个人用品 | 156.70 | 34.48 | 18.94 |  | 3.94 |  | 99.34 |
| 金融 | 105.10 |  |  |  |  |  | 105.10 |
| 日常消费 | 1.26 |  |  |  |  |  | 1.26 |

资料来源:Wind资讯按证监会行业划分统计。

从前述的分析中可以看出,证券市场课税虽然会引起市场流动性的减弱，但是从长期而言，这种减弱避免了市场剧烈的波动性。通过市场税收制度的优化，特别是通过不同环节、不同主体、不同层次市场税收政策的合理布局，形成税制模式的综合调节作用，抑制市场非理性的投机行为，引导企业在上市发行融资后努力经营，回报投资者，促进以市场价值发行，驱逐劣质上市企业，形成"融资—经营—回报—再融资"的虚实经济之间的良性循环，从整个社会层面促进实体经济结构的调整和优化。

## 四 证券市场课税对经济增长的间接效应

综观国内外的研究文献，从理论和实证两方面关于税收政策对经济增长的研究成果是比较多的，但是对于证券市场课税对经济增长影响的研究是比较少的。供给学派著名的"拉弗曲线"理论，很好地阐述了税收与经济增长的关系，认为税收与经济增长的关系呈倒"U"形的关系。Reinhard B. Koester 和 Roger C. Kormendi[1] 通过实证分析63个国家的实际数据，表述了平均税率、边际税率相互间对经济增长的影响。Alaeddin Mofidi 和 Joe A. Stone[2] 从税收收入使用的视角，分析地方税对经济增长的影响。Gerald W. Scully[3] 通过分析103个国家税收与经济增长的实际经济数据，印证了宏观税负与经济增长之间的关系。Jerald R. Gober 和 Jane O. Burns[4] 通过实证分析18个工业国的数据，阐述了税收结构与经济增长之间的显著关系。Ross Levine[5] 指出股票市

---

[1] Reinhard B. Koester and Roger C. Kormendi, "Taxation, Aggregate Activity and Economic Growth: Cross-Country Evidence on Some Supply-Side Hypotheses", *Economic Inquiry*, 1989, 27 (3): 367 - 386.

[2] Alaeddin Mofidi and Joe A. Stone, "Do State and Local Taxes Affect Economic Growth?" *The Review of Economics and Statistics*, 1990, 72 (4): 686 - 691.

[3] Gerald W. Scully, *Tax Rate, Tax Revenues and Economic Growth*, Policy Report No. 98, National Center for Policy Analysis, Dallas, 1991.

[4] Jerald R. Gober and Jane O. Burns, "The Relationship between Tax Structures and Economic Indicators", *Journal of International Accounting, Auditing and Taxation*, 1997, 6 (1): 1 - 24.

[5] Ross Levine, "Stock Markets, Growth, and Tax Policy", *The Journal of Finance*, 1991, 46 (4): 1445 - 1465.

场的发展会促进经济增长，利用税收政策鼓励投资，会对经济增长产生直接影响。马栓友[1]通过分析宏观税负、投资与经济增长之间的关系，从宏观税负的视角，阐述了税收政策对促进经济增长的影响，并对我国最优税率进行了估计。结果表明，促进经济增长的中国最优宏观税负为20%。夏杰长、王新丽[2]指出我国宏观税负水平和税制结构对经济增长产生了消极的影响，税制结构没有发挥自动稳定器的功能，具有抑制投资的紧缩效应。马栓友、于红霞[3]实证考察了我国地方税对经济增长的影响，其研究结果表明，地方税的边际税率与经济增长呈显著的负相关关系。张伦俊、王梅英[4]认为，我国宏观税负对GDP增长率具有负面影响，宏观税负在一定程度上阻碍了经济发展。王琦[5]研究了流转税对经济增长的影响，指出增值税和营业税等流转税对经济增长存在正向的长期稳定关系。李俊霖[6]指出提高宏观税负对消费需求和投资需求的"挤出"，进而影响经济增长。沈伟[7]指出税权划分是集权还是分权，都会扩大区域经济发展的不平衡。张荻、侯明、秦卫波[8]通过对我国2000—2006年的宏观税负和经济增长数据的实证分析，指出宏观税负与经济增长之间存在负相关关系。严成樑、龚六堂[9]运用1997—2007年我国31个省份的数据，通过面板数据模型，考察了生产性公共支出对经济增长的影响。金戈[10]将Barro模型中关于内

---

[1] 马栓友：《宏观税负、投资与经济增长：中国最优税率的估计》，《世界经济》2001年第9期。

[2] 夏杰长、王新丽：《目前宏观税负与税制结构对经济增长的消极影响》，《税务研究》2003年第4期。

[3] 马栓友、于红霞：《地方税与区域经济增长的实证分析》，《管理世界》2003年第5期。

[4] 张伦俊、王梅英：《宏观税负与经济增长关系的影响分析》，《数理统计与管理》2005年第11期。

[5] 王琦：《流转税与经济增长长期关系的协整检验》，《税务研究》2006年第8期。

[6] 李俊霖：《宏观税负、财政支出与经济增长》，《经济科学》2007年第4期。

[7] 沈伟：《试析中国税权划分对经济增长的影响》，《税务研究》2008年第10期。

[8] 张荻、侯明、秦卫波：《关于我国宏观税负与经济增长相关性的研究——以2000—2006年的数据为基准》，《东北师大学报》（哲学社会科学版）2008年第6期。

[9] 严成樑、龚六堂：《财政支出、税收与长期经济增长》，《经济研究》2009年第6期。

[10] 金戈：《经济增长中的最优税收与公共支出结构》，《经济研究》2010年第11期。

生公共支出的基本特征引入 Chamley 模型，利用两阶段逆向归纳法考察了经济增长中的最优税收与公共支出结构问题。王麒麟[①]在一个 DGE 框架下求解竞争性均衡问题，以此来考察生产性公共支出和税收对经济增长的影响。结论表明，生产性支出具有正的产出效应，生产性支出对家庭私人消费、公共消费的影响取决于政府设定的平滑税率。严成樑、胡志国[②]在一个创新驱动的内生增长模型中对比了资本所得税和劳动所得税的扭曲性，其研究表明，劳动所得税带来的扭曲性可能高于资本所得税。

关于证券市场课税对经济增长的影响，在国内外的研究极为少见。何辉[③]从内生经济增长理论，通过对比税收调整前后经济增长率的变化，利用我国 2009 年前印花税调整事件进行分析，阐述了证券印花税调整对经济增长的影响。结果表明，降低印花税税率带来的收入效应大于替代效应，从而促进经济增长；提高印花税税率导致消费变动比率小于储蓄变动比率，2007 年提高印花税导致了经济增长率的提高。同时指出，证券印花税调整对经济增长的影响是具有时效性的。

笔者认为，证券市场发展对于现代国家经济发展举足轻重，证券市场发展可以为实体经济发展提供融资，发展稳定、健康证券市场也是现代国家化解经济发展风险的重要金融手段。证券市场课税对经济增长的影响，主要是课税对证券市场发展的影响，进而影响国家经济增长。

我们这里采用内生经济增长的 AK 模型进行分析，我们假设：

$$Y_t = AK_t$$

其中，$Y_t$ 为社会总产出，$A$ 为资本产出效率，或者说是全要素生产率，$K_t$ 为资本存量。在这个内生经济增长模型中，假设人口增长率

---

[①] 王麒麟：《生产性公共支出、最优税收与经济增长》，《数量经济技术经济研究》2011 年第 5 期。

[②] 严成樑、胡志国：《创新驱动、税收扭曲与长期经济增长》，《经济研究》2013 年第 12 期。

[③] 何辉：《金融市场税收经济效应研究——基于中国经验数据的实证分析》，博士学位论文，西南财经大学，2010 年。

为 0。社会产出水平只分别被用于消费和投资,如果用于投资只能是证券市场的投资,且投资资本的折旧率为 δ,则根据内生经济增长模型的资本积累过程可知:

$$K_{t+1} = I_t + (1-\delta) K_t$$

其中,$I_t$ 为 $t$ 期的投资量。

假设每期产出转化为投资的比例为 $\varphi$,则:

$$K_{t+1} = \varphi Y_t + (1-\delta) K_t$$

假设经济增长率为 $g_{t+1}$,在 AK 内生经济增长模型下,$g_{t+1} = \dfrac{Y_{t+1} - Y_t}{Y_t} = A\varphi - \delta$。

从上述公式可以看出,证券市场课税主要是通过影响证券市场发展情况,影响市场的预期收益率,进而改变产出转化投资比例 $\varphi$ 的水平,从而影响经济增长率。

诚如前面的分析,如果政府课税行为是弥补市场失灵,促进证券市场资源配置效率、价值发现效率,则政府对证券市场课税行为将会促进社会资源流向经济增长较快、价值投资成长较快的领域,更好地促进社会经济结构优化和完善,从而促进社会资源的有效利用,从这个视角来说,证券市场课税有利于促进社会经济增长。如果政府课税行为不恰当,过度扭曲市场机制,则会阻碍证券市场发展对经济增长的促进作用。而且,政府可以利用税收政策手段,合理引导市场资金进行投资,更有利于实现国家经济发展目标,更有利于国家发展过程中行业、产业、技术创新等领域的发展,从这个视角来看,长期来看,政府课税行为也是有利于经济增长的。

# 第四章　我国证券一级市场公平课税与效率课税问题

公平与效率是现代经济发展不可忽视的问题，也是国家所努力做到的宏观调控目标。所谓公平，就是起点公平、规则公平和结果公平。而所谓效率，则是指投入与产出之间的关系，从经济学的角度来说，就是单位产出能耗的最小化。就效率课税而言，指的是课税收入的成本最小化以及因课税不足导致的经济效率问题。证券市场公平课税与效率课税是税收公平原则与效率原则在证券市场领域的运用，是将实体经济的税收原则观应用于虚拟经济交投行为，其有着实体经济的税收公平与效率原则，但是由于虚拟经济运行的特殊性，证券市场的这种税收原则存在一定程度的差异。

从我国证券市场运行的实际情况来看，中小投资者是我国证券市场的主要参与群体，保护中小投资者利益对于我国证券市场的发展壮大有着重要的作用。由于历史的多种原因，受体制、机制、环境等多种因素的影响，我国证券市场上市公司总体质量不高。许多公司业绩差，公司治理不健全；相当一部分公司存在过度融资行为，随意更改募集资金投向，资金利用效率低下；大股东占用上市公司资金、违规担保，从而严重侵害中小投资者利益。[①] 通过对我国现有证券市场特别是股票市场交易制度和课税政策的整理发现，当前我国证券一级市场存在诸多制度性特别是限制性政策的约束，机构投资者、大户投资者与中小投资者

---

① 尚福林：《证券市场监管体制比较研究》，中国金融出版社2006年版。

之间的权限存在很大的差别，规则不公平导致相互之间博弈起点的不公平，进而导致了相互之间结果的不公平。无论从证券市场对社会闲置资金的集聚功能视角分析，还是证券市场服务实体的视角分析，起点不公平和规则不公平，影响着市场不同主体之间的交易成本和获利能力，实际上这种不公平也导致了证券一级市场的效率问题，特别是对于我国证券课税制度的不够完善，效率课税问题也比较显现。

《国务院关于进一步促进资本市场健康发展的若干意见》（国发〔2014〕17号）明确提出，坚决保护投资者特别是中小投资者合法权益，完善资本市场税收政策，按照宏观调控政策和税制改革的总体方向，统筹研究有利于进一步促进资本市场健康发展的税收政策。[①] 证券市场是我国资本市场的重要组成部分，如何通过公平课税与效率课税，营造公平博弈环境，提升上市公司质量，通过证券市场融资真正地使社会闲置资金更好地服务于具有实实在在价值增长、未来发展前景好的实体经济。如何通过完善税制，治理一级市场由于税制设置不够合理、不够完善所带来的税收流失问题，防止"病从口入"，从源头杜绝包装、粉饰业绩、炒作等投机行为，营造价值投资环境，是我国证券一级市场公平课税与效率课税需要注意的实际情况，也是通过税收制度手段，调节证券一级市场，保护中小投资者利益不可忽视的问题。本章主要是针对当前我国证券一级市场运行的实际情况，从课税制度设置视角来阐述如何实现我国证券一级市场公平课税与效率课税。

## 第一节　我国证券一级市场的公平课税问题

### 一　我国证券一级市场课税设置问题

一级市场也即证券发行市场，主要涉及的课税主体是证券的供给者和需求者。从世界各国来看，证券发行市场的课税体现在对发行收入的

---

[①] 来源于中国政府网（http://www.gov.cn）。

课税和对认购行为的征税。[①] 然而，就我国现有涉及证券市场的课税制度来看，由于我国证券市场税制自身建设的不够完善，缺乏相应的税种设置，无论是对于证券的发行方还是对于证券的认购方，均没有对其证券发行和认购行为征收任何的税收成本。而对于二级市场，不仅证券交易行为需要缴纳印花税，而且证券交易所得也存在相应的税收成本。

就一级股票市场而言，一方面，按照我国现行企业会计制度的规定，企业股票的发行面值收入，作为企业股本收入核算，而股票的溢价收入，作为企业资本公积核算，按照"营业账簿"缴纳印花税，这样导致了企业从一级市场发行取得的任何收入均避免承担相应的直接交易税收成本。这产生了不同投资方式上的税收公平性问题，同一企业资产，如果不进行上市发行，而是通过债券投资取得利息收入，按照企业所得税规定，是需要并入企业所得税应税收入总额中予以申报纳税的。如果通过上市发行，则获得的溢价收益无须缴纳任何直接的税收成本。但是这种溢价所得，也属于企业的一种经营所得，是其所有者权益的一种增加，按照课税原理，应承担相应的税收成本。另一方面，这种税制的不完善，带来一级市场与二级市场之间的不公平税收待遇问题。在发行环节，包括个人和机构投资者在内的认购方，并没有因为自身的认购股票的证券交易行为而承担任何的税收等交易成本，而且由于单向征收，仅就投资者买卖行为而言，认购上市后的转让行为除了缴纳1‰的卖方证券交易印花税以外，其实也没有承担任何其他税收成本。而交易所得的征税则存在于二级市场买卖过程，因投资者组织形式存在差异。这种一级市场税收缺失问题，使得大量资金停留在一级市场而享受无风险收益，且不用承担纳税义务，实际上不利于对中小投资者利益的保护，造成税收大量流失，违背税收公平原则。

特别是由于一级市场准入制度的限定，这种同一股票由于买卖时限不同导致的成本差异，带来二级市场之间的博弈能力的差异，从而对于中小投资者而言，市场话语权更小。而且，由于一级市场缺乏相

---

① 杨志银：《基于公平视角下我国证券市场课税制度选择》，《经济体制改革》2017年第1期。

应的税收限制，一级市场包装上市，粉饰业绩，利用信息优势散布、宣传等投机手段哄抬定价，通过二级市场资金优势交易、套利等损害中小投资者利益。特别是，由于缺乏对溢价收益的制度限制，以及长期以来二级市场中小投资者中签率低等因素影响，这种一级市场炒作带来高市盈率发行，不仅带来一级市场中小投资者利益保护不足，而且带来二级市场对中小投资者利益的损害。比如，一个股票发行价格为18元，认购中签者的成本即为18元，首次上市交易日的价格也许会为30元甚至36元，对于没有中签的二级市场购买者来说，其交易成本则为30元或者36元成本加上相应的佣金、手续费等，而往往在一级市场上，中小投资者的中签率很低，相应地只能在二级市场进行交易，但是对于同一交易股票而言，这种带来一种交易能力的不平等，实际上从市场交投视角来看，是对中小投资者利益保护不足的体现。而且，由于溢价收益不用承担任何的税收成本，在一定程度上刺激了证券发行者有意或无意地促使市场高价发行，甚至利用通过承销商等的合谋，通过包装、粉饰等方式实现高价发行，降低了一级市场上市质量，特别是带来二级市场的投机行为，损害中小投资者利益。

正是由于一级市场的这种税收空白产生的不公平课税，导致一级市场与二级市场之间的这种税收不公平待遇，引起上市公司竞相排队上市，而且不断地通过粉饰财务报表，谋求高额溢价发行，上市后经营财务报表变脸，欺骗损害中小投资者利益。而且，由于我国证券市场的不合理发行制度，带来不同投资主体之间的市场准入问题，在一定程度上导致了纳税能力的横向不公平。

## 二 不同投资主体之间的公平课税问题

一级市场不同投资主体之间的公平课税问题，主要是不同投资主体之间不同的交易行为和交易所得的差别课税所导致的，这种横向税收不公平在我国证券市场上是很明显的，而且这种税收不公平对纳税能力缺乏考虑，特别是投资机会所带来的税收不公平问题。这里我们主要是从各投资主体参与证券一级市场交易及其交易所得两个方面来考虑不同投资主体之间的课税问题。

（一）上市公司

按照我国现行股票发行的相关制度规定，对于上市公司的证券发行行为，主要是采取收取费用的方式，而不征收任何的发行税收。上海证券交易所和深圳证券交易所具体的发行、上市收费标准见表4-1和表4-2。

表4-1　　　　　　　　上海证券交易所上市费用收费标准

| | 业务类别 | 收费项目 | 收费标准 | 最终收费对象 |
|---|---|---|---|---|
| 发行 | 新股认购 | 经手费 | 成交金额的0.012%，暂免 | 会员等交上证所 |
| | 可转换公司债券认购 | 经手费 | 成交金额的0.01%，暂免 | 会员等交上证所 |
| | 投资基金认购 | 经手费 | 成交金额的0.0085% | 会员等交上证所 |
| | 配股、转配股、职工股配股、国家股配股、股票配可转换公司债 | 经手费 | 成交金额的0.012%（双向），暂免 | 会员等交上证所 |
| | 投资基金配售 | 经手费 | 成交金额的0.0085%（双向） | 会员等交上证所 |
| 上市 | 股票 | 上市初费 | A、B股总股本2亿股（含）以下的，30万元 | 上市公司交上证所 |
| | | | 2亿股至4亿股（含）的，45万元 | |
| | | | 4亿股至6亿股（含）的，55万元 | |
| | | | 6亿股至8亿股（含）的，60万元 | |
| | | | 8亿股以上的，65万元 | |
| | | 上市年费 | 上年末A、B股总股本2亿股（含）以下的，5万元/年 | |
| | | | 2亿股至4亿股（含）的，8万元/年 | |
| | | | 4亿股至6亿股（含）的，10万元/年 | |
| | | | 6亿股至8亿股（含）的，12万元/年 | |
| | | | 8亿股以上的，15万元/年 | |
| | | | 上市不足1年的，按实际上市月份计算，上市当月为1个月 | |

续表

| 业务类别 | | 收费项目 | 收费标准 | 最终收费对象 |
|---|---|---|---|---|
| 上市 | 证券投资基金 | 上市初费 | 上市首日基金总份额的 0.01%，起点 1 万元，不超过 3 万元 | 基金管理人交上证所 |
| | | 上市年费 | 6 万元/年 | 基金管理人交上证所 |
| | 企业债券 | 上市初费 | 上市总额的 0.01%，起点 0.8 万元，不超过 4 万元（暂免） | 发行人交上证所 |
| | | 上市年费 | 上市总额的 0.0096%，起点 0.48 万元，不超过 2.4 万元（暂免） | 发行人交上证所 |
| | 可转换公司债券 | 上市初费 | 上市总面额的 0.01%，起点 1 万元，不超过 3 万元（暂免） | 发行人交上证所 |
| | | 上市年费 | 0.6 万元/年（暂免） | 发行人交上证所 |

资料来源：《中国证券期货统计年鉴（2015）》。

表 4-2　　　　　深圳证券交易所上市费用收费标准

| 业务类别 | 收费项目 | 收费标准 | 最终收费对象 |
|---|---|---|---|
| 股票 | 上市初费 | A、B 股总股本 2 亿股（含）以下的，30 万元 | 发行人交深交所，创业板减半征收 |
| | | 2 亿股至 4 亿股（含）的，45 万元 | |
| | | 4 亿股至 6 亿股（含）的，55 万元 | |
| | | 6 亿股至 8 亿股（含）的，60 万元 | |
| | | 8 亿股以上的，65 万元 | |
| | 上市年费 | 上年末 A、B 股总股本 2 亿股（含）以下的，5 万元/年 | 发行人交深交所，创业板减半征收 |
| | | 2 亿股至 4 亿股（含）的，8 万元/年 | |
| | | 4 亿股至 6 亿股（含）的，10 万元/年 | |
| | | 6 亿股至 8 亿股（含）的，12 万元/年 | |
| | | 8 亿股以上的，15 万元/年 | |
| 证券投资基金 | 上市初费 | 3 万元 | 发行人交深交所 |
| | 上市月费 | 0.5 万元/年 | |
| 企业债券 | 上市初费 | 暂免收取 | 发行人交深交所 |
| | 上市月费 | 暂免收取 | |

续表

| 业务类别 | 收费项目 | 收费标准 | 最终收费对象 |
|---|---|---|---|
| 可转换公司债券 | 上市初费 | 暂免收取 | 发行人交深交所 |
|  | 上市月费 | 暂免收取 |  |

资料来源：《中国证券期货统计年鉴（2015）》。

  从上述两表中可以看出，无论是上海证券交易所，还是深圳证券交易所，对于上市公司上市发行股票进行融资的行为，主要采取的是收取固定行政费用的方式进行调节，而且按照现行企业会计制度的规定，这种发行费用允许上市公司从其溢价收益中予以扣减。一方面，这种行政收费方式给予了上市公司发行资格的一种默许，也是一种许可权限的购买，使上市企业获取这种权限之后，通过不同方式想方设法地高价发行，不仅弥补上市发行的相关成本费用，而且获取高额溢价收益。正如前面所述，我国将上市公司溢价收益作为"资本公积"核算，不用承担任何的税收成本，但直接增加企业每股净资产，为二级市场的投机炒股提供机会，从而没有很好地防止"病从口入"。相反，这种采取收取行政费用的方式进行 IPO 发行调节，调节效果并不明显，但会刺激上市公司为了通过上市发行获益及弥补发行成本，做假、粉饰业绩、粉饰公司上市发行信息等获得高市盈率发行，损害中小投资者利益。另一方面，这种收费方式缺乏对上市公司上市发行之后的经营监管，实际上是一种一次调控手段，促使上市公司上市发行的短期目标行为。有些上市公司甚至利用包装上市，获取高额溢价发行收益，增值企业净资产水平，特别是每股净资产水平，达到粉饰包装目的，最后通过二级市场投机炒作，与二级市场机构投资者合谋，达到利用资金优势哄抬价格，损害中小投资者利益，实现丰厚的利润，进行收益分成。

### （二）券商公司

  对于券商在一级市场的课税，主要涉及参与认购行为、承销收入以及因参与认购行为而获得的投资收益所得。根据现有中国税制制度规定，券商涉及的课税税种主要有增值税、城市维护建设税及教育费附加、企业所得税和个人所得税、印花税等。根据营业税改增值税的政策规定，对券商公司承销取得的收入，属于"直接收费金融服务"，以其取得的收入全额作为计征增值税的销售额，同时相应缴纳城市维护建设税及教育费附加；同时，其承销所取得的收入还需要纳入企业所得税征税范围。对于企业参与认购行为，不承担任何的税收成本；对因参与认购行为而获得的投资收益所得，其在二级市场转让时承担相应税收。但是，券商承销所取得的收入是承销金额乘以一定比例，这样在市场规定比例的情形下，券商这种承销收入也会鼓励上市公司从高定价发行，间接地对市场中小投资者利益进行损害。

### （三）机构投资者

这里的机构投资者主要是指基金管理公司和投资公司。根据现行证券市场的相关税收制度规定，对于机构投资者对股票和债券在一级市场的认购行为，不用承担任何的税收成本。证券一级市场机构投资者的公平课税问题主要是指对于机构投资者一级市场的这种不征税以及现有认购制度所导致的认购成本和收益差异，以及因此而导致的市场之间不公平博弈问题。如果仅仅从股票的认购行为来看，无论是机构投资者还是个人等中小投资者，国家均不征收任何的税收，似乎显得比较公平，但是从市场实际交投过程以及因此而引起的实际税负水平来看，这种缺乏税收调控的认购行为，不利于市场公平竞争，反而诱导市场投机，损害中小投资者利益。这主要是因为现行认购政策有利于机构投资者而不利于中小投资者，因为必须事先持有上市公司股票市值，并由此来确定投资者对新股发行的认购份额，实际上在一定程度上限制了中小投资者参与认购的意愿和认购的规模，也就降低了中小投资者认购的中签率。而且，由于这种准市场的网上网下发行认购机制，也在一定程度上给机构投资者提供了发挥其资金优势和市场话语权操纵市场的机会。另一方面，就股票市场而言，中小投资者中签率低、机构投资者中签率高的认购现状，带来机构投资者在二级市场的博弈优势。比如，某上市公司股票的发行定价为20元，中签认购的成本即为20元，没有任何的佣金、手续费等成本，而对于没有中签的中小投资者来说，只能在上市交易之后，通过二级市场来购买该股票，此时，市场价格是 30 元甚至是 40 多元加上相应的佣金、手续费等费用成本，实际上对于这部分投资者来说，其博弈成本明显高于中签的投资者，从而导致其在二级市场博弈的劣势，不利于中小投资者利益的保护。这种认购制度所导致的这种盈利水平的差异化，使得即使在二级市场同样价格水平下卖出，中签机构投资者的实际税负也明显比中小投资者低。

### （四）不同投资规模的中小投资者

这里只是就股票市场的新股发行行为而言的。从我国现行证券市场相关税收制度来看，无论是持有上市公司原始股的中小投资者股东，还是非上市公司中小投资者，在发行上市环节的认购行为均不征税。上市行为均是由发行人或者证券产品管理者以一定比例的费用形式上交证券交易所。不同投资规模的中小投资者之间在发行环节的不公平问题，主要体现在不同规模投资者的认购成本以及认购成本差异所带来的博弈能力差异，以及由于现有认购制度限制性规定对不同规模投资者参与认购机会的不公平性。

对于上市公司获得认购资格的职工而言，认购成本比较常见的基本上为 1 元、3 元、5 元不等，但并非是发行定价的价格，发行价格远远高于内部职工购买价格。虽然上市公司内部职工认购股份受到一定的交易限制，但是上市公司内部职工认购的成本常严重低于上市定价发行价格，由此，一旦满足市场交易解禁要求，这种认购成本所带来的市场博弈优势非常明显，也就很容易对中小投资者的利益产生损害。

对于非上市公司的中小投资者而言，目前对其认购行为是不征收任何的税收成本。20 元的发行价格，认购的成本价格也是 20 元，也不用承担任何的佣金、手续费等交易成本。似乎对不同投资规模的中小投资者而言，交易规则是公平的，但是，从市场和保护中小投资者利益的视角来看，这种交易规则其实是不公平的，因为根据现有沪深两市《2016 年新股申购条件及申购流程规则》关于新股认购条件规定，在申购日前 2 天的再往前推 20 天内，持有超过日均 1 万元的证券市值（沪深两市分开算）是申购新股的前提条件。不足 1 万元的，不满足申购新股条件。沪市的每 1 万元市值配给一个签，一个签对应

1000 股；深市的每 1 万元配给两个签，一个签对应 500 股。市值在申购日可重复使用。投资者持有的市值指 T−2 日前 20 个交易日（含 T−2 日）的日均持有市值（T 日为申购日，下同），包括本市场非限售 A 股股份市值，不包括优先股、B 股、基金、债券或其他证券。交易型开放式指数基金不包括在申购市值范围内。同时，连续 12 个月内连续中签 3 次未缴款的，6 个月内不得参与网上新股认购。[①]

新股认购中签率是影响中小投资者认购收益的重要因素，影响新股认购中签率的因素虽然很多，但认购的资金量大往往有利于提高中签率。事先需持有一定市值的申购规则，对于中小投资者而言，不同的投资规模势必影响其中签率，也就影响了其认购收益。因为事先持有一定市值的限制规定必然要求投资者分流部分资金事先持有一定的市场市值，从而影响了投资者对新股的申购规模。如果考虑我国认购市场丰厚收益或者说是只赚不赔的认购现状以及未来投资者卖出股票所承担的比例税率成本，那么这种不同认购成本、不同中签率以及不同投资规模带来认购规模差异而引起未来差价收益，势必在不同投资规模的中小投资者之间造成实际税负差异，实际上会造成一种累退性质税负差异。

## 三 不同证券产品之间的公平课税问题

2008 年 9 月 19 日之前，我国股票、债券和基金的购买成本因印花税的差别和佣金比例的高低而存在差异，从而导致不同证券产品之间的公平课税问题。由于在此之前，购买股票印花执行买卖双向征收，而对于债券和基金等产品的购买行为不用缴纳印花税，这使得在上市发行交易环节，产生了不同证券产品之间在初次上市交易的不公平课税问题。

2008 年 9 月 19 日之后，由于购买股票的印花税改为单边征收，由卖方缴纳，虽然缓解了不同产品之间的不公平课税问题，但是并没

---

[①]《2016 年新股申购条件及申购流程规则》，中国证券网，2016 年 1 月 4 日。

有完全改变这种不公平税收待遇问题。这主要是因为，无论是股票、基金，还是债券，投资者可以作为"交易性金融资产"或"长期股权投资"核算，相应的佣金、手续费等交易费用可以扣除"投资收益"或者并入成本核算。而且，股票、债券和基金购买过程中存在佣金、手续费的差异，买卖扣除的成本就存在不同，从而从发行环节开始导致了相应的税收差异。

## 第二节　我国证券一级市场效率课税问题

一般来说，效率课税指征收收入与征税成本之间的比较，广义上来说，效率课税问题不仅包括征税成本的最小化，从宏观调控的视角来说，效率课税问题更多指的是由于课税不足、税制设置不够完善或者缺乏税收调控导致的经济运行问题。对于证券市场的效率课税问题，更多指的是后者。本书乃至接下来各章节的研究，更多是关注后者。

我国证券一级市场效率课税问题主要是从中小投资者利益保护和提高上市公司质量等视角，分析我国证券一级市场缺乏税收调控导致的市场调节方面的问题，而且这种市场调节问题是相互关联的。

### 一　我国证券一级市场效率课税的缺失问题

证券一级市场的课税，实际上是对证券市场的起点进行课税。对发行环节课税，可以有效防止证券发行泛滥造成的"拥挤排队"现象，而且由于增加了上市公司的融资成本，抑制了证券融资的冲动，在某种程度上可以有效提高证券市场融资效率，还可以防止由于发行规模过大对证券市场的冲击。我国证券市场税制的不够完善，缺乏相关证券发行环节课税的税种设置，导致发行环节的税收缺失。一方面，我国并没有对证券发行环节如股票发行征收任何的税收，股票发行收入也没有纳入企业所得税的收入总额的构成部分；同时，正如前述的分析，按照《企业会计制度》的规定，证券发行的溢价收入部分作为资本公积核算,从而在一级市场上除了承担相应的"实收资本"的印花税之外,避免了承担其他相关的税收成本,但这一部分对于上市公司而言是其净资产的构成部分,按照税收原理,理应征收相应的税收。另一方面,对于证券发行的承销方取得的承销手续费收入征收了增值税,但对于发行过程的认购方包括个人和机构投资者而言,其认购行为也是一种证券交易行为,但并没有类似于二级市场买卖证券产品一样承担相应的税收,也不用承担相应的佣金收入纳税额,从而流失了佣金所带来的流转税收入。我国证券市场发行环节的这种税收缺失,成为我国股票市场当前大规模发行数量对市场的冲击打压中不可忽视的因素。

## 二 我国证券一级市场效率课税的管理效率问题

证券市场的发展提供了良好的股权交易平台,随着我国证券市场发展的不断壮大,上市公司通过股权交易的"造富"现象也频频出现。如2010年5月6日,海普瑞以148元发行价格登录A股中小板,企业"掌门人"因此而成为中国新首富。与债券筹资不同,股权筹资不需要承担固定的筹资成本,而且最初的股权筹资成本也可以在溢价收入中予以扣除。更为甚者,股权筹资可以迅速实现上市公司净资产大幅增值,比通过实体经济增长带来的企业资产规模增长速度要快很多。海普瑞通过上市发行,实现了其1元实体资产所带来的147元的溢价收益,这是海普瑞通过实体经营短期无法实现的。需要注意的是,这种溢价收益除了承担账簿所带来的印花税以外,不用承担任何的税收成本。本书认为,正是因为上市发行对于上市企业而言存在诸多的利益,而且我国缺乏对上市公司上市发行的税收调节,减少了上市公司因上市而带来的税收风险和税收成本,上市公司愿意而且想方设法地通过改制、粉饰等实现上市,造成目前我国证券市场发行拥挤排队的问题。党的十八大以来,明确提出鼓励并提高企业的直接融资比例,但是不能无节制地进行直接融资。根据Wind数据库IPO排队企业情况显示,目前IPO审核申报企业中,已经受理且已预披露的企业为181家,已受理但未披露的企业1家,已反馈且已预披露的企业为313

家。截至2017年6月22日，中国证监会共受理首发企业585家，其中已经过会的首发企业为50家，尚未过会的首发企业为535家。[①] 从这些数据可以看出，因缺乏对上市发行征税，通过发行上市实现资产增值，规避因实体经营带来的税收成本，是企业普遍的做法，造成目前证券市场存在的上市排队拥挤的问题。

而且，这种税收缺失带来的管理效率降低还体现为上市公司质量问题。上市公司发行的质量和水平，是证券市场价值投资的基础。如果没有具有价值投资的上市公司，那么价值投资就成为无源之举，因此保证上市公司上市融资的质量，是促进我国证券市场价值投资的重要前提。我国采取收取发行费用的方式许可上市发行，而且允许发行费用从上市发行溢价收入中扣除，实际上等于上市企业垫付一定的发行费用，最终从发行溢价中得到补偿，实际上是零成本发行并获得高额溢价收入。这种发行机制缺乏对上市企业上市后的业绩监管，对于上市企业来说，只要讲好上市前的"故事"，做好上市前的会计、业绩处理，减少上市"黑洞"，获得通过上市审核资格即可。根据Wind资讯统计数据库统计数据显示，2004年以来，我国审核申报企业1962家，其中终止审查381家，2016年中止审查49家。2000年以来，我国IPO发审委审核通过情况如表4-3所示。但是，在我国证券发行市场，普遍存在着粉饰上市、欺诈发行的行为，信息披露不充分、不真实的问题是普遍存在的。诸多上市公司，为了保证顺利上市融资，即使补缴税收，也将前三年的经营利润粉饰成盈利或者大幅盈利。很多企业发行公告中显示企业发行前的盈利水平很高，成长性良好，具有很好的投资价值。一旦上市成功，经过认购机构主力的炒作，股价很高且炒作力量退出之后，业绩很快变脸。而且，这种粉饰上市、欺诈发行几乎不用承担任何风险，比如税收风险等，即使承担风险，也莫过于退市。即使退市，也只是先行退市到新三板，其仍然能够在新三板市场进行股权融资，直到业绩无转好而退市。

---

① 数据来源于汇金网（http://www.gold678.com）。

表 4-3　　　　2000—2016 年 10 月发审委审核通过情况

| 类型 | 审核总家次 | 通过情况 家次 | 占比（%） | 未通过情况 家次 | 占比（%） | 其他情况 家次 | 占比（%） |
| --- | --- | --- | --- | --- | --- | --- | --- |
| 全部 | 3342 | 3031 | 90.69 | 284 | 8.50 | 27 | 0.81 |
| 首发 | 2032 | 1810 | 89.07 | 202 | 9.94 | 20 | 0.98 |
| 并购重组 | 905 | 858 | 94.81 | 43 | 4.75 | 4 | 0.44 |
| 配股 | 142 | 123 | 86.62 | 18 | 12.68 | 1 | 0.70 |
| 增发 | 135 | 119 | 88.15 | 14 | 10.37 | 2 | 1.48 |
| 可转债 | 102 | 95 | 93.14 | 7 | 6.86 | 0 | 0.00 |
| 可分离债 | 21 | 21 | 100.00 | 0 | 0.00 | 0 | 0.00 |
| 权证 | 5 | 5 | 100.00 | 0 | 0.00 | 0 | 0.00 |

资料来源：Wind 资讯数据库。

缺乏利用税收手段调节和监管上市企业上市后的经营业绩，是造成我国上市公司质量不高的不可忽视的因素。很多上市公司宁可通过补缴税前的方式达到粉饰上市前业绩、高额定价上市发行的目的，但是上市后频频出现业绩"变脸"。[①] 从税收调节视角来看，我国注重对上市公司上市前业绩、业务的真假等进行审核，但是缺乏利用税收手段对上市公司上市后业绩监管，缺乏利用税收手段引导或激励上市公司上市后努力经营，回报股东，从而导致上市公司上市后不到 1 年的时间，原有的上市业绩增长前景逐步暗淡，业绩频频"变脸"，而且下滑速度非常快。从上市前的 0.6 元、0.9 元甚至 1 元以上的每股收益，在三个月或者一年的时间，下降到 0.2 元，甚至不足 0.1 元每股收益的经营业绩，造成我国上市公司质量不高。

从中小投资者利益保护的视角来看，这种一级市场的税收缺失导致的管理效率，不能很好地防止"病从口入"的政策目标。如果能够用税收手段将发行溢价收益与其上市后业绩挂钩，利用税收优惠鼓励上市公司通过上市发行融资，努力经营回报股东，则有利于刺激虚实经济之间的互长循环，从市场初始交投形成对中小投资者

---

① 尚福林：《证券市场监管体制比较研究》，中国金融出版社 2006 年版。

利益的有效保护。

## 三  我国证券一级市场效率课税的资源配置问题

首先是由于缺乏税收等经济手段节制，导致证券市场无节制融资问题。通过利用同花顺交易平台以及股票交流 QQ 群、面对面问卷调查等方式，共收集问卷调查表 2500 份。问卷调查的统计数据显示，认为上市公司存在无节制地通过定向增发进行再融资的调查问卷有 1964 份，占总问卷调查总数比例为 78.56%；认为由于不用承担税收等成本是造成无节制融资行为的调查问卷有 2253 份，占总问卷调查总数比例为 90% 左右。表 4 - 4 中统计数据显示，定向增发是上市公司实现再融资的主要途径。从历年数据来看，很多年份均显示这种定向增发规模比 IPO 规模大，2016 年通过定向增发的融资规模是同期 IPO 融资规模的 10 倍，成为我国证券市场历史上"第一融资年"，2017 年上半年融资速度和规模也呈明显增加态势。公开数据显示，过去十年间，上市公司再融资规模高达 6.5 万亿元，远远超过 IPO 的融资规模。①

表 4 - 4        2008—2016 年上市公司融资统计

| 年份 | 融资合计 金额（亿元） | 融资合计 家数 | IPO 金额（亿元） | IPO 家数 | 定向增发 金额（亿元） | 定向增发 家数 |
| --- | --- | --- | --- | --- | --- | --- |
| 2008 | 2905.59 | 198 | 1034.38 | 77 | 1642.45 | 107 |
| 2009 | 4564.88 | 231 | 1739.98 | 98 | 2672.32 | 117 |
| 2010 | 10167.68 | 527 | 4885.14 | 348 | 3127.03 | 153 |
| 2011 | 7046.76 | 480 | 2809.69 | 281 | 3485.37 | 176 |
| 2012 | 4457.35 | 317 | 1034.32 | 155 | 3214.07 | 152 |
| 2013 | 4613.86 | 292 | 0.00 | 2 | 3584.26 | 267 |
| 2014 | 9135.68 | 633 | 668.89 | 125 | 6932.03 | 475 |

---

① 盛刚：《让过度频繁融资成为历史》，《大众日报》2017 年 2 月 20 日。

续表

| 年份 | 融资合计 金额（亿元） | 融资合计 家数 | IPO 金额（亿元） | IPO 家数 | 定向增发 金额（亿元） | 定向增发 家数 |
|---|---|---|---|---|---|---|
| 2015 | 16107.23 | 1068 | 1576.39 | 223 | 12253.07 | 813 |
| 2016 | 21134.81 | 1134 | 1496.08 | 227 | 16918.07 | 814 |

资料来源：Wind 资讯。

从融资规模与股息分配比例特别是现金分红的比例来看，融资规模特别是定向增发融资规模与上市公司的分红比例不相匹配。2006年以来，上市公司现金分红占上市公司总市值的比例在1%—2%（我国上市公司逐年分红情况见表4-5），不仅严重低于主要发达国家的分红比例，如美国的年度分红比例不低于30%，而且低于按银行同期存款利率复利计算的回报率。这说明，由于缺乏税收等经济手段节制，上市公司通过定向增发等工具实现"圈钱"的目的，定向增发融资的高利用率以及因此带来的低回报率，说明一级市场效率课税的资源配置问题比较明显，价值投资导向不强。

表4-5　　　　　2006—2015年上市公司逐年分红情况

| 年份 | 上市公司家数 | 上市公司总市值（亿元） | 分红家数 | 实际现金分红总额（亿元） |
|---|---|---|---|---|
| 2006 | 1434 | 89403.89 | 643 | 784.50 |
| 2007 | 1550 | 327140.89 | 726 | 1180.05 |
| 2008 | 1625 | 121366.43 | 816 | 2524.51 |
| 2009 | 1718 | 243939.12 | 855 | 2526.74 |
| 2010 | 2063 | 265422.59 | 1031 | 3023.97 |
| 2011 | 2342 | 214758.10 | 1347 | 3900.69 |
| 2012 | 2494 | 230357.62 | 1688 | 4764.21 |
| 2013 | 2489 | 239077.19 | 1831 | 5323.82 |
| 2014 | 2613 | 372546.96 | 1887 | 7638.64 |
| 2015 | 2827 | 531462.70 | 2035 | 8461.50 |

资料来源：《中国证券期货统计年鉴（2015）》，上市公司总市值来源于 Wind 资讯。

其次是证券一级市场融资规模的行业分布所导致的资源配置问题。这主要是指通过证券市场 IPO 和定向增发实现社会闲置资源的再配置所带来的配置效率问题。根据 Wind 资讯数据库分行业的融资规模统计数据显示，虽然我国证券市场为实体经济的发展提供了良好的融资渠道，但是这种对社会闲置资源的再分配不够完善。2004年股权分置改革以来，我国 IPO 和定向增发的融资主要集中在资本货物、多元金融以及银行、房地产等行业，发行可转债的行业中，银行业占比达 91.88%。定向增发企业性质分布中，中央和地方国有企业占比超过 50%，普遍认为经营效率较高的民营企业占比为 32.78%。虚拟经济到虚拟经济的成分较多，而虚拟经济到实体经济的融资规模占比相对较低，证券融资对于行业或者产业转型升级服务的直接程度在弱化，对于高新技术、软件服务、技术硬件与设备等的配置相对较弱。

最后是由于缺乏课税政策的节制，上市公司只需要做好上市前的讲"故事"，给我国一级市场带来诸多问题，上市公司不务正业、多业经营问题比较严重。从事服装经营的上市公司，染指房地产概念，此类跨业经营，实际上是一种秩序错乱的资源配置，不利于上市公司充分发挥主业优势。由于缺乏课税手段的监管和利导，上市公司非主营收入增长所带来的市场炒作问题也比较常见。有的上市融资主业经营业绩平平，甚至下滑，但是可以通过财政补贴、坏账准备计回等实现业绩增长，结合市场资金炒作，拉抬价格，获取短期差价收益，导致原有融资得到的资源配置实际效率低下。

## 四　我国证券一级市场效率课税的价值发现问题

这主要是由于缺乏课税等经济手段对上市发行融资行为的引导和制约，缺乏利用税收手段规范上市融资行为，导致证券一级市场存在投机行为，从而导致由于没有及时有效的课税约束引起的价值发现问题。正如前面的分析一样，由于缺乏课税成本和风险的约束，上市融资的发行费用等可以从溢价收益中扣除，实际融资成本为零，且不用承担类似债券等的固定融资成本，可以根据上市公司经营情况确定股息、红利支出，而且通过上市能够获得高额溢价收益，实现短期企业净资产的增值，使公司乐意上市。而且，由于我国只注重对上市企业上市前经营业绩的审核，缺乏课税等手段对上市后经营业绩的监管，即使上市发行后业绩做假、粉饰行为被发现也不用承担任何经营成本，溢价融资收入也不用被收回。这使得上市公司总是想方设法地去包装、粉饰上市，实现高市盈率、高发行价格上市发行，从而在一级市场形成市场投机行为，虚构上市事实，讲好上市前的"故事"，成为上市发行市场的主要氛围，使得经营真正好的、具有未来发展空间和业绩增长空间的上市公司不能得到市场关注，从而形成由于课税等约束和监管手段的缺乏引起的价格发现问题。

## 第三节 主要国家和地区证券发行市场课税制度借鉴

### 一 主要国家和地区证券发行市场课税制度

综观主要国家和地区证券市场，对于证券发行是否课税，以及如何课税等因证券发行制度差异而存在差别，也因各国证券市场发展和市场监管理念不同而存在区别，但是采用一定制度对证券发行市场进行调节，是各国普遍的做法。从主要证券发行市场的课税情况来看，对证券市场课税调节的做法也是普遍存在的。

（1）美国。美国证券市场税收主要涉及的税种是证券资本利得税和个人所得税。美国证券发行实行注册制，上市企业经过登记备案、定价之后，即可公开销售证券，而由于印花税、证券交易税占财政收入的比重比较小，同时考虑市场流动性，美国已经取消证券交易税，因此对于证券发行美国不征收任何税收，仅以收取 IPO 费用和一定比例佣金的方式来调节证券发行。根据美国证券法规定，IPO 发行不仅要缴纳 100 万—150 万美元 IPO 费用，同时还需要支付 8%—12% 的筹资佣金。而在美国纳斯达克直接上市的 IPO 费用更高，一般在 2000 万元人民币左右，基本上在筹资额的 10% 以上。而对于投资者的购买行为，美国已经取消证券交易税，主要是对投资者的资本利得进行课税。

（2）日本。对于日本证券市场中的股票和债券等证券发行而言，不仅要在上市企业办理许可登记时缴纳证券许可税，其税率为应税证券金额的1‰—5‰，同时还要将完整凭证贴在申请书上。此外，日本证券发行除了证券登记许可税以外，还需要缴纳印花税。根据日本税制的规定，按照所发行证券的票面金额实施全额累进的定额税率。具体而言，股票等应税证券票面金额为0—500万日元（含）以下的，征收100日元的印花税；股票等应税证券票面金额为500万—1000万日元（含）以下的，征收500日元的印花税；股票等应税证券票面金额为1000万—5000万日元（含）以下的，征收1000日元的印花税；股票等应税证券票面金额为5000万日元以上的，征收5000日元的印花税。在证券发行初始交易环节，需要征收证券交易税，但由转让方缴纳。

（3）德国。德国证券发行实行以信息披露为核心的注册制，除了收取一定的上市费用包括登记审核、手续费、广告费以及审计费等以外，德国证券市场对证券发行所征收的税种主要是资本税，也称资本公司税。根据德国证券税制的规定，对于企业通过证券市场发行股份进行股票和债券融资的行为，原则上根据上市企业发行资本总额的1%征收资本税或资本公司税，由上市企业根据认缴或实际缴纳的资本额为证券发行环节的课税对象。上市企业为纳税义务人。德国对于证券购买行为不征税。

（4）法国。与美、日、英、德等国一样，法国对证券发行收取一定的发行费用、印刷费以及承销费用，此外，法国对于证券发行方按增资额征收5%的注册税，同时还需要征收500欧元或375欧元的定额注册税。而对于证券上市首日购买来说，对购买者不征收证券交易税。

（5）英国。根据英国现行证券发行的制度规定，英国证券发行需通过由英国证券监管署和交易所两个部门的双重审核。按照英国现行税法规定，对于上市发行股票融资而言，在股票发行环节向发行公司课征一固定比率1%的资本税。英国在发行不记名票据时需缴纳1.5%

的印花税,在资产证券化过程中,发起人需要按照其销售资产额的1%计征印花税。

(6) 俄罗斯。根据俄罗斯联邦税法典的规定,对有价证券发行按照所发行的有价证券票面价值总额征收有价证券发行税,税率为8‰。由发行单位缴纳,税收收入全部纳入联邦财政预算。

(7) 澳大利亚。澳大利亚和美国、日本、荷兰等国一样,对证券发行不设置任何税种,也无须缴纳相应的税费,只是采取登记备案审核的注册制,不对上市企业的价值做任何主观判断,以监督上市企业信息披露质量为审核重点。

(8) 印度。按照印度《证券发行和披露条例》规定,拟发行股份初次上市融资的上市企业,必须先向印度证监会申请审核,审核通过后向交易所申请上市。虽然证监会不对上市公司做出价值判断,但必须由证监会注册登记的信息评级机构对其进行信用评级。按照印度税制规定,证券发行应征收凭证登记税,但对股票、债券等证券的出售不征收销售税。印度证券课税主要体现在二级市场详细的课税体系之中。

(9) 巴西。关于巴西证券市场课税,主要涉及的是金融交易税。对于证券发行融资行为,巴西执行的是登记注册制,对于证券发行环节并不征税。虽然巴西为了抑制热钱的流入多次提高金融交易税的税率水平,但是从2011年12月2日起,巴西对于发行企业在证券交易市场登记注册,投资者认购的金融交易税降低为0,而对于按照巴西证券交易委员会规则发行的私募基金和投资基金,以及发行企业债券等,金融交易税税率均由原来的2%降低为0。

(10) 中国香港。中国香港证券市场上市发行基本上采用的登记备案的注册制,不过其施行的是双重备案制度。对于上市发行,香港也是采取收取IPO费用和承销佣金的方式调节上市发行行为。香港IPO费用一般包括专业费用、印刷费用、市场推广费用以及其他费用。专业费用一般包括保荐人费用、公司法律顾问费用、保荐人法律顾问费用、申报会计师费用、物业估值费用、公关服务顾问费用等;印刷费用一般包括招股章程、申请表格、股票及其他印刷费用和翻译费用等；其他费用包括股票过户登记处费用、收款银行费用、包销商佣金、首次上市费、对交易征费等。对于承销费用，主板按照筹资额的3%左右收取；而创业板则按照筹资额的5%左右收取，二者均不设上下限要求。相对于主板，创业板的上市费用更高。对发行不记名股票，按照发行市价的3%征收比例税率的印花税。对不动产转让证书等有价证券，根据其财产价值高低，规定了累进税率的印花税，税率最低固定金额为20港元，最高为转让总价的2.5%。根据香港证券交易税的规定，对于初次上市交易日，认购者还需按照2.5‰固定比例承担印花税，由交易所代扣代缴，而对于认购成功办理过户登记时，卖方还需按照每份股份转让5港元的固定税额缴纳印花税。

（11）其他国家和地区。加拿大证券发行执行的是注册制，对于发行人收取发行费用、审核费用以及印刷费和审计费等费用，不对证券发行征收任何的税收，因为其认为容易损害证券发行的效率。韩国按股票发行面值征收4‰的资本税及万分之八的教育附加税，由发行人缴纳。与美国、澳大利亚一致，新加坡、南非、中国台湾等对证券市场发行环节均不征税，也不需缴纳税费。[①]

## 二 主要国家和地区证券发行市场课税制度特点

从主要国家和地区证券发行市场课税的情况来看，关于证券发行市场调节，除了收取一定的IPO发行费用以外，政府对证券发行采取的调节手段和态度主要呈现以下的特点。

### （一）普遍采用政策手段对证券发行融资行为进行调节

无论是欧美各国，还是证券市场新兴国家，均普遍采用不同的政策手段对证券发行融资行为进行宏观调节。从世界各国证券发行课税的实际情况可以看出，有的国家采取收取证券发行费用的方式对证券发行进行调节，有的国家采用收取发行费用和征收相应税收的复合方

---

[①] 中国证券监督管理委员会会计部课题组：《境外股票市场税收政策研究》，《金融会计》2015年第6期。

式，对证券发行进行调节。无论是采取证券发行的审核制，还是实施证券发行的注册制，收取证券发行服务费用几乎是所有国家调节证券发行都会采取的措施。而对于证券发行的征税方面，则存在明显差异，如美国、澳大利亚以及加拿大等国，由于认为课税影响市场流动性，而且市场对证券发行的无纸化程度比较高，证券交易印花税所占财政收入的比重小，取消了证券交易税，对证券发行不征收任何的税收成本。而日本、德国、法国、英国等国，则在收取证券发行费用的基础上，按照发行规模征收一定比例的税。无论是采取何种政策模式或政策手段，对证券发行融资行为征税都是世界各国普遍的做法。

**（二）大部分是"税+费"相结合模式，但发达市场与欠发达市场存在差别**

从上述各国证券发行市场的普遍做法来看，大部分国家采用了"税+费"相结合的调控模式，但发达市场与欠发达市场之间存在差别。在发达国家，证券市场发展比较成熟，价值投资氛围相对占据优势，市场投资者比较成熟，投机氛围相对比较少，证券发行制度监管相对完善，基本上取消了证券交易税。以日本、德国、法国为代表的发达国家证券市场还保留着一定的对证券发行市场的课税，但相对税率比较低。而对于欠发达证券市场而言，这种"税+费"结合的调控模式是普遍存在的。之所以存在这些差别，是因为与这些国家的证券市场监管体制和发行制度是存在差异的。

**（三）鼓励证券发行直接融资，但限制无节制融资行为**

从世界各国主要证券市场关于证券市场的课税和收费标准来看，各国均鼓励本国企业上市发行进行直接融资，但是这种直接融资行为并非无节制的。无论是审核制证券发行，还是申请登记注册备案制证券发行，证券发行的行政服务费用都是非常高的，在一定程度上增加了上市企业直接融资成本。更为关键的是，即使是只采取收取服务费用而不征税的国家，对证券发行的审核也是非常严格的，而且费用也是非常高的。以美国为例，证券发行费用100万—150万美元，且同时需要承担8%—12%的筹资佣金；对于纳斯达克市场，发行费用基本上占筹资总额的10%以上。从世界主要证券发行市场可以看出，无论只是采取收取证券发行费用的方式,还是采用"税+费"相结合的模式,各国在鼓励证券发行直接融资的同时,对上市企业的证券发行都有一定的限制。

**(四)当采用税收调节证券发行市场时,依据发行规模普遍采用轻税政策**

当采用课税方式对证券市场发行调节时,世界各国普遍采用轻税政策。虽然各国均按照发行规模征收一定固定比例的资本税或者注册税或印花税或有价证券发行税,但相关国家的税率水平均比较低。例如,德国原则上按照发行资本总额的1%的税率征收资本公司税;日本的登记许可税为应税证券金额的1‰—5‰,而英国资本税的税率水平为1%,如此等等。从这些税率水平的设置和税基的确定可以看出,各国根据上市企业的发行规模进行课税,但是各国税率水平相对较低,体现了鼓励上市直接融资,也反映了利用税收政策防止上市企业无节制和无序地进行融资的做法。这些国家在证券发行审核监管制度下,对类似我国普遍存在的包装、粉饰上市的行为形成了综合约束机制。

**(五)缺乏对上市发行企业上市后业绩的监管**

无论是美国、日本、德国、法国等发达国家证券发行市场的课税行为,还是包括我国在内的新兴证券发行市场的课税行为,虽然对证券市场发行形成了一定的调节作用,促进了本国证券市场的健康发展,但是均缺乏对上市发行企业上市后业绩的监管,特别是缺乏税收政策以从上市初始阶段开始鼓励上市发行企业上市后努力经营,努力做好经营业绩,回报参与认购股东。虽然成熟国家证券发行市场上市质量相对较高,市场监管比较健全,但是其关于证券发行的税收调节也缺乏对上市发行企业上市后业绩监管,不利于保护参与发行市场认购的投资者利益。

## 三 对规范我国证券发行市场课税的启示

**(一)注重税收的调节作用**

我国证券发行市场存在上市企业发行质量不高,上市企业资源配置效率、管理效率以及价值发现效率明显不足等问题。收取证券发行费用方式不规范，而且容易给予上市企业以上市资格是购买获得的假象，不利于市场化管理。严格审核虽然能够对上市企业的发行质量形成一定的保证，但是未能通过审核的不一定是不具备未来发展前景和增值空间的。运用税收调节，可以在一定程度上鼓励和放开上市发行，而且通过合理的税收政策，利用政府课税权的固定性、法定性等对上市发行质量予以监管，对虚构发行等扰乱市场行为形成威慑作用，从而提高上市公司的上市质量。而且，通过借鉴国外经验做法，根据上市发行规模课税，可以规范证券发行秩序，减少或杜绝证券发行税收缺失导致的以"圈钱"为目的的证券发行和再融资行为，与法律和行政手段形成综合调节作用，从源头上防止"病从口入"。因此，对于我国证券发行市场而言，应借鉴主要国家和地区证券发行市场的经验做法，在严格审核证券发行条件的基础上，减少行政对上市企业价值的判断审核，进行费改税，将证券发行行为与税收导向作用结合起来，利用税收经济手段引导市场合理发行融资。

（二）轻税政策

诸多文献和证券市场课税带来的市场反应事例均显示，税收对证券市场的影响是比较大的，税收政策运用不当，会给市场带来不利影响。从世界各国证券发行课税来看，虽然采用了税收手段对证券发行进行调节，以上市企业发行规模作为课税的税基，但是在税率选择上却是采用轻税政策，实施低税率。我国证券市场的发展壮大，从我国股票市场 IPO 数量和规模的变化趋势和债券市场融资规模变化趋势来看，证券发行已经成为我国现代股份制企业主要的融资渠道。根据 Wind 资讯统计数据显示，从 2014 年 IPO 发行审核恢复以来，截至 2016 年，每年通过股权和债券融资的规模呈递增态势：2014 年 663 家企业融资规模为 9135.68 亿元；2015 年 1068 家企业融资规模为 16107.23 亿元；2016 年 1134 家企业融资规模为 21134.81 亿元，创下历史新高。如果从 2004 年以来我国企业融资规模统计数据看，我国证券发行市场融资则起伏波动。由于缺乏相应的税收等经济政策的引导，证券发行融资行为并未呈现常态化，受市场波动影响比较大。仅就我国证券发行市场的课税，理应借鉴国外经验和做法，吸取国外课税经验，实施轻税政策，以调节市场为主要目的。不能采用过高的税率水平而损害市场通过证券发行的积极性，否则就扭曲了利用税收政策调节的初衷。

### （三）合理利用税收政策对企业上市后经营努力程度形成约束

投资者参与企业上市发行，愿意按照上市公司的发行定价参与认购股份，无非是看到上市发行企业未来的发展前景和未来发展增值空间，因此，企业上市后经营业绩对于认购股东来说十分关键。上市企业经营越好，经营业绩越好，对于认购股东越有利。我国当前证券发行市场缺乏直接课税制度，也就缺乏对企业上市后经营业绩的监管，不仅不利于提高证券发行质量，也不利于对投资者利益的保护。对于我国证券发行市场的课税，应吸取国外证券课税的不足，从市场交投策略出发，通过合理设置课税政策，引导上市企业据实规范发行，减少或者放弃虚构、粉饰上市行为。特别是在我国证券市场发行质量不高的现状下，合理利用税收政策，特别是税收优惠政策与惩罚性课税政策相结合，对上市企业融资行为形成未来预期约束，合理引导上市企业努力经营，回报股东，使上市企业通过证券发行获得直接融资后促进实体经济发展。

## 第四节 我国证券一级市场优化课税思路

### 一 注重课税制度的治理功能和价值发现功能

由于国家课税权的法律地位和权威性，税收调控对证券市场影响比较大，影响投资者的策略选择。投资者对税收因素是非常敏感的，利用税收手段对证券市场的调节颇具争议性。众所周知，税收一般具有财政收入、资源配置和收入分配等基本经济功能。一国政府对证券市场的发展目标，影响着其对税收经济功能的选择，进而决定了其利用税收手段调节证券市场的方式和模式。

税收是国家宏观调控的重要经济手段，利用税收手段调节证券市场，确实会对市场的运行成本，特别是市场参与者的交投策略产生影响，进而对市场的流动性等方面产生不利影响。但这种观点只是基于比较成熟的证券市场而言，对于发展相对不够成熟的市场来说，市场波动比较大，投机氛围比较浓，税收调节既可以抑制市场的投机，稳定市场发展，也可以通过合理的税收调节引导市场价值投资，提升市场的竞争力，还可以筹集一定的财政收入，为实体经济发展提供减税空间。合理的、与本国证券市场发展相适应的税收调节，不仅不会影响市场的交投活跃程度，相反会由于税收制度的合理运用促进市场发展，增强市场对社会闲置资本的吸引作用。

一级市场是证券市场发展的源头，一级市场的发展质量水平和价值发行是证券市场价值投资的重要保证。从世界各主要证券发行市场课税可以看出，大部分国家均注重税收对证券发行的调节，课税并不是主要为了获取财政收入，更为重要的是通过课税手段引导市场价值发行，规范、有序地发行。我国证券市场虽然取得了比较好的发展，市场规模得到了较大的提升，跃居世界第二大市值证券市场，市场参与主体数量大幅增加，且呈现多元化态势，市场参与程度和交投活跃程度均得到提高，但是我国证券一级发行市场的发展还不够完善，存在虚构、欺诈、粉饰财务报表等包装上市融资的行为；与其他国家相比，融资行为与上市公司的回报率不相匹配，证券发行成为上市企业"圈钱"的工具。2000多份对不同市场主体的调研显示，认为我国证券发行存在上述行为和观点的调查对象占比达86.57%。

对于我国证券一级市场的课税问题，应针对我国证券一级市场所普遍存在的管理效率、资源配置效率以及价值发现等问题，注重税收对市场的治理功能，合理利用税收政策手段对证券发行行为进行引导和约束，在严格审核的基础上，通过税收政策的引导，避免和防止上市企业或发行人的包装上市行为，规范、有序地通过证券发行进行融资，为实体经济发展服务，避免其成为上市企业"圈钱"和"造富"的工具。同时，注重利用税收政策引导市场价值投资，实现证券发行市场的价值发行功能，只有企业努力经营才能获得上市融资或者说才能成功地融资，从而通过课税实现虚实经济之间相互助长，使证券市场更好地服务实体经济，防止上市企业带"病"上市发行，从源头保护中小投资者利益,提高上市公司质量。

## 二 借鉴经验做法,完善证券一级市场课税制度,注重公平课税

第一,完善我国目前证券一级市场课税制度,平衡一级市场与二级市场之间的税收差别。针对我国当前证券发行所存在的税收缺失问题,借鉴国外大部分国家的经验做法,采用"税+费"相结合的课税模式,平衡一级市场与二级市场之间的税收公平。对于一级市场的课税可以借鉴美日的做法,对证券发行申请登记征收证券登记许可税,按照发行应税证券发行金额设置固定比例的税率。同时,借鉴美国做法,取消证券交易环节的印花税,避免课税对市场流动性的影响。通过按照应税证券发行金额课征一定的税收成本,平衡由于发行规模所带来的税收不公平,也就避免了现阶段由于市场板块不同而存在发行费用差异的现象发生。

第二,注重公平课税。通过上市发行获得高额的溢价收入,实现企业每股净资产的快速增长,是需要通过实体经营方式长期积累的。我国目前证券发行环节税收缺失,通过证券发行获得溢价收益,除了缴纳"营业账簿"的印花税以外,不用承担任何的税收成本,而在实际经营中,逐年通过留存收益等方式实现企业每股净资产的增长,还需要存在实体经营过程中的各种税收成本和税收风险。虚实经济之间的这种不一样,带来了很多上市企业乐意通过上市快速实现净资产增长,而且还可以带来二级市场的炒作,短期获取高额差价收益。通过合理税制设置,结合我国证券市场发展的实际情况,可以实现虚实经济之间这种同一笔初始资产所带来获益空间和速度的税收公平。其次是注重不同产品之间的公平课税问题。综观我国证券涉税政策,我国对股票、债券、基金等证券产品之间的发行和认购课税是存在差别的。借鉴主要国家和地区证券发行市场课税经验,通过按照发行有价证券市价金额课税,平衡发行不同证券产品时的税收公平问题。

第三,实施低税率政策。通过对上述各主要证券发行市场课税政

策的梳理，各国虽然对证券发行采用了"税+费"相结合的方式，但无论是通行的征收证券登记许可税，还是德国的征收资本公司税，俄罗斯的有价证券发行税，普遍都采用比较低的税率水平。我国是新兴证券市场国家，证券发行实行审核制度，上市发行存在粉饰业绩等行为，借鉴国外经验做法通过课税规范、引导证券发行的目的是引导和规范市场，而不是获取财政收入和限制证券发行，所以与其他主要证券发行市场一样，同样也应实施低税率政策，避免因课税不当对证券发行产生抑制作用。

### 三 构建上市公司融资收入与上市之后经营业绩承诺挂钩的课税制度

第一，关于对上市公司融资溢价收入课税的争议。对于上市溢价收入是否课税的争议历来很久，不仅在学界存在不同的观点，证券市场上的投资者也存在类似不同的观点。第一种观点认为，企业因上市而获得的溢价收入，是原始股东努力经营积累的股东权益，这种股东权益是企业税后收益留存的一种体现，对其征税则存在重复征税的问题；对于认购股东而言，这部分是认购股东投入的一种资本金，并没有形成企业的经营收益，因此不应该对其征税。第二种观点认为，企业同样规模的资产，上市前已经折合成企业的股份数，对上市前企业经营留存积累的股本溢价已经考虑在内了，上市带来每股溢价收入，与同一笔规模资产用于实体经营所产生的收益一样，理应视同应税收入，征收所得税。在这里，我们认为，如果对通过上市炒作而快速实现的这种短期溢价收益不加控制，势必使企业乐意通过讲"故事"、包装的方式实现上市发行，容易降低证券上市发行质量，不利于从源头引导价值投资，不利于对投资者特别是中小投资者利益的保护。因此，我们主张利用课税政策的合理设计对上市溢价收入形成约束。

第二，针对我国证券市场上市后业绩频频变脸，虚构、粉饰等上市行为，应杜绝通过上市前补缴税款方式粉饰亮丽的经营业绩以获得高额定价发行。我们从市场交投的视角，设想将上市融资溢价收入与上市后经营业绩承诺挂钩的课税制度，促使企业上市融资后为了享受税收优惠而努力经营，回报投资者。具体而言，就是通过阶梯式递减课税的税收优惠政策，引导上市企业做好经营业绩，减少或者避免因做假、粉饰而频频带来业绩"变脸"，损害中小投资者利益。

# 第五章　我国证券二级市场公平课税问题研究

　　现代公平观，包括起点公平、规则公平和结果公平三个层次的内容。证券二级市场公平课税问题，首先是强调规则公平，其次才是结果公平。营造公平的证券交易环境，必然需要公平的课税制度与之相适应。公平的课税制度，有利于促进对中小投资者利益的保护，从而促进证券市场稳定健康发展。营改增全面实施以后，原有的金融服务、金融商品转让业务改为征收增值税。从现有的证券经营涉税业务来看，我国对证券市场课税主要集中在证券服务和证券产品的转让所得两个方面。我国证券市场课税主要涉及的税种有增值税、城市维护建设税和教育费附加、印花税、企业所得税、个人所得税等税种。从现行证券涉税规定可以看出，无论是二级市场的交易行为课税还是所得课税，我国证券市场课税都缺乏对市场的引导作用，既缺乏根据持有时间的长短进行差别课税，引导价值投资，也缺乏允许上市公司股息、红利税前扣除，鼓励上市公司分红，回报市场投资者。相反，不同投资主体、不同交易环节的税收布局，呈现出不合理的现象，不利于合理保护中小投资者利益，不利于市场公平地进行交投。在一定程度上，税收布局的不合理性，弱化了税收对证券市场的调控作用。当前，我国证券二级市场不仅存在不同投资主体之间、不同交易环节之间的公平课税问题，而且还存在不同层次市场之间的税收公平性问题。本章结合我国现行税收制度，基于市场稳定的视角，结合当前市场所存在的诸多问题，从不同研究对象分析我国证券二级市场公平课税问题，阐述世界主要国家和地区证券二级市场课税对我国的借鉴和启示。

## 第一节 不同投资主体之间的公平课税问题

### 一 不同组织形式的投资主体之间的税收差异

我国证券市场投资主体的组织形式存在多样化，既有一定组织形式的投资主体，也有没有任何组织形式的个人投资者；既有个体工商户性质的投资主体，也有个人独资性质的投资主体；公司制是具有法人资格投资主体的主要组织形式，合伙制则具有"企业"形式，但不具备独立法人资格，也是证券市场普遍存在的投资主体组织形式。按照我国现行增值税、企业所得税、个人所得税和印花税的税收政策规定，不同组织形式具有不同的计税方法，具有不同的适用税率形式和税率水平。原有的实体经济根据不同组织形式设置的课税政策带来证券市场不同投资主体之间的公平课税问题，同样的投资行为和投资规则，承担着同样的系统性市场风险，但是由于组织形式不同带来不同的课税差异。

（一）个体工商户性质的投资主体

个体工商户性质的投资主体是指有经营能力，按照规定进行工商登记，从事工商经营的个人和家庭，利用部分和全部经营资本从事证券投资的投资主体。与个人公司不同，个体工商户性质的投资主体在法律地位、经营方式以及财务制度要求和税收待遇等方面存在很大差异。根据我国现行税制规定，个体工商户一般会计核算不够健全，增值税一般纳税人认定比个人公司难，在实际税收征管过程中，大部分个体工商户基本上采取核定征收的方式征收增值税或者采用小规模纳税人的方式计征增值税。按照我国企业所得税和个人所得税的规定，个体工商户性质的投资主体不属于企业所得税的纳税人，其参与证券市场的投资所得（包括资本利得和股息红利所得）无须缴纳企业所得税，而是缴纳个人所得税。根据我国个人所得税关于个体工商户生产经营所得的规定，以证券投资为经营范围的个体工商户性质投资主体个人所得税应纳税所得额的计算与企业所得计算虽然存在差别，但是诸多税前扣除项目是一致的，除了户主的工资薪金扣除和公益性捐赠扣除比例，个人所得税允许个体工商户税前扣除的公益性捐赠支出不得超过应纳税所得额的30%，部分公益性捐赠支出可以全额扣除，适用五级超额累进税率。对于不是以证券投资为主要经营范围的个体工商户性质投资主体，因参与证券投资而获得资本利得则属于个人所得税的"财产转让所得"，按照个人所得税的"财产转让所得"应税项目计征个人所得税；对于取得的股息红利收益，则按照个人所得税的"利息、股息红利所得"项目，按照收入全额的20%计征个人所得税，不允许扣除任何成本费用。此外，这类性质的投资主体无论是参与新股认购行为还是二级市场的购买行为，均无须缴纳印花税，但对于其出售股票的行为单边计征千分之一的印花税。

**（二）合伙企业性质的投资主体**

与个体工商户性质的投资主体一样，合伙型组织形式是具有"企业"组织形式但不具备法人资格的投资主体，但其仍然可以以合伙企业申请贷款和提供担保。合伙人分为普通合伙人和有限合伙人两种，国际上的基金特别是私募基金大多数采用合伙性质的组织形式。这种组织形式的投资主体收益主要来源于直接投资收益、管理费收入和管理分红收入，在具体的收益分配过程中，有限合伙人优先于普通合伙人。根据我国税收政策规定，由于合伙企业是非法人的"企业"组织形式，与个体工商户相比，只要符合认定标准，增值税一般纳税人资格相对容易一些，这样在增值税计税过程中允许抵扣进项税额，按照一般纳税人资格计征增值税。但是合伙企业性质的投资主体与个体工商户性质的投资主体一样，其参与证券投资的资本利得和投资所得无须缴纳企业所得税，而是在合伙人层面以缴纳个人所得税为主，具体计税过程和适用的税率形式和税率水平均与个体工商户性质的投资主体一样，二者在证券交易课税方面也是一样的，对其认购和二级市场购买股票行为不征收印花税，但是对其二级市场出售持有股份的行为单边计征千分之一的印花税，由交易结算单位代扣代缴。但其在投资能力、证券市场信息获取能力比个体工商户具有优势,资金优势和信息优势等带来获利能力差异,从而实际上带来一定程度的实际税负差异。与公司型性质的投资主体相比,合伙企业性质的投资主体最大的税收优势在于避免重复征税问题。

**(三)公司制性质的投资主体**

公司制性质的投资主体是具有独立法人资格的投资主体,主要有有限责任公司和股份有限公司两种组织形式,股权投资基金主要采用的是股份有限责任公司组织形式,以有限出资承担有限责任。与其他所有组织形式相比,公司制性质的投资主体涉及的税种最多,不仅包括增值税、城市维护建设税、印花税和个人所得税,还包括企业所得税等税种。对于公司制性质的证券市场投资主体而言,其应税收入包括佣金收入、证券资产管理费收入、证券承销和保荐收入、证券投资业务收入和其他收入。营改增之前,我国公司制性质的投资主体主要涉及的流转税是营业税,按照原有营业税规定,公司制性质的投资主体按照营业收入的5%缴纳营业税,同时计征城市维护建设税和教育费附加,而从2016年8月开始,营改增在全国全面实施,根据营改增后的增值税税收政策规定,资产管理、基金管理、金融交易场所(平台)管理等直接收费金融服务和包括股票、债券在内的有价证券等金融商品转让,以及金融咨询和金融经纪代理业务均属于增值税的征税范围;一般纳税人实行6%的增值税税率,小规模纳税人适用3%征收率;有价证券的转让以买卖差价作为计税销售额,而证券经纪业务以收取的全部价款全额作为计税销售额;直接收费金融服务以直接收取的各类费用为计税销售额。对个人从事有价证券等金融商品转让业务免征增值税。[①] 同时,按照缴纳的增值税税额计征城市维护建设税和教育费附加。对于公司制性质的投资主体不仅需要就投资收入缴纳企

---

① 《财政部 国家税务总局关于金融机构同业往来等增值税政策的补充通知》(财税〔2016〕70号),2016年6月30日;《营业税改征增值税试点实施办法、营业税改征增值税试点过渡政策的规定以及营业税改征增值税试点有关事项的规定》(财税〔2016〕36号);《财政部 国家税务总局关于进一步明确全面推开营改增试点金融业有关政策的通知》(财税〔2016〕46号)。

业所得税，而且也应就其分配的股息红利所得代扣代缴个人所得税，出现所得的重复征税问题。

**（四）契约型的投资主体**

契约型投资主体并不具备独立的法人主体资格，不能对外借款和提供担保，仅仅是参与主体财产的流通通道，可以有效地避免上述所存在的双重税负问题，而且对于契约型投资主体而言，所得课税由受益人直接承担，对于其本身而言降低了税收成本。

从上述不同组织形式的投资主体税收政策的差异可以看出，这些税收差异主要体现在对所得的课税政策方面，对于流转税的课税而言，这种差异相对不明显。对于基金特别是私募基金而言，不同的组织形式意味着不同的所得税收负担，也就带来企业净利润水平的差异，从而带来其市场博弈能力的不同。从市场稳定的视角而言，这些不同组织形式之间的税收差异是基于实体经济盈利能力和培育的考虑，但是对于虚拟经济而言，这些税收差异带来了证券市场不公平交易问题，也在一定程度上对于机构投资者培育、规范市场秩序等方面带来非效率问题。

## 二 机构投资者与个人投资者之间存在的税收不公平

### （一）课税政策设置带来的税收不公平

我国现行的涉及证券市场的课税制度规定，对股票二级市场的买卖行为征收印花税，对投资者出售持有股份时征收1‰的单边印花税。[①] 这种单边的比例印花税税率，不可避免地存在比例税率所特有的累退性，从而在机构投资者与个人投资者之间造成交易行为课税的不公平。由于机构投资者资金量大，享受的佣金和手续费成本相对较低，考虑佣金、手续费等间接税收成本在内，机构与个人投资者之间、大户资金投资者与中小投资者之间的这种税收带来的交易成本不公平

---

① 《财政部 国家税务总局关于证券交易印花税改为单边征收问题的通知》（财税明电〔2008〕2号文件），2008年9月18日。

现象更为突出。对于买卖股票的差价收益则分不同情况征税。对于个人投资者而言，根据我国个人所得税法规定，属于资本利得性质的股票买卖差价收益，归属于"股票转让所得"，暂免征收个人所得税。对于机构投资者而言，这种资本利得，属于企业的财产转让所得，需要并入企业的生产经营所得，征收企业所得税。而且，按照营改增的政策规定，金融商品的转让，以卖出价扣除买入价后的余额为增值税的计税销售额。相比较而言，二级市场交易行为过程中，机构投资者与个人投资者之间存在税收差别。但是，由于我国机构投资者规模不大，政府为了培育机构投资者，给予机构投资者享受税收优惠政策，特别是机构投资者以法人资格可以享受地区性的税收减免政策，从而在一定程度上具有比个人等中小投资者优越的税收政策，给不同投资者之间带来交易所得的不公平课税问题（见表5-1）。[①]

**表5-1　　　　机构投资者与个人投资者税种征收情况**

|  | 机构投资者 | 个人投资者 |
| --- | --- | --- |
| 增值税 | 征收，但QFII免征 | 免征 |
| 城市维护建设税及教育费附加 | 征收 | 不征 |
| 企业所得税 | 征收 | 不征 |
| 个人所得税 | 征收 | 股票转让所得免征；但股息红利所得计征个人所得税 |
| 印花税 | 征收 | 征收 |

注：根据国家税务总局网站和税务师考试教材中我国现行税收政策整理而成。

**（二）交易频率导致的实际交易税负不公平**

我们考虑一年为期限，假设第 $i$ 个投资者年交易额为 $T_i$，而市场证券交易税的名义税率为 $t$，第 $i$ 个投资者一年内的交易频率为 $N_i$，将交易频率除以2得到该投资者在一年中出售证券比如股票的交易频率，

---

① 杨志银：《基于公平视角下我国证券市场课税制度选择》，《经济体制改革》2017年第1期。

则第 $i$ 个投资者一年内证券交易税实际负担率为：

第 $i$ 个投资者一年内证券交易税实际负担率 $= \dfrac{T_i \times t \div 2}{T_i \div (N_i \div 2)} = \dfrac{T_i \times t}{T_i \div N_i} = t \times N_i$

从上式可以看出在名义税率不变的前提下，每个投资者证券交易税实际负担与其所持证券交易频率是密切相关的。在税率不变的前提下，投资者交易频率 $N_i$ 确定了其投资额特别是初始投资额 $N_i$ 的重复征税。在同一投资规模下，由交易频率所带来的实际税负差异如表 5-2 所示。

表 5-2　　　　　交易频率对投资者实际税负的影响

| 证券交易客户 | 投资资金量（万元） | 交易频率（年交易次数） | 年交易量（万元） | 印花税税率（‰） | 印花税税额（万元） | 实际税负（‰） |
| --- | --- | --- | --- | --- | --- | --- |
| A | 20 | 10 | 200 | 1 | 0.2 | 1 |
| B | 20 | 20 | 400 | 1 | 0.4 | 2 |
| C | 20 | 30 | 600 | 1 | 0.6 | 3 |

对于机构投资者和个人投资者而言，机构投资者总体交易频率相对较高，而个人投资者交易频率相对较小，仅仅就交易频率而言，机构投资者整体证券交易税实际税负比个人投资者高。但是市场实际交投过程是以资金量为依托的，在比例税率的累退性质下，实际上机构投资者在实际交投中比个人投资者具有优势，更何况证券公司根据投资者投资量收取佣金和手续费，机构投资者比个人投资者享受的佣金比例和手续费更低，实际交投中带来不公平交易能力。如果不考虑机构投资者在最终清仓卖出之前维持性倒仓和增仓操作的市场交投频率，由于机构投资者持股时间比较长，实际类似于个人投资者的买卖交易频率就小，从而带来其证券交易税实际负担率降低。

（三）盈利能力差异所导致的所得税实际税负差异

正如前文的阐述，证券市场关于所得课税主要是关于资本利得和股利所得的课税，这样机构投资者与个人投资者之间的盈利能力差异带来实际所得税税负差异。我们假设投资者资本利得用 $R$ 表示，股利所得运用 $D$ 表示，$t_1$、$t_2$ 分别代表资本利得和股利所得的平均所得税税率，这样投资者收益的实际所得税负担率为：

$$证券投资所得税实际负担率 = \frac{R \times t_1 + D \times t_2}{R + D}$$

就整个证券市场而言，由于证券市场零和博弈的特性，资本利得本质上只是投资者（包括机构投资者之间、个人投资者之间以及机构投资者与个人投资者之间）之间现有资金的转移而形成的收益或利得，并非证券市场或者说并非是社会实际的产值，因此衡量整个证券市场的所得税税负的分母收入中不应该包括资本利得 $R$。

而就单个投资者而言，由于各自的盈利能力不同，不仅存在承担的纳税义务而导致的所得税税负差异，而且会因为盈利能力不同而存在税负差异。就我国证券市场而言，与个人投资者相比，机构投资者的资本利得和股利所得，不仅要缴纳企业所得税，而且还需要缴纳个人所得税，而个人所得税的资本利得暂免征收个人所得税，只就股利所得征收20%的个人所得。仅仅从课税政策而言，机构投资者的所得税实际税负比个人所得税高。但是，一方面，机构投资者由于地区优惠政策的存在，可以通过地区优惠政策而降低所得税税负，而个人投资者则无法享受地区税收优惠政策，因而机构投资者的股利所得实际税负比个人所得税税负低。比如机构投资者所在地或者通过收入转移等方式，能够享受15%地区税收优惠政策，则其实际所得税负水平将会大大降低，单一的股利所得课税适用税率将明显低于20%。另一方面，无论是资本所得课税还是股利所得课税，均采用固定比例税率，对于投资者而言，获利能力越强，比例税率累退性质带来实际所得税税负降低，不同投资者包括机构投资者和个人投资者之间由于盈利能力差异带来的所得税实际税负差异越明显，会带来市场过大幅度的波动。

**（四）投资规模所导致的实际税负不公平问题**

从上面证券交易税实际负担率的公式中可以看出，证券交易税实际负担率不仅与名义税率和交易频率有关，还受投资者投资规模的影响。投资规模越大，在名义税率不变的前提下，实际缴纳的证券交易税额就越大，在分母不变的前提下，实际上带来不同投资规模所导致的实际税负不公平问题。而且，交易频率与市场流动性相关联，交易频率越高，意味着市场流动性越强。从市场交投过程来看，投资量越大，交易频率反而越小，因为风险越大，带来投资者换股交投意愿就越低。这样不仅在机构投资者与个人投资者之间因为投资规模出现税负不公问题，而且在不同投资规模的个人投资者之间也存在类似的实际交易税负不公的问题，因为即使在交易频率不变的前提下，投资规模越大，比例税率的累退性导致了税负实际上相对越低，比如 10 万元、20 万元、30 万元的三个投资者，年交易频率均是 10，因 1‰印花税税率不变，三者的实际税负均为 1%，但证券市场的实际交投中出现了不公平税收待遇，因为 10 万元承担 1% 的实际交易税负，而 30 万元也才承担 1% 的实际交易税负。虽然比例税率的累退性鼓励了投资者增加投资规模，但是仅仅从税制本身而言，不利于市场的稳定，交易规则对中小投资者带来不公平。

无论是机构投资者与个人投资者之间，还是不同投资规模的个人投资者之间，在课税政策相同的前提下，投资规模导致的投资者之间出现盈利能力差异，进而导致所得税实际税负差异比较明显。无论是资本利得还是股利所得课税，比例税率的累退性质加剧了这种实际税务的差异程度。

## 三　内外资投资者之间的不公平课税问题

### （一）税收政策设置带来的内外资投资者之间的不公平税收待遇

为了吸引外资投资、扩大证券市场的国际化程度，我国推出 QFII 制度。随着近年来 QFII、RQFII 投资额度不断放开和提高，以 QFII 和 RQFII 为代表的外资投资者的规模不断扩大，而且投资活动备受国内投资者的关注。由于外资投资者享受税收优惠政策，内外资之间的市场交投行为以及交投所得的课税差异，也为证券市场投资者特别是内资投资者的关注。关于营业税的原规定中，QFII 委托境内公司在我国从事证券买卖业务取得的差价收入免征营业税①，营改增以后，增值税法的相关规定对 QFII 从事证券买卖业务取得的收入，以及证券投资基金管理人运用基金买卖股票、债券行为免征增值税。《企业所得税法》及其实施条例对在中国境内未设立机构、场所或者虽设立机构、场所但取得的所得与其所设机构、场所没有实际联系的非居民企业的税收做出了原则性规定。2009 年规定 QFII 取得来源于中国境内的股息、红利和利息收入，应当按照《企业所得税法》规定缴纳 10% 的企业所得税。QFII 取得股息、红利和利息收入，可以享受税收协定安排待遇的，可向主管税务机关提出申请，主管税务机关审核无误后按照税收协定的规定涉及退税的，应及时予以办理。② 2014 年规定，QFII 和 RQFII 取得中国境内的股票等权益性投资资产转让所得暂免征收企业所得税。③ 此外，内外资企业在市场准入以及市场交投行为享受的不同税收优惠政策，更加凸显内外资投资者之间的不公平课税问题。原有的对外资投资者的税收优惠政策是为了吸引外资进入国内资本市场，为了更好地吸引利用外资。随着市场的进一步发展，我国证券市场规模、参与主体的多元化以及市场层次结构不断优化，与国外证券市场不同的是，我国证券市场投资者主体以中小投资者为主，更好地保护了中小投资者利益，才能更好地吸引社会各类"闲置"资本进入证券市场，构筑内外投资者公平、有效的税收环境，应摒弃优惠制度所带来的内外投资主体之间的税收不公平。随着我国证券市场的国际化进程不断深入，市场不断走向成熟，内外

---

① 《财政部 国家税务总局关于合格境外机构投资者营业税政策的通知》（财税〔2005〕155 号），2005 年 12 月 1 日。

② 《国家税务总局关于中国居民企业向 QFII 支付股息、红利、利息代扣代缴企业所得税有关问题的通知》（国税函〔2009〕47 号），2009 年 1 月 23 日。

③ 《关于 QFII 和 RQFII 取得中国境内的股票等权益性投资资产转让所得暂免征收企业所得税问题的通知》（财税〔2014〕79 号），2014 年 10 月 31 日；《财政部 国家税务总局 证监会关于 QFII 和 RQFII 取得中国境内的股票等权益性投资资产转让所得暂免征收企业所得税问题的通知》（财税〔2014〕79 号），2014 年 10 月 31 日。

资投资主体之间的税收不公平,突出体现了我国证券市场税权保护得不够。①

(二) 内外资机构投资者之间的税负差异

一方面,长期以来我国出于引进外资、鼓励外资机构在我国证券市场的投资,给予类似 QFII 等外资机构诸多的税收优惠政策,比如营改增后对外资机构投资者从事证券买卖业务收入免征增值税的规定,形成内外资机构投资者之间的增值税课税差异;而且,企业所得税关于外资机构特别是非居民外资机构的 10% 预提所得税等的规定,使得在证券市场交投过程中,同样的投资方式、投资场所和投资对象,相同的获利空间,在税率差异和税收优惠双重影响下,形成内外资机构投资者之间总体税负的差异。

另一方面,外资机构投资者注重价值投资,持有期比较长,周转率相对比较低,重复课税的程度比内资机构投资者小,即使在同一投资对象如同一个股的操作过程中,交易频率相对比较低,导致其交易税的实际负担率比内资机构投资者低。如果外资机构利用国际避税地等进行合理避税,造成其直接参与我国证券市场交投的实际税负水平将会更低。因为证券市场是虚拟经济,市场主体参与交投的行为无纸化、自动化程度较高,这种通过将注册地选择在国际避税地或者低税率地区,将会形成通过网络实际参与交投,但是收益和所得的国内课税监管的程度将会受到影响,也会带来内外资机构投资者实际税负的差异。

## 四 原始股东与认购股东之间存在的资本利得课税差异

(一) 资本课税政策差异

企业上市发行股份,取得的收入包括两个部分:一是原始股本收入,二是超过原始股本而获得的股本增值部分。在我国,上市公

---

① 杨志银:《基于公平视角下我国证券市场课税制度选择》,《经济体制改革》2017 年第 1 期。

司的原始股份收入，构成企业的实收资本，而超过原始股本而获得的股本增值部分，属于企业的股本溢价收入，归属企业"资本公积"核算。这部分股本溢价收入，有的学者认为，属于股东收益，所以没有纳入征税体系。对于原始股东取得的这部分溢价收入，不仅在取得时不用纳税，而且在未来用于转增资本或者用于分配时均不承担任何的税收成本；对于认购股东而言，这部分溢价所得，在未分配之前，不用征收任何的税收，当用于分配时，则属于利息、股息、红利所得，既需要承担企业所得税，也需要缴纳个人所得税。另外，对于因上市而获得的资本利得部分，我国现行税法也没有规定对原始股东征收任何的税收；对于法人性质的认购股东，这部分资本利得则属于税法规定的"财产转让所得"，同属于我国企业所得税和个人所得税的征税范围，既要缴纳企业所得税，又要承担个人所得税。虽然《财政部　国家税务总局　证监会关于个人转让上市公司限售股所得征收个人所得税有关问题的通知》（财税〔2009〕167号）规定，"自2010年1月1日起，对个人转让限售股取得的所得，按照财产转让所得，适用20%的比例税率征收个人所得税"[①]。这里指的是对于网下发行认购暂时不能流通的股份，但是对于网上个人认购股东而言，则由于属于个人所得税法规定的"股票转让所得"，而免征个人所得税。

### （二）不同盈利空间导致的资本利得实际税负差异

这主要体现在我国的股票市场原始股东和认购股东之间的资本利得税负上。在我国的股票市场上，普遍存在着原始股东和认购股东之间股票持有成本差异巨大。而由于缺乏公平课税，原始股东和认购股东之间由于盈利空间不同，导致了同一上市企业个股，即使在同一价位或者同一时点卖出且资本利得名义税率相同，但是实际税负存在很大差异，体现了税制设置不够完善导致的不公平课税问题。比如，某上市企业原始股东通过网下认购方式或者说企业内部为了上市而以1元/股或者3元/股等严重低于发行定价的价格购得

---

① 来源于国家税务总局网站（http://www.chinatax.gov.cn）。

该企业股份，而认购股东则通过网上按照发行定价 17 元/股参与认购，上市后假设该股均处于上升阶段，在原始股东限售股解禁时，该股股价为 30 元/股，如果此时原始股东和认购股东均选择卖出则出现了不同的获利空间。原始股东可以获得 29 元/股或者 27 元/股的盈利收益，而对于认购股东而言，其只能获得 13 元/股的盈利收益。按照我国现行企业所得税和个人所得税规定，对于均是企业形式的原始股东和认购股东，这种盈利收益均需缴纳企业所得税和个人所得税，但是原始股东因为其高的盈利空间和比例税率的累退性，使得其资本利得的实际税负低于认购股东。这种盈利差异带来的实际税负差异，使得原始股东往往存在不计成本地减持，而认购股东或者说二级市场新进参与股东不愿意为原始股东"抬价"，使得个股市场价格不能真正反映其市场价值。更何况我国缺乏相应税收政策引导上市企业回购股份，使得很多上市企业股份膨胀后无人问津，在内外双重作用下，要么跌跌不休，要么艰难横盘，期间的市场操作获利空间非常小。

对于个人股东而言，2010 年以后原始股东解禁出售限售股需要缴纳 20% 的个人所得税，而对于个人性质的认购股东，股票转让所得免征个人所得。仅仅从政策本身来看，原始股东的实际税负比认购股东高，即使采用核定征收适用 15% 核定成本计征个人所得税，原始股东的实际税负也比认购股东高。但是限售股计征 20% 的个人所得税是指解禁后的第一次转让，如果以低成本完成第一次转让之后，可以大大降低原始股东的实际税负，而且对于原始股东的盈利空间而言，大大超出了限售股个人所得税成本，在市场操作过程中对于原始股东而言，不在乎也不考虑这种税收成本的影响，特别是在个股价格下跌且这种跌势无法预计的时候，对这种影响不加考虑的市场操作行为尤为明显。

原始股东可以通过变更企业注册地、变更减持地等各种方式，可以充分利用地区之间特别是西部民族地区减免税的税收优惠政策，降低限售股转让所带来的税负水平，也可以通过改变企业性质，规避企业所得税纳税义务，比如将原来参与认购时的公司制企业，通过变更企业实际控制人或者股权转让等方式,将企业变更为个人合伙性质的企业,然后进行减持,使得这种由盈利空间差异带来的资本利得实际税负差异更为明显。

## 五 不同投资方式导致的实际税负问题

按照投资对象划分,证券市场投资方式分为股票投资、债券投资、基金投资和衍生品投资。根据我国现行证券交易规则规定,证券产品的交易成本主要包括交易佣金、交易手续费和交易环节的印花税。证券产品之间存在的交易税收差异,主要是指不同证券产品在买卖过程中缴纳税收的差异。一方面,在我国,涉及证券产品交易的税种主要是印花税。但是,我国对投资者购买证券投资基金产品,不纳入印花税的征税范围,对购买国债、权证等证券产品,免征印花税,且不对场外的企业债券、开放式基金、非上市流通的股票等纳入印花税的征税范围。另一方面,按照营业税改征增值税试点有关事项的规定,对于交易所得的课税,如金融商品的转让行为,按照卖出价格减去买入价格之后的差额计征增值税。一个纳税年度内,同一类别的金融商品的买卖盈亏,可以相互抵消。[①] 企业所得税则将这种金融商品转让的买卖差价并入应税收入计征企业所得税。但是对于国债、金融债券等转让买卖差价收入,不按照营改增计征增值税,也因其属于企业所得税中规定的免税收入,不计征企业所得税。个人所得税中规定,国债利益、金融债券利益收入等免征个人所得,对个人投资者买卖基金单位获得的差价收入暂不征收个人所得税[②],见表 5 - 3。不同投资方式的课税政策不同,使得不同投资方式必定带来不同的实际税负问题。虽然不同证券产品之间的这种税收减免政策存在一定的政策扶持意图,但是从建立多层次资本市场来看,不利于活跃证券市场的交投行为。

---

① 《财政部 国家税务总局关于全面推开营业税改征增值税试点的通知》(财税〔2016〕36 号),2016 年 3 月 23 日。

② 《财政部 国家税务总局关于证券投资基金税收问题的通知》(财税〔1998〕55 号)。

表 5-3　　　我国证券市场投资者不同投资方式的税种设置

| 投资方式 | 流转税 | | 所得税 | |
|---|---|---|---|---|
| | 印花税 | 增值税 | 企业所得税 | 个人所得税 |
| 股票投资 | 征（卖方承担） | 征 | 征（法人） | 征（法人、自然人） |
| 债券投资 | 不征 | 有征免规定 | 有征免规定 | 征 |
| 基金投资 | 不征 | 有征免规定 | 有征免规定 | 不征 |

注：根据国家税务总局网站、2017 年注册会计师《税法》教材和 2017 年税务师《税法 I》与《税法 II》教材内容整理而得。

我国证券市场的这种不同投资主体之间的税收不公平问题，不仅体现为机构投资者与个人投资者、不同证券产品投资主体等投资主体之间的税收不公平，还体现在公募基金与私募基金之间以及不同投资方式的不同税收政策规定。税收是国家宏观调控的重要经济手段，税收对证券市场的影响是不言而喻的，税收不仅影响着证券市场的供给方，而且也影响着证券市场投资者的投资心理和投资策略。根据最适课税理论，市场信息不可能是完全对称的，在信息不完全对称的证券市场，政府如何课税才能充分发挥税收手段对证券市场的调节作用？特别是就我国证券市场而言，充分考虑不同投资主体之间以及征纳主体之间的信息不对称，利用税收政策的相互制约，通过合理税收布局营造公平的交易环境，显得十分必要。上述税收政策的差异，不同程度上带来市场交投行为的差异，特别是市场主体之间不同的交投博弈成本，进而影响不同交投主体的不同交投行为之间的获利能力，现实中不利于市场资金的流动。

## 第二节　不同交易环节的公平课税问题

### 一　二级市场与一级市场之间的交易税收成本差别问题

一方面，同样是购买上市公司的股票，在二级市场上买卖股票等证券产品时，需要承担相应的佣金、税收、手续费等购买成本，但是一级市场的认购行为，不需要承担任何的佣金、手续费和印花税等成本，而是按照上市公司发行价格计入投资者的购买成本。比如，某上市公司的股票发行价格为每股 20 元，则认购者的认购价格也为 20 元，而二级市场，由于购买过程中承担佣金、手续费等，其购买成本大于 20 元。很多学者认为，现行证券印花税改为单向征收，只是存在股票买卖行为缴纳印花税，因此一级市场和二级市场之间买卖股票的交易成本没有什么区别，但实际上区别是明显存在的，特别是从保护中小投资者利益的视角来看，这种不同的购买节点带来不同的佣金和手续费的间接税收成本，从而所带来的获利能力存在差异，带来了二级市场上的不公平交易环境。而且，在实际操作中，为了吸引客户群，券商根据投资主体不同的投资资金规模而给予不同的佣金比例，资金量越大，则意味着可以享受越低的佣金比例。当考虑佣金、手续费所面临的间接税收义务时，资金越大，市场交投过程中的话语权就越大，单一比例税率的印花税实际税负反而越低，税负与交易额增加形成一种累退性。这种税费间接税收成本导致的税收不公平问题越发明显，越容易在实际市场交投过程中形成对中小投资者利益的损害，最终使得机构投资者和大户资金投资者越发容易利用交易资金和相对较低交易成本的优势蚕食中小投资者利益。

## 二 交易环节和转让环节不同所得存在差别征税问题

一方面，对于一般的证券产品转让所得，我国基本上是既征收流转税，也征收所得税，但个人与机构之间的这种转让收益，由于税制设置不合理而存在差异。对于金融商品的转让征收增值税，对于金融商品转让所得按照财产转让对所得征收企业所得税和个人所得税。对于证券市场而言，为了营造公平的交易规则和环境，这种差异应予以摒弃。另一方面，针对不同来源的所得，我国基本上实施了不同的课税特别规定。对于个人投资者而言，我国个人所得税法规定，对企业员工以股份形式取得的，仅作为分红依据而不拥有所有权的企业量化资产，不征收个人所得税，但以该量化资产为依据而获得的股息、红利所得，应按"利息、股息、红利"项目征收个人所得税。股份转让时，就其转让收入额，减除个人取得该股份时实际支付的费用支出和合理转让费用后的余额，按"财产转让所得"项目计征个人所得税。对于企业员工，从企业获得的股票期权交易所得，我国个人所得税法规定，员工接受股票期权时，除另有规定以外，一般不作为应税所得征税。员工行权时，从企业取得股票的实际购买价（施权价）低于购买日的收盘的差额，应按"工资、薪金所得"缴纳个人所得税。员工将行权之后的股票再转让，获得高于购买日公平市场价的差额，应按照"财产转让所得"的征免规定计算缴纳个人所得税。行权后因持有企业股票，参与企业税后利润分配，按照"利息、股息、红利所得"缴纳个人所得税。[1] 对于法人投资者而言，在企业所得税中，不同性质的所得的税务处理也存在不同规定，导致不同来源的所得税负水平不一致。此外，由于地区间的税收优惠政策的实施，实现交易所得的地点不同，享受的实际税收待遇是存在差异的，使得同一所得，只是由于实现地不同而造成税收成本不同，使得机构投资者可以利用"转战"的方式，合理地降低自身的总体税负水平。

### 三 分配环节不同分配形式之间的税收公平问题

一方面，我国证券市场是根据持有者持有上市公司的份额，根据企业经营获利情况进行分配的，盈利则分配，亏损和不盈利则不分配。但是，市场不同的分配方式存在税收差别待遇。按我国现行税制，对转增、转送、转送派、送派等不同送配方式，规定征收不同的税种，而且税种间存在一定的重复课税现象，不同的分配方式给不同的投资者带来差别的税收负担成本。具体而言，我国个人所

---

[1] 《财政部 国家税务总局关于个人股票期权所得征收个人所得税问题的通知》（财税〔2005〕35 号），2005 年 3 月 28 日；《国家税务总局关于个人股票期权所得缴纳个人所得税有关问题的补充通知》（国税函〔2006〕902 号），2006 年 9 月 30 日。

得税法并没有明确规定转增分配形式纳税,而是明确以股票形式向股东个人支付应得的股息、红利的,以派发红股的票面金额计税。按照个人所得税相关政策规定,股份制企业以股票形式向股东个人支付应得的股息、红利时,应以派发红股的股票票面金额为所得额,计算征收个人所得税。对我国上市公司利用资本公积和企业未分配利润转增送股票和送股的分配方式,我国的税务处理是不一样的。将上市公司的以前年度的留存收益用于送股,其实质是企业以前年度留存收益的凝固和资本化。我国个人所得税法规定,以股票形式送配而形成的股息、红利,应缴纳个人所得税。对于转增股的税务处理,则需要区别用于转增股份的溢价收益而定,如果使用股票溢价转增股份,则仅仅是股东权益的转化,不需要缴纳个人所得税,而如果转增股份的是股票溢价之外的其他资本公积金、盈余公积金,则需要按照我国个人所得税法缴纳个人所得税。转增股的分配方式,只是视同企业以前年度的积累,并没有纳入企业所得税和个人所得税的征税范围,只是待未来转让股份时征收相应税收,而未来个人投资者的股份转让所得则免征个人所得税。[①] 个人投资者收购企业股权后将原盈余积累转增股本,若新股东以不低于净资产价格收购股权,企业原盈余积累已全部计入股权交易价格,新股东取得盈余积累转增股本的部分,不征收个人所得税;若新股东以低于净资产价格收购股权,企业原盈余积累中,对于股权收购价格减去原股本的差额部分已经计入股权交易价格,新股东取得盈余积累转增股本的部分,不征收个人所得税,对于股权收购价格低于原所有者权益的差额部分未计入股权交易价格,新股东取得盈余积累转增股本的部分,应按照"利息、股息、红利所得"项目征收个人所得税。将来新股东将所持股权转让时,再按照"财产转让所

---

① 《国家税务总局关于贯彻落实企业所得税法若干税收问题的通知》(国税函〔2010〕79号)第四条规定:"被投资企业将股权(票)溢价所形成的资本公积转为股本的,不作为投资方企业的股息、红利收入,投资方企业也不得增加该项长期投资的计税基础";《关于非货币性资产评估增值暂不征收个人所得税的批复》(国税函〔2005〕319号)规定:考虑到个人所得税的特点和目前个人所得税征收管理的实际情况,对个人将非货币性资产进行评估后投资于企业,其评估增值取得的所得在投资取得企业股权时,暂不征收个人所得税;在投资收回、转让或清算股权时如有所得,再按规定征收个人所得税。

得"缴纳个人所得税。①

但是在选择分配方式中,中小投资者的利益往往被忽略,导致其利益受到保护的程度不够。不同形式的股息、红利,所承担的税收成本不同。上市公司股息、红利分配的形式主要有股票股利、现金股利、建业股息、财产股息、负债股息等。根据我国现行股利分配的税收政策规定,我国对于现金股利,根据持有上市公司股票年限不同,而实施不同比例的所得税税基政策。根据我国个人所得税规定,纳税人从公开发行和二级市场取得的上市公司股票,持有时间在1个月以内的(含1个月),其股息红利所得全额作为应纳税所得额;持有期限在1个月以上至1年(含1年)的,减按50%计入应纳税所得额;持有时间超过1年的,减按25%的计入应纳税所得额。② 对于个人取得的股票股利,则按照股票面值计征应税收入;对于法人取得的股票股利,则按照企业所得税相关规定,确定是否征免。对于财产股息,则不仅要征收相应的流转税,还需要征收企业所得税和个人所得税。可以看出,不同的分配形式之间存在着不同的税收负担,不利于鼓励投资者特别是中小投资者的再投资行为。特别是股票股利只是原有股票数额的增加,并没有真正收到股息、红利收入,只是一种象征性的虚拟资产。对股票股利征税,势必增加投资者的税收成本,在一定程度上降低了市场的效率。

此外,我国证券市场还存在交易、分配与遗赠环节之间税收布局的不公平问题。这主要是由于我国缺乏资本利得税和当前印花税对证券市场交投行为调节的双重性所导致的。从整个涉及证券市场的税制可以看出,我国总体上对发行环节和遗赠转让环节不征税,而对交易、分配环节征税,体现了"两头不征、中间征"的课税特点,这在很大程度上是对场内交投行为的限制。不仅交易方式和交易形式之间的税收存在差别,不同交易环节之间的税收也不够合理,

---

① 《关于个人投资者收购企业股权后将原盈余积累转增股本个人所得税问题的公告》(国家税务总局公告2013年第23号文件),2013年5月7日。
② 《财政部 国家税务总局 证监会关于实施上市公司股息红利差别化个人所得税政策有关问题的通知》(财税〔2012〕85号)。

弱化了证券市场税收的调节作用，不利于抑制投机行为，也不利于股利价值投资。

## 第三节  不同市场层次之间的公平课税问题

不同层次市场的发展，对不同投资者进行了相应程度的限制，必然带来不同市场之间税收不公平问题。当前，绝对平等的课税问题在一定程度上导致了市场之间的非均衡发展，对整个证券市场发展是非常不利的。从我国现有证券市场涉税规定可以看出，证券市场课税不仅存在不同主体和不同交易环节之间的不公平课税，而且还存在不同层次市场之间的公平课税问题。虽然以投资者为研究对象的公平课税问题、以交易环节为研究对象的公平课税问题以及以不同层次市场为研究对象的公平课税问题等研究内容之间存在交叉研究，但是这些不同研究从不同的视角揭示了我国证券市场设置得不够合理和不够完善，有利于为完善和优化我国证券市场特别是二级市场的公平课税问题提供理论依据和现实思考。

### 一  不同层次股票市场的公平课税问题

#### （一）A 股市场与 B 股市场之间公平课税问题

A 股也称人民币普通股票，是我国企业在境内发行，以供境内机构、组织和个人以人民币认购和交易的股票。B 股也称为人民币特种股票，也是我国境内企业发行的，以人民币标的面值，但是以外币认购和交易在中国境内证券交易所交易的外资股票。2001 年以前 B 股市场的投资者限制为境外投资者，2001 年以后逐步对境内投资者开放。由于当时我国政府限制外资直接投资 A 股市场，设置 B 股市场，主要是为了吸引外国投资者进入我国证券市场筹集外汇，满足外汇筹资需要。随着我国证券市场对外开放程度的不断扩大，QFII 和 RQFII 等投资规模不断扩大，设置 B 股市场筹集外汇的目的基本弱化，因此学术界和市场中 B 股转板 A 股市场的呼声时时存在，而且随着我国证券市场国际化程度不断提高，A、B股市场之间的"并轨"势在必行，但是管理层已经多次承诺，A、B股市场在未来很长一段时间不会合并，目前A、B股市场分割发展的现状不会消除。虽然我国近几年逐步有B股转板A股的事例发生，但是当前还未大规模发生，AB股转板急需解决板块之间的制度障碍，缩小市场所带来的巨额差价。我们认为，B股市场与A股市场呈现趋同的时候，才是A、B股市场并轨的最佳时机，否则会带来市场特别是"AB股转板"概念的炒作，对市场稳定是不利的。

1994年以来，我国陆续出台各种证券市场税收制度文件规定，从市场稳定的视角可以看出，我国A、B股市场之间存在的不公平课税问题主要体现在所得课税方面，而交易方面的不公平主要是由于交易费用的差异而不是课税差异。在我国证券市场上，无论是A股交易还是B股交易，均征收1‰的印花税，由卖方在卖出时承担，由证券交易所代扣代缴。现行营改增政策规定，合格境外投资者（QFII）委托境内公司在我国从事证券（包括A、B股）买卖业务，香港市场投资者（包括单位和个人）通过沪港通买卖上海证券交易所上市A股，证券投资基金（封闭式证券投资基金、开放式证券投资基金）管理人使用基金买卖股票、债券等业务，以及个人从事有价证券转让业务等，免征增值税。[①] 但是交易费用存在差别，A股的佣金比例是2.5‰，不足5元的按照5元缴纳，B股的佣金比例是3‰，比A股市场高。更为关键的是，2002年5月1日起，A股、B股、证券投资基金的交易佣金实行最高上限向下浮动制度，证券公司向客户收取的佣金（包括代收的证券交易监管费和证券交易所手续费等）不得高于证券交易金额的3‰，也不得低于代收的证券交易监管费和证券交易所手续费等[②]（见表5-4）。在实际开户操作过程中，证券公司基本上是根据客户投资规模来给予佣金优惠的，最低可以达到万分之一。对于B股市场来

---

[①]《财政部 国家税务总局关于全面推开营业税改征增值税试点的通知》（财税〔2016〕36号）。

[②]《关于调整证券交易佣金收取标准的通知》（证监发〔2002〕21号），2002年4月4日。

说，这种佣金比例基本上都是保持在万分之三，这种佣金比例带来了市场交易成本的差异，也就形成不同市场之间的不公平交易规则。特别是，对于市场投资者来说，我国的 A、B 股同股不同利，也不利于缩小两个市场之间的交投。

表 5-4　　　　　　　我国 A、B 股市场交易税费一览

| 项目 | 沪市 A 股 | 沪市 B 股 | 深市 A 股 | 深市 B 股 |
| --- | --- | --- | --- | --- |
| 印花税 | 1‰（卖方承担） | 1‰ | 1‰（卖方承担） | 3‰ |
| 佣金 | 每笔 5 元起，不超过 2.5‰ | 1 美元起征，不超过 3‰ | 每笔 5 元起，不超过 2.5‰ | 每笔 5 元起，不超过 3‰ |
| 过户费 | 成交金额的 0.02‰ | 无 | 无 | 无 |
| 委托费 | 无 | 无 | 无 | 无 |
| 结算费 | 无 | 0.5‰ | 无 | 0.5‰，上限 500 元 |

资料来源：上海证券交易所网站和深圳证券交易所网站。

我国 A、B 股市场的公平课税主要体现在所得课税方面。根据我国现行企业所得税和个人所得税的相关规定，对于居民企业从事 A、B 股交易获得的转让收益和投资收益等，均应征收企业所得税和个人所得税。根据《中华人民共和国企业所得税法》及其实施条例，在中国境内外公开发行、上市股票（A 股、B 股和海外股）的中国居民企业，在向非居民企业股东派发 2008 年及以后年度股息时，应统一按 10%的税率代扣代缴企业所得税。非居民企业股东要享受税收协定待遇的，依照税收协定执行的有关规定办理。[①] 而对于国内个人投资者而言，根据财政部、国家税务总局、证监会《关于上市公司股息红利差别化个人所得税政策有关问题的通知》（财税〔2015〕101 号）的规定，根据持有时间施行差别化计征个人所得税。具体而言，对持股不足 1 个月的，全额按 20% 税率计征个人所得税；对于超过 1 个月不超过 1 年的，按照 50% 计入应纳税所得额按照 20% 计征个人所得税；个人从

---

① 《国家税务总局关于非居民企业取得 B 股等股票股息征收企业所得税问题的批复》（国税函〔2009〕394 号），2009 年 7 月 24 日。

公开发行和转让市场取得的上市公司股票,持股期限超过1年的,股息红利所得暂免征收个人所得税。对于外籍个人投资者而言,对持有B股或海外股(包括H股)的外籍个人,从发行该B股或海外股的中国境内企业所取得的股息(红利)所得,暂免征收个人所得税。① 无论是转让差价收益,还是股息、红利等投资收益,为了吸引外资,B股市场均存在相应的税收减免规定,从而在所得方面形成A、B股市场一定程度的不公平课税。就未来A、B股市场的"并轨"而言,这种课税制度差异和交易税费差异给市场带来投机炒作机会,特别是差价所带来的转板套利机会,不利于市场的稳定。

(二) 主板、中小板、创业板与新三板之间公平课税问题

按照《上市公司证券发行管理办法》(证监会令第30号)以及《创业板上市公司证券发行管理暂行办法》(证监会令第100号)的规定,我国证券市场的沪深主板市场、中小板、创业板以及新三板市场是适应我国不同经营企业融资需要而设立的,不同板块对上市发行融资有着明显不同的要求和限制。与中小板、创业板相比,沪深主板在营业周期、股本大小、经营业绩、市场占有率等方面的要求都比较高。创业板则明确服务于高新技术企业,以自主创新和高成长型的"两高""六新"企业为主要服务对象。中小板设立主要服务于规模不大,企业发展相对成熟,但达不到主板发行条件的中小企业。而新三板,正名为全国中小企业股份转让系统,主要是为了退市上市公司的股份转让和非上市企业股份交易而设立的。

这些板块为不同企业直接融资提供了场所,适应了不同层次企业发展的需要,但是这些板块之间不仅存在上述服务对象的差别,在融资规模、市场个股股本规模、盈利模式和市场交投限制等市场交投方面也存在区别。无论是从整体板块的融资规模来看,还是从具体个股的融资规模而言,沪深主板明显比中小板、创业板和新三板大;沪深主板个股股本规模和流通规模大部分比中小板、创业板和新三板的融

---

① 《国家税务总局关于外籍个人持有中国境内上市公司股票所取得的股息有关税收问题的函》(国税函发〔1994〕440号),1994年7月26日。

资规模大。大部分中小板的融资规模和个股股本规模比创业板的大。在盈利模式方面，虽然不存在什么区别，但是从服务对象和发行条件规定可以看出，相对来说，沪深主板个股盈利比较稳定，波动相对来说比较小，中小板和创业板的盈利风险比较大。在设立初期，主板、中小板、创业板的市场交投限制差异比较明显，随着市场的发展，这种交投限制特别是市场准入限制的差异不断缩小。而对于新三板，市场的准入门槛比较高，一般普通投资者因不能达到要求而不能参与交投。

  如果仅仅从税制设计分析，主板、中小板、创业板以及新三板之间的税收公平问题并不明显，因为无论是主板、中小板、创业板还是新三板的交易，均征收1‰的证券交易印花税，均由卖方承担。对于交易所得均征收企业所得税和个人所得税，对于不同主体、不同交易环节也存在相同的课税规定。但是单一的比例税率模型，忽视了市场板块之间个股规模、盈利水平、融资功能以及市场交投条件的限制差异，比例税率的累退性带来不同层次市场之间税收公平性比累进税率差，特别是个股规模的资金博弈需求量差异所带来的这种累退性税后不公平问题尤为明显。因为同样的资金，可能在主板只能拉抬一个涨停，对于中小板而言，可能可以拉抬3个涨停，对于创业板而言，可能就可以拉抬5—10个涨停，这样由于比例税率的累退性，同样博弈资金量带来的资本所得课税的实际税负是创业板低于中小板，中小板低于主板。

  这种由于比例税率累退性所导致的板块之间的税收不公平问题，不仅体现在个股的实际交投过程中，而且也体现在板块之间的整体盈利上。对市场不同群体的问卷调研显示，受访者普遍认为沪深主板盈利能力低于中小板和创业板的盈利能力，中小板盈利能力低于创业板的盈利能力，更何况新三板的巨额交易所带来的巨额收益。但是我国证券所得课税中无论是企业所得税还是个人所得税，均采用比例税率，板块之间的这种整体实际税负差异也是明显的。此外，市场交投限制实际上也会带来不同交投主体之间的实际税负差异问题。

目前我国采用的比例税率,忽视了主板、中小板、创业板和新三板之间的差异,特别是市场交投方面的差异,比例税率课税实际上带来了不同板块之间的实际税负不公平的问题。

## 二 股票市场与股指期货市场之间的公平课税问题

与股票市场一样,股指期货市场涉税对象也是交易行为课税和交易所得课税,纳税人一样可以分为机构投资者和个人投资者(见表5-5)。关于交易行为课税,对于机构投资者而言,营改增前规定,股指期货交易符合金融商品转让行为规定,应缴纳营业税。[①] 营改增以后,股指期货交易仍然沿用营业税前的规定,对其买卖行为按照金融商品转让行为计征增值税。根据营改增政策规定,将金融商品按照卖出价扣除买入价后的余额作为增值税的计算销售额,盈亏相对后仍存在负差时,允许在一个纳税年度内结转抵扣,但一个纳税年度末未抵扣完的不得结转下一年度抵扣。[②] 个人股指期货买卖行为也属于金融商品转让行为,但是营改增后规定,对于个人转让金融商品行为免征增值税。营改增后,股票市场和股指期货市场的交易行为均属于增值税的征税范围,享受的税收政策是一样的,不存在差别。但是对于交易行为的印花税课税,二者之间存在明显差别。股票市场的买卖行为需要按照卖方卖出行为计征1‰的证券交易印花税,而股指期货的买卖行为不用缴纳证券交易印花税。在收取同等手续费的前提下,股票市场交易税税负相对高于股指期货市场的交易税税负。

根据我国企业所得税和个人所得税的规定,两个市场的买卖所得均需缴纳企业所得税和个人所得税。具体来说,对于机构投资者而言,股指期货的买卖差价或强制平仓等所得,与股票市场买卖差价

---

[①]《关于印发〈金融保险业营业税申报管理办法〉的通知》(国税发〔2002〕9号)第七条:金融商品转让,是指转让外汇、有价证券或非货物期货的所有权的行为。包括股票转让、债券转让、外汇转让、其他金融商品转让。

[②]《财政部 国家税务总局关于全面推开营业税改征增值税试点的通知》(财税〔2016〕36号)。

表 5–5　　我国股指期货课税政策简况

| 纳税主体 | | 课税对象 | 税种 | 税率 |
|---|---|---|---|---|
| 中金期货交易所 | | 收取的年会员费等 | 增值税 | 6% |
| | | 经营收益 | 企业所得税 | 25% |
| 经纪公司 | | 手续费收入 | 增值税 | 6% |
| | | 经营收益 | 企业所得税 | 25% |
| 交易者 | 机构投资者 | 买卖股指期货的价差 | 增值税 | 6% |
| | | 股指期货交易所得 | 企业所得税 | 25% |
| | 个人投资者 | 买卖股指期货的价差 | 增值税 | 免征 |
| | | 股指期货交易所得 | 个人所得税 | 20% |

一样，需要并入企业所得税，应纳税所得额计征企业所得税，企业所得税对于证券投资基金的征免规定也是一样的。而对于个人投资者而言，也需要按照财产转让所得，按照个人所得税规定计征个人所得税。而股票市场与股指期货市场的课税差异与前述的分析一样，主要是体现在比例税率的累退性带来的实际税负差异和股指期货交易限制条件带来的税收不公平问题。如果将股指期货市场对股票市场的传导效应考虑进来的话，这种课税不公平问题更加明显。股指期货开户资金不低于 50 万元，更何况上涨和下跌过程中还需要不断地有资金补仓以免被强行平仓或爆仓等风险，很多中小投资者被排除在外。而股指期货虽然设置了涨跌幅限制，但是由于做空机制的存在，股指期货市场利用交易成本低的优势，特别是资金优势获得的实际利润空间比股票市场高很多，比例税率的累退性导致了两个市场的整体实际税负差异。

当前关于股指期货市场交投的课税忽视了股指期货市场与股票市场之间的这种获利差异，既没有区分套期保值交易和投机交易课税，也没有考虑股指期货市场对股票市场的这种传导影响，特别是缺乏类似于根据持有时间长短而差别课税的政策调控，没有对做空机制制定相应的制衡机制，使得大户资金特别是机构投资者频频利用股指期货做空博弈机制影响股票市场。做空机制本来是有利于市场发展的，有利于对市场非理性上涨形成抑制力，但是由于缺乏税收等制衡机制而成为损害中小投资者利益的工具。从这个视角而言，股票市场与股指期货市场之间的课税是不公平的，不利于市场稳定健康发展。

## 三 股票、债券及基金市场之间公平课税问题

第一，股票、债券及基金市场最为明显的不公平课税是证券交易印花税的课征。我国证券市场现行的印花税规定，股票买卖交易需要缴纳印花税，税率1‰，由卖方在卖出股票时缴纳，由证券公司代扣代缴。而对于个人的债券和基金的买卖行为不用缴纳印花税，同时也免征增值税；继续对投资者（包括个人和机构）买卖封闭式证券投资基金免征印花税[①]；基金管理人运用基金买卖股票按照2‰的税率征收印花税，但对投资者申购和赎回基金，暂不征收印花税[②]。有国家通过免征印花税的方式实现对债券、基金市场的政策扶持意图。随着我国债券市场的不断发展，基金数量和规模都得到了较大的发展。Wind资讯数据库统计显示，截至2016年12月31日，我国目前债券市场发展规模为643085.84亿元，债券数量为30549只；而基金数量为3821只，基金规模达91060.0496亿元。特别是，股票等直接融资市场占比不断提高，对债券、基金市场的发展免征证券交易印花税的做法有悖公平交易原则。

第二，与股票市场课税相比，国家长期以来为了培育债券市场的发展，对债券市场的税收优惠政策比较多。对于法人投资者而言，为鼓励国债和地方政府债市场的发展，我国政府规定国债、地方政府债的利息收入免征增值税，同时也免征企业所得税；QFII的债券市场买卖行为免征增值税；对于债券等买断式买入返售（包括质押式返售和

---

[①] 《财政部 国家税务总局关于对买卖封闭式证券投资基金继续予以免征印花税的通知》（财税〔2004〕173号）。

[②] 《财政部 国家税务总局关于开放式证券投资基金有关税收问题的通知》（财税〔2002〕128号）。

买断式返售）金融商品、持有金融债券等利息收入免征增值税；对政策性金融债券和商业银行债券的利息收入免征增值税。① 对于债转股过程中的货物转让免征增值税，同时免征债转股后新公司承受原企业的土地、房产的契税。但是，包括国债和地方政府债在内的各种债券的买卖转让收入计征企业所得税，而且债券转让收入会因为转让人所在地区和转让主体组织形式而获得一定程度的税收优惠；对企业持有2011—2013 年发行的中国铁路建设债券取得的利息收入，减半征收企业所得税。对于个人投资者而言，按照个人所得税法规定，对于除国债和国家发行的金融债券外其他债权而取得的利息收入，按照利息收入全额的 20%计征个人所得税，国债和国家发行的金融债券利息收入免征个人所得税；对于个人转让债券所得按照"财产转让所得"应税项目计征个人所得税。对企业和个人取得的 2012 年及以后年度发行的地方政府债券利息收入，免征企业所得税和个人所得税。② 与股票市场相比，债券市场获得的税收优惠政策比较多，实际交投带来的总体税收也就相对较低。

  债券和股票市场之间的这种税收不公平还体现在市场的交投过程之中。一方面，由于我国证券市场发展不够完善，市场波动比较大，市场风险也就比较大，相对而言，债券市场收益比较稳定，而且债券市场会因不同性质债券而享受不同程度的税收优惠政策。对于市场投资者来说，债券投资比股票投资有利。另一方面，由于都是采用比例税率，债券市场比股票市场收益稳定而呈现稳步增长趋势，特别是熊市的过程中，债券市场相对于股票市场的这种优势尤为明显，因为对于私募基金和公募基金来说，保持稳定的收益是维持其正常经营的核心。这样，股市风险大，且实际税负相对高，往往是牛短熊长的基本市场运行规律，而债券市场风险相对较小，特别是固定收益类的债券市场，风险更小，且收益稳定，能够享受比股票市场更多的税收优惠

---

  ① 《财政部 国家税务总局关于全面推开营业税改征增值税试点的通知》（财税〔2016〕36 号）。
  ② 《财政部 国家税务总局关于地方政府债券利息免征所得税问题的通知》（财税〔2013〕5 号）。

政策。无论这种税收优惠政策是不是为了扶持我国债券市场的发展，但最终都形成两个市场不公平的税收待遇问题，进而影响市场投资者的投资策略选择，从而影响市场运行。

第三，与股票市场相比，由于国家长期对基金市场的扶持，基金市场的经营享受的税收优惠政策也比较多。在增值税方面，基金公司取得管理费收入应按照规定缴纳增值税，但是封闭式和开放式证券投资基金管理人运用基金买卖债券和股票的行为免征增值税；全国社会保障基金理事会、全国社会保障基金投资管理人运用全国社会保障基金买卖证券投资基金、股票、债券取得的金融商品转让收入，免征增值税。[1] 在企业所得税方面，关于鼓励证券投资基金发展的优惠政策规定，对证券投资基金从证券市场中取得的收入，包括买卖股票、债券取得的差价收入，股权的股息、红利收入，债券的利息收入及其他收入，对投资者从证券投资基金分配中取得的收入，对于证券投资基金管理人运用基金买卖股票、债券的差价收入，暂不征收企业所得税。[2] 从2014年11月17日起，对合格境外机构投资者（简称QFII）、人民币合格境外机构投资者（简称RQFII）取得的来源于中国境内的股票等权益性投资资产转让所得，暂免征收企业所得税。[3] 在个人所得税方面，由于股票转让所得暂不征收个人所得税，对于基金申购和赎回而取得的差价收入也暂不征收个人所得税；对于基金分配股息红利所得，根据持有时间实施差异化个人所得税政策。[4] 从上述政策规定可以看出，与股票市场相比，由于我国基金市场发展起步比较晚，国家给予了诸多的税收优惠政策予以扶持，实际交投税负在两个市场之间形成明显的差异，但是这种课税差异也是培育市场发展不可避

---

[1] 财政部、国家税务总局：《关于全面推开营业税改征增值税试点的通知》（财税〔2016〕36号）。

[2] 财政部、国家税务总局：《关于企业所得税若干优惠政策的通知》（财税〔2008〕1号）。

[3] 财政部、国家税务总局、证监会：《关于QFII和RQFII取得中国境内的股票等权益性投资资产转让所得暂免征收企业所得税问题的通知》（财税〔2014〕79号）。

[4] 财政部、国家税务总局、证监会：《关于上市公司股息红利差别化个人所得税政策有关问题的通知》（财税字〔2015〕101号）。

免的。

　　第四，征税不仅仅是为了增收，而且还存在着税收的治理问题。无论是股票市场还是债券市场和基金市场，课税政策缺乏公平，更为关键的是缺乏利用税收政策利导市场发展。从上述我国股票、债券和基金市场的税收课税制度可以看出，我国虽然利用了税收优惠政策扶持和鼓励了债券市场和基金市场的发展，但是仍然缺乏对市场的利导，特别是对投资者投资行为的利导。维持税收对证券市场的合理治理和利导，关键是在信息不对称的条件下，通过合理税收布局，通过对证券交易行为和交易所得进行合理课税。我国股票二级市场存在的主要问题是波动太大，非理性市场剧烈波动普遍存在，频频出现利用资金优势抱团取暖进行短期交投的行为，而且市场的股息、利息分配率比较低，与发达证券市场相比，与融资规模形成明显的不匹配。但在税收政策设置方面，普遍采用比例税率，特别是资本利得的比例税率形式对市场利导作用不够强，缺乏根据持股时间实施差别课税、引导投资者进行中长期价值投资的制度；对于股票市场和基金市场，均缺乏允许税前扣除的方式鼓励上市公司分配回报股东，避免我国证券市场长期存在的股息红利所得重复征税问题的做法。而且，基金市场缺乏利用税收政策规范基金管理人的薪酬，以保护基金投资者利益的做法。对我国2002年至今股票市场的运行趋势进行时间统计，基本上是牛短熊长，现行以印花税为主的流转税和将资本利得并入一般所得进行比例课税的税收调控模式，对我国证券市场的利导和治理作用并不明显。

　　虽然不同层次市场之间的税收差异不是很明显，但是如果结合市场整体运行以及市场投资者实际交投策略选择来看，不同层次市场之间的税收不公平问题就明显了。不同层次市场之间的课税差异，实际上反映着不同市场投资交易成本和净收益率的差异，必然会带来各市场之间的投资资金流向的差异。虽然利用税收政策鼓励和支持相应层次市场的发展是各国政府的普遍做法，但是从市场建设和完善的视角来看，尽可能地缩小市场层次间的差异、营造公平交易环境是市场发展和建设努力的方向。因为税收是影响证券市场发展的重要政策因素，不同主体、不同交易环节以及不同层次市场之间的税收差异特别是实际税负的差异，都会对市场投资者策略选择产生重要影响，所以公平课税是各国证券市场稳定健康发展不可忽视的。

# 第六章　我国证券二级市场效率课税问题研究

　　保护投资者利益特别是中小投资者利益是我国证券市场持续稳定健康发展的内在要求。根据 Wind 数据库和沪深证券交易所公布的统计数据，个人投资者比重大，特别是中小投资者比重大，是我国证券市场区别于欧美各国证券市场的一个重要特征。从占比上来看，投资者持有市值低于 50 万元的仍然是绝大部分。保护中小投资者利益，对于我国证券市场稳定健康发展十分重要。然而，由于历史等原因，我国证券市场制度设计长期更多偏重于融资功能，而对中小投资者利益保护不够重视，形成了融资者强、投资者弱的失衡格局。中小投资者保护制度规范原则过于笼统，可操作性缺乏，实施过程中存在诸多障碍，甚至形同虚设。[①] 在"资本多数决"原则下，中小投资者利益被侵占现象普遍存在。税收是国家宏观调控的重要经济手段，关于效率课税，学术界普遍局限于实际课税额与应纳课税额之间的差异，但是广义的效率课税并不仅仅是指课税的行政效率，更多指的是课税的经济效率。既然国家或政府的课税行为具有强制性、固定性和无偿性，具有单项不可逆转的特性，这也就塑造了税收调节市场的权威性。本章主要是从市场运行视角，研究政府课税"缺失"和不当课税对市场运行的影响，研究如何通过证券市场的效率课税，减少"政策市"，促进证券提供者和控制者的公司治理，减少市场信息不对称程度，增

---

① 肖钢：《保护中小投资者就是保护资本市场》，《中国证券时报》2013 年 10 月 16 日。

加市场违法违规的成本，提高上市公司的主动回报程度，保护中小投资者利益，是我国证券市场课税制度建设和完善所必须注重的问题。从市场交投和市场运行的实际情况来看，我国证券市场存在诸多效率课税的问题。本章主要是基于上述基本思路，结合我国证券市场实际情况，通过分析我国证券二级市场课税"缺失"以及课税不当等带来的诸多市场问题，阐述我国证券二级市场的效率课税问题，并在对世界上主要国家证券课税制度进行分析的基础上，结合西方主要发达国家证券发展，探索西方发达国家证券课税效率性的制度性问题。

# 第一节 我国证券二级市场效率课税主要存在的市场问题

## 一 不同交易环节的效率课税问题

我国金融化进程已经明显改变了传统的财政融资模式，特别是在金融化越来越普遍的前提下，金融税制问题不断显现出来。从我国当前现有的税收政策来看，现有金融课税政策整体上并没有对市场投资行为形成引导作用，而是体现为单纯地为了课税而课税，市场调节作用比较弱化。证券市场课税不仅需要公平，更为重要的是需要效率。我国证券市场这种效率课税问题不仅体现为课税的成本效率问题，更为重要的是体现为课税不足对市场运行效率的影响问题。由于存在不同环节课税"缺失"和课税不当等问题，不同环节的课税对市场交投行为不能形成整体布局的相互制衡调节机制，对本环节的运行调节也存在效率问题。正如 Leonard E. Burman、William G. Gale、Sarah Gault、Bryan Kim、Jim Nunns 和 Steve Rosenthal[1] 通过整理瑞典、美国、加拿大、日本等各国证券交易税制历程后指出的那样，课税对证券市场产

---

[1] Leonard E. Burman, William G. Gale, Sarah Gault, Bryan Kim, Jim Nunns, and Steve Rosenthal, "Financial Transaction Taxes in Theory and Practice", *National Tax Journal*, 2016, 69 (1): 171–216.

生不同的影响，并不是税制本身的问题，而是税制设计的问题。营改增后，我国证券市场课税主要涉及的税种有增值税、企业所得税、个人所得税、印花税等税种，从这些税种的相关涉税政策来看，我国对证券市场课税主要是将其并入一般经济行为和一般所得中进行课税，具体在一般税种的税收政策中予以明确，并没有单一的明确的税目课税设置。从整体上来看，我国不同环节税收政策设置布局不够合理，特别是对市场交投行为的引导和抑制投机行为，引导投资者进行价值投资等方面的整体调节效果不明显，不利于市场稳定健康发展。本节主要结合市场交投运行情况，从征税不足和不当视角探讨效率课税问题，进而分析不同环节课税设置带来的市场交投效率问题。

### （一）交易环节

对于证券市场交易环节的课税，主要涉及交易行为即买卖行为的课税、交易所得即转让所得的课税以及证券市场所涉及的金融服务的课税。按照营业税改为增值税的政策规定，关于证券市场涉及的金融服务课税，已经由原来课征营业税改为课征增值税，因此我国现有税收政策关于交易环节的课税，主要涉及的税种有增值税、企业所得税、个人所得税以及印花税等税种。

对交易行为课税，主要涉及印花税。根据现有印花税政策规定，投资者（包括个人投资者和企业投资者）买卖股票均应缴纳印花税，从 2008 年 4 月 23 日起，财政部宣布证券交易印花税税率从 4 月 24 日起由 3‰下调至 1‰。2008 年 9 月 19 日起，证券交易印花税实行单边收取，由卖方在出售时按交易金额缴纳 1‰的印花税。[1] 在上海证券交易所、深圳证券交易所、全国中小企业股份转让系统买卖、继承、赠与优先股所书立的股权转让书据，均依书立时实际成交金额，由出让方按 1‰的税率计算缴纳证券（股票）交易印花税。[2] 在全国中小企业股份转让系统买卖、继承、赠与股票所书立的股权转让书据，依书立

---

[1] 来源于中国政府网（http://www.gov.cn）。
[2] 《财政部 国家税务总局关于转让优先股有关证券（股票）交易印花税政策的通知》（财税〔2014〕46 号），2014 年 5 月 27 日。

时实际成交金额，由出让方按 1‰ 的税率计算缴纳证券（股票）交易印花税。① 香港市场投资者通过沪港通买卖、继承、赠与上交所上市 A 股，按照内地现行税制规定缴纳证券（股票）交易印花税。② 同时，根据交易所的规定，买卖债券、基金等股票以外的证券产品是不用缴纳印花税的。

由于交易税构成投资者买卖证券产品的交易成本，课税增加投资者交易成本，从而影响市场流动性。从世界各国证券交易行为课税来看，税率都比较低，而且普遍采用比例税率。从前述政策规定来看，我国证券交易行为课税基本是实行比例税率的印花税，不可避免地存在由于比例税率带来的实际税负累退性的问题，也就带来市场不同资金规模之间的实际交易税成本的差异问题，实际上不利于中小投资者资金的流动，相反更有利于大户资金利用资金优势获得对市场的主导权。从我国证券交易印花税历次调整后市场的表现来看，单一地调整印花税对证券市场的运行效果并不明显，印花税上调或者下调更多地体现政府对市场的一种"呵护"态度，给市场传递的是管理层对市场的政策导向。2000 年开始熊市，管理层于 2001 年 11 月 16 日将印花税从 3‰ 调整为 2‰，沪指调整当天上涨 1.57%，一个月内总体上涨 3.34%，但是三个月后，沪指总体下跌 7.08%。2005 年 1 月 24 日，管理层再次下调印花税，将税率从 2‰ 下调为 1‰，只是短期内缓解了股指的下跌，但是并没有改变股指的下行趋势，最后沪指跌至 998 点。最后管理层进行股权分置改革，市场才逐步从低迷的行情中走出来，走出了 2005—2007 年期间的牛市上涨行情。在 2007 年 5 月 30 日，管理层为了抑制不断上涨、偏离市场理性的市场交投频率和成交量放大的趋势，将证券交易印花税从 1‰ 上调为 3‰，上涨了 2‰ 的幅度，虽然带来市场短期的调整行情，但是并没有抑制住市场接近"疯狂"的炒作，最终沪指从 3000 点上涨至 6124 点。如果从交易频率和交易量能两个角

---

① 《财政部　国家税务总局关于在全国中小企业股份转让系统转让股票有关证券（股票）交易印花税政策的通知》（财税〔2014〕47 号），2014 年 5 月 27 日。
② 《财政部　国家税务总局　证监会关于沪港股票市场交易互联互通机制试点有关税收政策的通知》（财税〔2014〕81 号），2014 年 10 月 31 日。

度来衡量市场运行效率，在 2000—2005 年的熊市中，管理层试图通过降低证券交易印花税而提振市场、促进市场交投的目的并没有实现，因为在此期间两次下调印花税的过程中，中长期内市场的交易频率和交易量并没有放大，而且沪市市场交易量曾缩减至日交易量不足 20 亿元。2005—2007 年，管理层试图通过提高证券交易印花税抑制市场交易频率和交易量能，试图通过提高交易税收成本的方式给市场"降温"的目的没有实现。2008 年 4 月 24 日为了应对金融危机给证券市场所带来的断崖式下跌的趋势，将证券交易印花税税率由 3‰ 调整为 1‰，但是市场的运行情况并没有达到阻止市场加速下跌的趋势，也没有达到提振市场的目的。从市场波动性、交易频率和交易量能等指标来看，我国证券交易印花税的调整对市场运行效率并不明显；相反，证券交易印花税的不当设置带来政策调整的非效率问题，市场普遍认为证券交易印花税的"双重"课税目标带来了市场运行的波动性（见表 6-1）。

表 6-1　我国证券交易印花税历次调整后的股市表现（沪指）

| 调整时间 | 调整内容 | 调整幅度 | 调整方向 | 当天（%） | 一个月（%） | 三个月（%） |
| --- | --- | --- | --- | --- | --- | --- |
| 1991.10.10 | 6‰调整为3‰ | 3‰ | 下调 | 1.00 | 22.26 | 59.60 |
| 1992.06.12 | 收归中央 | | | -0.56 | 0.88 | -31.12 |
| 1997.05.10 | 3‰调整为5‰ | 2‰ | 上调 | 0.00 | -13.11 | -17.80 |
| 1998.06.12 | 5‰调整为4‰ | 1‰ | 下调 | 2.65 | 0.96 | -9.62 |
| 1999.06.01 | 4‰调整为3‰ | 1‰ | 下调 | 2.52 | 22.00 | 25.03 |
| 2001.11.16 | 3‰调整为2‰ | 1‰ | 下调 | 1.57 | 3.34 | -7.08 |
| 2005.01.24 | 2‰调整为1‰ | 1‰ | 下调 | 1.73 | 6.08 | -5.60 |
| 2007.05.30 | 1‰调整为3‰ | 2‰ | 上调 | -6.50 | -11.86 | 19.22 |
| 2008.04.24 | 3‰调整为1‰ | 2‰ | 下调 | 9.29 | 5.94 | -12.60 |
| 2008.09.19 | 卖方单边征收 | | | 9.46 | 1.84 | 6.47 |

资料来源：Wind 资讯数据库。

证券市场所涉及的金融服务课税，主要涉及的流转税是增值税。根据营业税改增值税后的政策规定，纳入增值税征税范围的金融服务业包括贷款服务、直接收费金融服务（包括资产管理、基金管理、金融交易所或平台管理、资金结算等）、保险服务和金融商品转让，依据6%增值税税率计征。① 根据上述政策规定，我国证券市场中以收取中介费、手续费等方式提供金融服务的中介机构，均应纳入增值税的计征范围。金融服务还涉及所得税的课税，主要是企业所得税和个人所得税。根据现有企业所得税政策规定，提供金融服务所取得的中介费、手续费等收入属于企业所得税的征税范围，扣除相应成本之后实施查账征收，或者直接以收入总额或者成本总额核定征收。税收利润分配则还需按照相应应税项目缴纳个人所得税。

结合市场运行的实际情况来看，金融服务存在课税不足的问题，特别是间接课税不足比较明显，进而导致证券市场中介等金融服务的不规范等问题，缺乏对金融服务的限制。一方面，我国现有税收政策对金融服务的中介费等的课税存在不足，主要体现在国家规定手续费、佣金比例的前提下，中介机构之间利用佣金、手续费等自行优惠手段，在中介机构之间进行客户恶性竞争，从而导致税收征收不足。通过调研发现，证券公司为了吸引客户，对不同投资规模的投资者实施不同比例的佣金、手续费，市场普遍的做法是投资规模越多，可以和证券公司商谈的佣金、手续费比例空间就越大，最低可以达到万分之一，有的甚至通过反馈礼品等各种方式吸引大户资金投资者。从市场运行的视角发现，课税不足所带来的市场不规范行为，同时也给市场运行带来间接性交易效率的问题。另一方面，金融服务所带来的效率课税问题还体现在对中介限制、监督的效率课税问题。这主要体现在基金管理方面，无论基金是否盈利，基金管理者因运作基金而获得的佣金、手续费收入是不会减少的，基金管理人的工资等收益是不会因为基金运作亏损而承担任何的投资责任和风险。这样，中介代理商以

---

① 根据《财政部 国家税务总局关于全面推开营业税改征增值税试点的通知》（财税〔2016〕36号）、《财政部 国家税务总局关于进一步明确全面推开营改增试点金融业有关政策的通知》（财税〔2016〕46号）、《财政部 国家税务总局关于明确金融 房地产开发 教育辅助服务等增值税政策的通知》（财税〔2016〕140号）、《财政部 国家税务总局关于资管产品增值税政策有关问题的补充通知》（财税〔2017〕2号）等文件内容整理而成。

佣金、手续费收入为目标,带来对市场包装、概念炒作等扰乱市场的投机行为,实际上不利于市场的效率。

对交易所得的课税,主要是指对证券买卖的转让所得课税问题,主要涉及的税种包括增值税、企业所得税和个人所得税。根据现有增值税计税依据,金融商品的转让以转让差额计征增值税,转让金融商品出现的正负差,按盈亏相抵后的余额为销售额,若相抵后出现负差,可结转下一纳税期与下期转让金融商品销售额相抵,但年末时仍出现负差的,不得转入下一个会计年度。① 但是现有增值税政策规定,合格境外投资者(QFII)委托境内公司在我国从事证券买卖业务,香港市场投资者(包括单位和个人)通过沪港通、深港通买卖上海、深圳证券交易所上市 A 股,香港市场投资者(包括单位和个人)通过基金互认买卖内地基金份额,证券投资基金(封闭式证券投资基金、开放式证券投资基金)管理人使用基金买卖股票、债券以及个人从事金融商品转让业务,免征增值税。② 而现有企业所得税规定,各种证券买卖的转让所得均属于企业所得税规定的财产转让所得,均需纳入企业所得的应税收入范围,但是 QFII 和 RQFII 取得中国境内的股票等权益性投资资产转让所得暂免征收企业所得税[3];为了鼓励证券投资基金发展,对证券投资基金从证券市场中取得的收入,包括买卖股票、债券的差价收入,暂不征收企业所得税,对投资者从证券投资基金分配中取得的收入,暂不征收企业所得税,对证券投资基金管理人使用基金买卖股票、债券的差价收入,暂不征收企业所得税[4]。企业转让限售股的收入应计征企业所得税。[5] 个人所得税规定,对于投资者从企业取

---

① 《财政部 国家税务总局关于全面推开营业税改征增值税试点的通知》(财税〔2016〕36 号),2016 年 3 月 23 日。

② 《财政部 国家税务总局关于全面推开营业税改征增值税试点的通知》(财税〔2016〕36 号),2016 年 3 月 23 日;《财政部 国家税务总局关于明确金融 房地产开发 教育辅助服务等增值税政策的通知》(财税〔2016〕140 号),2016 年 12 月 21 日。

③ 《财政部 国家税务总局 证监会关于 QFII 和 RQFII 取得中国境内的股票等权益性投资资产转让所得暂免征收企业所得税问题的通知》(财税〔2014〕79 号),2014 年 10 月 31 日。

④ 《财政部 国家税务总局关于企业所得税若干优惠政策的通知》(财税〔2008〕1 号)。

⑤ 《国家税务总局关于企业转让上市公司限售股有关所得税问题的公告》(国家税务总局公告 2011 年第 39 号文件)。

得的税后利润分配,按照应税项目分别计征个人所得税。而且,鉴于我国证券市场发育还不够成熟,股份制还处于试点阶段,对股票转让所得的计算、征税办法和纳税期限的确认等都需要深入的调查研究,经国务院批准,个人转让股票所得暂免征收个人所得税。[①] 但对股权转让所得按照"财产转让所得"征收个人所得税。[②] 对于债券转让所得比照股权转让所得计征个人所得税。对于上市公司转让限售股,亦按照"财产转让所得"项目,按照20%比例税率计征个人所得税。[③] 从上述政策可以看出,我国对证券买卖转让所得纳入普通所得进行征税,但是对于具体的情况给予了诸多的税收优惠政策,特别是地区之间的税收优惠政策,看似对证券市场普遍征税,实则是造成了市场交投运作过程中的征税不足,同时转让所得在企业所得税与个人所得税之间的重复征税问题仍然不能得到解决,影响市场的转让交投,带来市场效率问题。

从市场交投和投资者博弈的策略选择上来看,对转让所得课税,缺乏价值投资引导,存在公平性问题,更为重要的是由于课税的公平性问题所带来的效率课税问题,是我国现行证券转让所得课税的重要体现。第一,虽然对各种转让所得纳入普通所得计征所得税,但是比例税率的普遍使用及其累退性,并没有对市场利用资金优势进行投机炒作性的交投操作形成抑制作用,缺乏价值投资引导。第二,从税收政策的规定来看,不同投资主体之间存在不同的征免税收规定,使得市场普遍存在税收不公平问题,而且由于地区税收优惠差异的存在,同一股权在不同转让地享受的实际税收负担也不同,使得市场征税不足。更为重要的是,这种课税不足带来市场不同的博弈成本优势,使得市场频频出现"乌龙"操作、不计成本的减持操作等不规范、损害中小投资者利益的市场行为。第三,法人投资者和自然人个人投资者

---

① 《财政部 国家税务总局关于个人转让股票所得继续暂免征收个人所得税的通知》(财税字〔1998〕61号)。

② 《国家税务总局关于发布〈股权转让所得个人所得税管理办法(试行)〉的公告》(国家税务总局公告2014年第67号)。

③ 《财政部 国家税务总局 证监会关于个人转让上市公司限售股所得征收个人所得税有关问题的通知》(财税〔2009〕167号)。

转让所得课税不同，带来市场资金特别是机构投资者（特别是基金管理机构等类似机构）利用个人转让所得免征个人所得税的政策，"以公谋私"，利用法人资本为个人资本谋利，从而避免税收负担。此外，无论是从 2005—2007 年牛市行情，还是 2008 年以及 2011—2015 年的熊市征途中，均存在对转让所得的不当课税以及征税不足，如 2008—2009 年限售股的大量减持，是市场暴涨暴跌的一个重要原因，是缺乏课税对市场有效调控的一个重要表现。

### （二）分配环节

我国现行税制，对转增、转送、转送派、送派等不同送配方式，规定征收不同的税种，而且税种间存在一定的重复课税现象，不同的分配方式给不同的投资者带来不同的税收负担成本。具体而言，我国个人所得税法，并没有明确规定转增分配形式纳税，而是明确以股票形式向股东个人支付应得的股息、红利的，以派发红股的票面金额计税。对我国上市公司利用资本公积和企业未分配利润转增送股票和送股的分配方式，我国的税务处理也是不一样的。将上市公司以前年度的留存收益用于送股，其实质是企业以前年度留存收益的凝固和资本化。我国个人所得税法规定，以股票形式送配而形成的股息、红利，应缴纳个人所得税。对于转增股的税务处理，则需要区别用于转增股份的溢价收益而定，如果使用股票溢价转增股份，则仅仅是股东权益的转化，不需要缴纳个人所得税，而如果转增股份的是股票溢价之外的其他资本公积金、盈余公积金，则需要按照我国个人所得税法缴纳个人所得税。转增股的分配方式，只是视同企业以前年度的积累，并没有纳入企业所得税和个人所得税的征税范围，只是待未来转让股份征收相应税收，而未来个人投资者的股份转让所得则免征个人所得税。[①] 个人投资

---

① 《国家税务总局关于贯彻落实企业所得税法若干税收问题的通知》（国税函〔2010〕79 号）第四条规定："被投资企业将股权（票）溢价所形成的资本公积转为股本的，不作为投资方企业的股息、红利收入，投资方企业也不得增加该项长期投资的计税基础"；《关于非货币性资产评估增值暂不征收个人所得税的批复》（国税函〔2005〕319 号）规定：考虑到个人所得税的特点和目前个人所得税征收管理的实际情况，对个人将非货币性资产进行评估后投资于企业，其评估增值取得的所得在投资取得企业股权时，暂不征收个人所得税；在投资收回、转让或清算股权时如有所得，再按规定征收个人所得税。

者收购企业股权后将原盈余积累转增股本,若新股东以不低于净资产价格收购股权的,企业原盈余积累已全部计入股权交易价格,新股东取得盈余积累转增股本的部分,不征收个人所得税。若新股东以低于净资产价格收购股权,企业原盈余积累中,对于股权收购价格减去原股本的差额部分已经计入股权交易价格,新股东取得盈余积累转增股本的部分,不征收个人所得税。对于股权收购价格低于原所有者权益的差额部分未计入股权交易价格,新股东取得盈余积累转增股本的部分,应按照"利息、股息、红利所得"项目征收个人所得税。将来新股东将所持股权转让时,再行按照"财产转让所得"缴纳个人所得税。[1]

但是在选择分配方式时,往往中小投资者的利益被忽略,导致其利益受到保护的程度不够。上市公司股息、红利分配的形式主要有股票股利、现金股利、建业股息、财产股息、负债股息等,不同形式的股息、红利,所承担的税收成本不同。我国现行股利分配的税收政策规定,我国对于现金股利,根据持有上市公司股票年限不同,实施不同比例的所得税税基。纳税人从公开发行取得的上市公司股票,持有时间在 1 个月以内的(含 1 个月),其股息红利所得全额作为应纳税所得额;持有期限在 1 个月以上至 1 年(含 1 年)的,减按 50% 计入应纳税所得额;持有时间超过 1 年的,减按 25% 计入应纳税所得额。[2] 对于个人取得的股票股利,则按照股票面值计征应税收入,对于法人取得的股票股利,则按照企业所得税相关规定,确定是否征免。对于财产股息,则不仅要征收相应的流转税,而且还需要征收企业所得税和个人所得税。从上述可以看出,不同的分配形式之间存在着不同的税收负担,不利于鼓励投资者特别是中小投资者的再投资行为。特别是股票股利,只是原有股票数额的增加,并没有真正收到股息、红利收入,只是一种象征性的虚拟资产。对股票股

---

[1] 《关于个人投资者收购企业股权后将原盈余积累转增股本个人所得税问题的公告》(国家税务总局公告 2013 年第 23 号文件),2013 年 5 月 7 日。

[2] 《财政部 国家税务总局 证监会关于实施上市公司股息红利差别化个人所得税政策有关问题的通知》(财税〔2012〕85 号)。

利征税，势必增加投资者的税收成本，在一定程度上降低了市场的效率。①

　　首先是我国长期以来存在的股息红利所得的重复征税问题。这种分配存在的重复征税问题导致上市公司主动分配意愿不强。从我国2002—2013年上市公司分配的时间和分配的方案跟踪可以看出，由于缺乏相应类似于税收制度的政策激励和引导，我国上市公司分红以及分红的比例，主要是基于行政性监管而进行的，因为我国现行规定，3年以内分红比例不得低于上市公司净利润的30%。诸多主动性分红很大程度上也是为了刺激市场炒作，而且还普遍存在"铁公鸡"的上市公司，长期不进行分红。其次是现金分配比例比较低。市场的资金是逐利的，如果市场资金能够获得稳定的回报，那么市场资金一定选择价值投资。合理的分配回报机制，不仅可以有效地引导市场机制投资，而且可以避免市场剧烈波动，引导虚实资金的良性循环。通过税收制度建设，引导上市公司合理分红、愿意分红，鼓励上市公司回报投资者，同时利用证券市场对社会闲置资本的集聚功能，实现虚拟经济与实体经济的互动发展。我国当前的证券市场形成了上市圈钱与回报率低的恶性循环，分红要求并没有与上市公司的融资规模和融资行为形成必然关联，造成上市公司融资后并不注重对股东的回报。1990年以来，我国A股上市公司累计融资规模达4.3万亿元，而累计分红规模仅为0.54万亿元，现金分红占上市公司总市值的比例是1%—2%（我国上市公司逐年分红情况见前文表4-5），不仅严重低于国际主要发达国家的分红比率，如美国的年度分红比率不低于30%，而且低于银行同期存款利率复利计算的回报率。② 造成分红比例低特别是现金分红比例低的因素是多方面的，但是股息、红利的重复征税是上市公司不愿意进行现金分红的一个重要原因。因此，现有分配环节的税收制度，缺乏对上市公司鼓励分红特别是鼓励现金分红的机制，从而缺

---

　　① 杨志银：《基于公平视角下我国证券市场课税制度选择》，《经济体制改革》2017年第1期。

　　② 杨志银：《促进证券市场长期价值投资的税收政策》，《现代经济探讨》2017年第2期。

乏对市场价值投资的引导。

### （三）遗赠环节

证券的遗赠，是指证券原持有者自愿放弃继续持有权利，并无偿过户给他人或者直系亲属的过程。对于证券市场的这种遗赠行为，世界各国主要征收的税种有遗产税、继承税和赠与税。我国并没有对证券市场的遗赠行为征收任何的税收，属于证券市场规范化管理的漏洞，是证券市场税收的缺位，因此造成税收流失。不仅如此，我国证券市场对这种遗赠行为也没有征收任何的行为税如印花税，这很容易成为市场逃避税款的一种方式，将实际买卖行为转变成遗赠行为，从而规避税收责任。①

## 二 不同层次市场之间的效率课税问题

建立多层次的资本市场目标结构，必然要求多层次的市场调控税收制度与之相适应。我国目前逐步形成的沪深主板、中小板、创业板、新三板以及股指期货的多层次股票交易市场结构，形成了以股票、债券、基金为主体的多层次证券产品市场结构。但从我国现有的证券市场课税制度来看，不同层次市场之间的税收布局不够合理，忽略了不同层次市场之间的交投关联性。②

第一，沪深主板、中小板、创业板以及新三板之间，由于不同的限制性准入条件，不同板块之间的交投量能和交易频率是存在明显差别的，而且不同板块之间的上市公司盘口大小也存在明显差异，导致不同板块之间的盈利能力不同，比例税率导致了板块之间的实际税负存在差异。比如，新三板的股权交易准入限制以及新三板的获利空间与其相应的税收优惠政策不相匹配。特别是在熊市或者慢牛行情中，这种差异带来的市场板块之间的跷跷板行情非常明显。如果考虑股指

---

① 杨志银、黄静：《我国证券市场税收漏洞及征管应对措施》，《理论探讨》2015 年第 4 期。

② 同上。

做空机制和板块之间的交易频率等因素，板块之间的这种实际课税差异更为明显。根据市场交易频率来看，沪深主板＜中小板＜创业板，相应的实际税负也就是主板最小，其次是中小板，然后是创业板。这种实际税负的差异导致了市场之间的非平衡发展。与此同时，缺乏明确的鼓励上市公司回购股份的税收政策，普遍存在资产股份重复定价筹资的问题，实际上不利于主板上市公司和先行上市公司的竞争优势，使得市场资金不愿意操作"旧"上市公司，而青睐于"新"上市公司，不愿意崇尚价值投资，而推崇概念、事件性的操作，实际上不利于市场的稳定健康发展。如果考虑这种板块之间的上市公司质量的因素，这种承担风险程度所带来的效率课税问题更为明显。

第二，股票市场与股指期货市场之间。我国目前股票市场与股指期货市场之间课税差异最为明显的就是印花税，股票市场买卖征收1‰的印花税，而股指期货市场并没有征收印花税，而是采取收取手续费的方式。这种课税差异，一方面体现了对股指期货市场的扶持，另一方面也反映了对股指期货市场的课税不足。由于我国股指期货市场做空机制的存在，再考虑股票市场与股指期货市场之间的关联度，这种课税不足所带来的是更大的市场投机炒作，对股指期货市场所得征税明显不足，也不利于股指期货市场与股票市场之间的协调发展。以广发证券的"乌龙指"事件为例，通过瞬间拉升股指，股指期货不亏或者盈利，而在股票市场上，瞬间获利，缴纳相应的所得税，但是利用政策规定和市场功能，通过在股指期货市场做空，而在股票市场调整下行，使得税收负担下降。因为我国对于增值税的规定是，在一个纳税年度的同一金融商品转让所得可以相互抵亏。这样由于"乌龙指"操作，实际上获利很多，但是现有的课税制度并没有有效地对此进行课税。

第三，在股票、债券与基金市场之间，对股票市场的股息红利所得和转让所得征收所得税，包括企业所得税和个人所得税，对债券的利息收入也征收所得税，而大部分的债券利息收入免税，比如国债的利息收入，属于企业所得税的免税范围。对国债、金融债券和教育储蓄存款利息收入等免征个人所得税。基金的分红收入也在一定程度上享受税收优惠或者免税等政策。债券和基金的转让收入纳入所得税的征税范围。这在一定程度上不利于市场之间的发展,特别是不同市场之间的均衡发展。市场的发展程度,不是取决于这种收入征免税的税收优惠所带来的征税不足问题,而是取决于市场之间的获利能力和市场之间的规范程度。更为重要的是股票、债券和基金市场之间的效率课税问题。基金等投资机构业绩监管的税收政策的缺乏,导致基金管理者特别是股票型基金管理者无视基金投资者的利益,通过操纵市场损害基金投资者的利益来换取自身投资份额的获利空间和自身投资风险的降低。

此外,我国 A 股与 B 股市场之间,B 股也是由于设置初期为了吸引外资、扩大外资利用享受了诸多税收优惠政策,相对于今天 A 股市场发展壮大,成为世界第二大市值市场,体现出相对 A 股市场的征税不足,也体现出 A、B 股市场之间的课税忽略了二者之间的市场实际运行的关联性问题。

## 三 不同投资主体之间的效率课税问题

无论是对交易行为课税,还是对证券投资所得征税,都是对纳税人收益的减少,具有单向的、无偿转移的特征,因此课税行为会对市场投资主体的投资策略产生影响。[①] 随着我国证券市场的不断发展壮大,市场参与主体的多元化程度不断提高,社会金融化不断深化发展,打破了传统的社会理财方式,也加剧了我国证券市场投资主体的多元化趋势。税收调控方式、内容的局限性和不适应性不断显现出来。我国证券市场不同投资主体之间的效率课税问题主要体现为长期以来税收优惠政策与比例税率累退性所带来的征税不足以及课税方式偏离市场运行和培育等导致市场投资引导作用不强和优化资源配置不足。

首先,税收优惠政策与比例税率累退性所带来的征税不足问题。

---

① 杨志银:《完善我国现行证券市场税收制度的思路——基于中小投资者利益保护视角》,《证券市场导报》2016 年第 10 期。

投资者是否参与某一市场的投资，关键不是这个市场的税收优惠有多少，而是取决于这个市场的规范程度和获利水平。长期以来，地区间的税收优惠政策以及为了扶持新投资主体而给予的某种特殊税收优惠政策，使得市场存在征税不足的问题，进而带来了市场的运行效率问题，特别是享受优惠政策的投资主体利用其税收优势，炒作、操作市场交投行为。比如，QFII投资者享受着比内资机构投资者更为优惠的税收政策，从而也就具备了比内资机构更广的博弈空间。另外，比例税率累退性意味着盈利越多实际税负越低，这在一定程度上鼓励投资者特别是大户资金投资者和机构投资者凭借资金优势进行操作、投机，以降低自身实际税负水平，这体现了市场由于比例税率带来的市场投资所得的征税不足，进而引起市场波动性，降低运行效率。

我国证券市场是以中小投资者为主体的投资主体结构，更好地保护中小投资者利益，才能提升市场对社会闲置资本的吸引力，才能更好地发挥证券市场对社会闲置资金的"储水池"功能。虽然税收优惠政策体现了国家对证券市场特定主体的扶持和鼓励的政策意图，但是从建立公平、有效的税收交投环境出发，当前市场普遍存在的税收优惠以及大量应用的比例税率形式，在带来市场不公平税收问题的同时，也导致对市场征税不足，不利于市场税权保护。从市场实际交投过程来看，这种税收优惠和比例税率累退性在一定程度上还鼓励了市场炒作，增强了市场的波动性，不利于促进市场的稳定健康发展。

其次，课税方式偏离市场运行和培育等导致市场投资引导作用不强和优化资源配置不足。从我国现有增值税、企业所得税和个人所得税以及印花税涉及证券市场的税收政策可以看出，课税偏离市场运行和市场培育所带来的引导市场投资不强的问题是当前证券市场税收调控不可忽视的问题。无论是以增值税和印花税为主体的证券市场流转税和行为税，还是以企业所得税和个人所得税为主的所得课税，我国现有税收政策看似是普遍征税、特定优惠，对市场形成"普遍征税的同时适当扶持"的课税思路，但是课税设置与市场投资主体实际交投策略选择以及实际交投主观因素的影响偏离比较大，对市场投资的实际引导作用不强，相反体现了管理层是为税而征税的思路。看似利用优惠政策进行一定的市场培育，但在市场运行过程中都突出地表现为征税不足，对市场投资引导不强。

最后，由于缺乏课税制度的相互牵制机制，特别是缺乏累进税率对投资转让所得的征税，市场投机抑制作用比较弱化，通过有效的课税形成对市场资源优化配置的功能也不强，导致当前证券市场上优质上市公司得不到投资主体的青睐，相反通过各种炒作概念、事件更能吸引各类投资主体的市场格局，实际上也就体现了课税不当和课税不足带来的市场运行效率问题。无论是在股票市场、债券市场，还是在基金市场，这种现象都普遍存在。

## 四 我国证券二级市场效率课税的整体治理问题

虽然世界各国普遍运用税收手段调节证券市场，但是由于各国证券市场发展的程度的差异、市场参与主体的政治文化的差异，乃至整个社会背景的差异，各国证券市场课税存在一些差异，对税收手段、对市场的整体治理功能的注重程度也存在差异。从世界各国来看，发展中国家比较普遍采用流转税，注重对市场行为的课税，相反对所得的课税相对不强，缺乏关注税收对证券市场的整体治理问题。而发达国家，比如美国、日本、英国等，相对来说比较关注所得税，其证券市场课税的整体治理功能相对显现。

正如前述，无论是从税种的布局，还是从税收政策的布局上来看，我国证券市场课税存在明显的效率课税问题，这种效率课税问题进而弱化了对市场的整体治理。我国证券市场课税并没有形成独立的税制体系，而是将各种证券行为和投资所得课税分散于增值税、企业所得税、个人所得税和印花税等主要税种之中，以市场单独的业务为主要课税目标，缺乏对市场整体交投行为的税收布局，也就缺乏对市场不同环节、不同层次市场以及不同主体之间的有效相互制衡的课税机制，缺乏课税的市场化设置。

从证券市场的供给来看，无论是股票市场的供给，还是债券、基金市场的供给，我国证券市场课税均缺乏从源头提升价值投资，难以杜绝市场投机的源头、防止"病从口入"、优化资源配置，不仅不能通过有效的课税实现对上市公司包装、粉饰上市等行为的监管，也缺乏通过有效的课税引导上市公司有序、有效地融资。从证券二级市场来看，我国证券市场课税的分散性、整体治理问题更为明显。我国证券市场课税对市场的整体治理问题最直接的体现是对二级市场频频出现的短期投机炒作行为的抑制不足。我国证券市场对所得普遍采用比例税率课税，课税的累进性非常缺乏。对转让所得课税没有充分考虑证券市场交投的特点，从而对短期投机行为抑制不足，而且股息、红利等投资所得课税的累进性不强，普遍存在重复课税的问题，缺乏对市场分配和投资者长期持股的政策支持，引导投资者进行价值投资的导向功能不强。另外，现有的课税政策在提升上市公司信息披露质量和抑制上市公司做假、粉饰以及与其他机构合谋炒作的意愿等方面不强。影响这种行为的因素是多方面的，但是有效的课税是一个不可忽视的因素。从我国现有证券市场课税政策可以看出，我国当前对上市公司信息披露、虚构做假、粉饰等行为主要采取的是限制市场准入、行政处罚等手段，而且处罚程度均相对较低，无法形成威慑作用，市场非常缺乏利用税收手段的强制性、无偿性和固定性的特点，通过提升违法成本抑制类似市场行为发生的途径。总体上来说，我国证券二级市场效率课税的整体治理问题是比较明显的，特别是我国证券市场处于转型过渡发展阶段，增加课税制度对市场的整体治理作用，减少或者降低了行政手段对市场的干预程度，降低或改变了"政策市"的市场认可程度，有利于我国当前利用税收政策调节证券市场、促进证券市场稳定健康发展。这也是世界各国普遍倡导和认可的调控思路和调控手段。

## 五　我国证券二级市场效率课税的价值发现问题

这主要突出体现为由于二级市场课税不足和课税不当、缺乏市场交投因素的考虑，现有课税政策特别是对市场交投行为的课税政策缺乏对市场投机行为的有效抑制，从而使得市场热衷于概念、事件以及资金推动的操作，无视上市公司的实际投资价值，使得课税难以保证市场稳定健康发展，通过上市发行、市场定价的方式发现上市公司的真正价值，实现资源的优胜劣汰。

　　首先，市场投资者的投资策略普遍具有很强的投机性，忽略或者考虑上市公司投资价值的程度比较低。20000份市场问卷调查显示，把上市公司投资价值作为首要因素的被调查对象只占23%，只是注重上市公司股票交易资金量，是否存在概念炒作，是否存在重组、定向增发等炒作预期的被调查对象占82.15%，只是跟风操作的被调查对象占76.53%。这些数据说明，我国证券市场投机氛围非常浓重。这种投机行为盛行的市场交投活动，导致投资者不会去关心上市公司的实际投资价值，机构投资者或者大户资金投资者往往会利用信息传播等方式，吸引这类投资者跟风操作，短期获益后迅速撤离。虽然影响这一市场现象的因素是多方面的，但是课税制度缺乏价值投资导向是重要因素。因此，现有证券二级市场课税不足或者课税不当，带来了市场效率课税问题，更为关键的是不能促使和引导市场交投行为对上市公司实现价值发现，虚实经济之间良性互动不足，也就弱化了证券市场对上市公司的价值发现功能。

## 第二节　西方发达国家证券二级市场课税效率分析

　　根据各国证券市场实际运行情况，合理采用税收手段调节证券市场，是世界各国普遍的做法。西方发达国家的证券市场起步比较早，市场发展相对成熟。从世界各国证券课税历程来看，征税确实对证券市场的流动性产生影响，但是合理的税收布局和合理的税收设计，有利于证券市场稳定健康发展，能够提升国家证券市场的竞争力和抗风险能力。本节主要是以西方发达国家的股票市场课税制度为重点，介绍西方发达国家的证券二级市场税收制度。

## 一 西方发达国家证券二级市场主要课税制度

### (一) 美国

美国是世界发达的经济体,其证券市场课税具有代表性。美国证券市场课税,特别是资本利得税的推行,使美国成为国家课征资本利得税成功的少数国家之一。关于证券课税,美国主要涉及的税种有证券交易税、个人所得税、资本利得税以及遗产税和赠与税。对于证券二级市场课税,美国现有证券市场课税政策规定,为了证券市场的资金流动性,取消证券交易税,对股票的买卖行为不再征收任何税收。对于资本收益课税,美国规定,法人的资本利得并入普通所得,按照普通所得税税率计征,同时允许资本损失税前扣除,但是规定资本损失可以向后递延3年和向前结转5年进行税前扣除,这种扣除只能抵扣资本收益(capital gains),而不能抵扣普通所得。税率为15%—39%,实行累进税率。对于个人的资本利得收益,美国规定根据持有时间长短,实施15%—20%的累进税率,对于长期投资资本利得(指持有时间超过12个月),相对于在短期投资10%—15%税率级距的,适用0%的税率;而相对于短期投资39.6%税率级距的,适用20%的税率;相对于短期投资的不同税率级距,长期投资所得均适用15%的税率。同时规定个人的证券投资损失允许税前扣除,每年允许限额税前扣除3000美元,没有抵扣完的证券投资损失,允许无限期结转抵扣。而对于股息红利所得,也是根据不同的持有时间,实施15%、20%的税率,甚至给予零税率;对于附属集团成员之间股息支付,允许100%税前红利扣除,而且股东必须在除权日前的120天内持有股票满60天以上才会按照15%(0或者20%)扣税。对于股息、红利的重复征税的问题,美国采用税前扣除已税所得额的办法予以避免。对证券的遗赠环节实施总遗产与赠与税制,将遗赠证券并入遗产税总额进行征税,税前免征60万美元的累进税,采用18%—42%的超额累进税率。对于应税遗赠证券财产为1万—250万美元的,税率为18%;超过250万美元的,税率水平为40%。居民纳税人每年从遗产税与赠与税中获得抵免限额统一为 19.28 万美元。① 从美国的证券税制来看，比较注重所得课税，取消了交易和流通环节的行为课税。

（二）日本

与其他发达国家税制比较，完整、系统、独立是日本证券税收体系一个明显的特点，不仅涉及各个证券市场环节，而且税种齐全、征税范围广，充分体现了税收对证券市场的宏观调控作用。日本证券二级市场的交易行为课税，主要涉及证券交易税。根据日本证券课税规定，包括公债、地方债券和股指期货在内的受益证券以及股票在内的证券产品，均属于证券交易税的征税范围，以卖方为纳税人，按照成交金额最低征收 0.1‰ 的证券交易税，最高征收 3‰ 的证券交易税。同时，对证券交易所按照其收取的手续费金额征收 12% 的证券交易所得税。

对于股息、红利等投资所得，日本分别征收个人投资所得税和法人投资者所得税。对于法人投资所得，日本并入普通所得征税，获取的股利所得由支付方在支付时按照 20% 代扣代缴所得税，而在计算缴纳法人所得税时，由取得方从其应纳税额中扣除；对于股息所得，如果股息收入大于股息支出，法人投资者从国内获得的股息收入并入法人所得税的应税范围，从而避免股息所得重复征税问题。对于个人投资所得，日本采用单独课税的方式，根据纳税人纳税申报方式的不同而采取不同的方式予以征税。对于个人取得的股利所得低于 10 万日元的，采用源泉扣税的方式予以征税，由上市公司在支付股利时按照 20% 代扣代缴税金，对个人取得的税后股利收入不再纳入个人所得税的申报范围。个人投资者一年内从同一上市公司获得的股息所得超过 10 万日元但不超过 50 万日元的，且持股比例不超过该上市公司股票总数 5% 的，可以选择按照股息所得的 35% 比例税率，由上市公司代扣税金，个人不再申报个人所得税，也可以选择综合申报纳税，但是上市公司代扣的税款可以在综合申报纳税时予以抵免。对于个人获得

---

① 根据 EY（安永）会计师事务所编辑出版的 *Worldwide Corporate Tax Guide*（2015）和 *Worldwide Personal Tax Guide*（2015）整理而成。

的投资所得，不满足上述两种情况的，可以采用综合申报纳税的办法，实行综合征税。具体而言，根据股息所得总额实行 10.5%—70% 的累进税率，但是允许税前扣除 10% 的红利收入，如果个人投资者是借款买卖股票的，允许其税前扣除借款利息费用支出。

对于证券转让所得即资本利得，分个人和法人征收资本利得税。对于个人证券产品转让所得，在征收 20% 比例税率的基础上，附加征收 6% 的地方税，合计税率水平为 26%，但对包括政府债券、公司债券等在内的特殊证券转让所得免征资本利得税。对于法人转让证券产品获得的资本利得，并入普通所得征收 42% 的法人所得税。

对于证券的遗赠环节，采用超额累进税率，分别实行从价计征的遗产税和赠与税。征收遗产税时，税率为 10%—75% 的超额累进税率，同时每个继承人税前限额免征 400 万日元，总遗产的免征额最高可达 2000 万日元。当征收赠与税时，超额累进税率水平为 10%—75%，但是允许税前免征的限额需要根据亲疏关系程度由主管税务机关予以确定。从日本遗赠环节课税来看，大量超额累进税率的使用，能够平衡社会财富分配，防止证券所得课税的漏洞。

### （三）德国

经过多年的发展，德国证券税制涉及的税种比较多，包括所得税、商品税、财产税、印花税和资本税，涉及证券市场的各个环节。对于证券交易行为课税，德国曾经征收 0.1%—0.25% 的证券转移税，但后来认为课税影响市场的流动性而取消。对于公司的投资所得，并入普通公司所得征收公司所得税，税率水平为 15%。[①] 根据德国公司所得税法规定，一般来说，资本损失可以税前扣除。但是，基础交易产生的收益可以免税，资本损失是不可扣除的。因此，股票销售或减值的资本损失不可扣除。此外，在某些情况下，对关联方的贷款带来的资本损失和减值不得扣除。对于个人的投资所得，包括股息红利所得和转让所得，按照 25% 统一税率征税，由股息、股利支付者代扣代

---

① 根据 EY（安永）会计师事务所编辑出版的 *Worldwide Corporate Tax Guide*（2015）整理而成。

缴，由支付者代扣代缴的股息所得，不再进行个人所得税申报。但是，如果投资收益没有被支付者代扣代缴相应税款，则必须在年度总投资收益总额中申报。当平均个人所得税税率低于25%时可以在德国所得税申报表中申报这种收入，将较低的个人所得税税率应用于投资收益。每个投资者每年可以享受801欧元的投资收益免税，一对夫妻每年可以享受1602欧元投资收益免税。对于投资损失，允许税前扣除，然而，净投资损失可以结转为未来的投资收益抵扣，特殊损失考虑规则适用于出售股份所得的资本收益。对于2009年以前收购的股份且占公司股权不到1%的，出售股份的收益不予纳税，在2009年以前收购的股份由于出售所产生的损失，可以在2013年年底以前销售股份和部分其他资产（特别是房地产）的应纳税所得中扣除。如果在2009年以前处置股份所产生的损失在2013年12月31日前未平衡，则不能继续抵消出售股份所得的收益，只能抵消某些其他资产的出售收益。2008年12月31日以后由于收购的股权出售所得的投资收益，不论持有期间按25%计征预扣税，且收益全额纳税。2008年12月31日以后收购的股份出售所产生的损失只能抵消在德国出售股份所得的投资收益。而且任何剩余损失可以结转到下一个日历年。如果卖方在过去五年中直接或间接占有该公司股权的1%，则认为出售公司股份获得的收益是营业收入而不是投资收益，按照普通所得计征个人所得税。此外，对于证券的遗赠行为，德国规定，无论将证券作为遗产转移给继承人，还是赠与亲朋好友，均需缴纳遗产税与赠与税，依据亲疏关系给予10万—50万欧元的免征额，适用7%—50%的税率水平，具体依据亲疏关系确定具体的税率水平。

从总体上来看，德国证券市场税制形成了多环节课税体系，税基宽而税负轻，对证券转让的差价所得课税相对谨慎，以稳定证券市场发展为课税的主要目标是德国证券课税的一个重要特点。

（四）法国

法国对证券市场的交易行为，征收股票操作税。具体而言，对每次交易额不超过5万不足100万法郎的交易行为，不征税；对超过5万不足100万法郎的小额证券交易行为征收0.3%的股票操作税；对交易额超过 100 万法郎的证券交易行为征收 0.15% 的交易税；并且对证券交易税上设封顶，每次征税额最高不得超过 4000 法郎。同时对固定住所不在法国的外国投资者，免征股票交易税，以吸引外国投资者。自 2012 年 8 月起，法国对市值超过 10 亿欧元（约合 13 亿美元）、总部设在法国境内企业的股票交易征收 0.1% 的交易税。

投资所得，包括持有所得和转让所得，分别对个人和法人征收所得税。对于法人投资所得，将资本利得视同普通所得征收公司所得税，基本税率为 33.33%。但是对于销售股票的资本利得使用低税率 15%。对于纳税人销售持有期限超过 2 年的股票销售收入，按照 8% 的税率缴纳资本利得税。对非居民投资者销售从法国公司取得的股票，且持有时间超过 5 年的资本转让所得，按照 16% 公司所得税税率征收公司所得税，同时附加征收社会保障税 3.9%，合计比例税率为 19.9%；对持有时间不足 5 年的，仍按照 33.33% 的税率征收公司所得税。如果纳税年度出现亏损，允许纳税人在不超过 5 个纳税年度内结转抵扣，但是证券类交易亏损不得抵补非证券类的所得。根据证券课税法，在资本化参与方面的资本损失可以不再抵消资本收益。2007 年 1 月 1 日或以后开始的第一个纳税年度之前的纳税年度截止日期之前存在的长期资本损失将被归零。由风险共同基金（FCPR）和风险投资公司（SCR）出售的持有时间至少 5 年的股份所获得的资本收益，按 15% 计征所得税。与符合 15% 类别条件的利益相关的长期资本损失只能抵消相应类别的长期资本利得。对支付给非居民纳税人的股息适用 30% 的预扣税，与法国签订税收协定的外国投资者，可以按照相应的税率减税计征。对于法国公司支付给欧盟母公司的股息免税，对于具有控制权且持有期限满 2 年以上的股息等投资所得，予以免税。对于没有签订税收协定的分配利润，预扣税率提高至 55%。

个人投资所得，包括投资所得和资本利得。法国规定，对居民取得的来自上市公司的证券转让所得，征收 16% 的资本利得税。在 2012 年 9 月 28 日之前，按照以下规则征税：如果满足四年授权期限，但股票尚未持有至少两年，证券转让差价将以 45.5% 的平均税率（包括 15.5% 的社会税）征税，税额限额为 155500 欧元，或者以 56.5% 的固定税率（包括15.5%的社会税）征税；如果满足四年期限和股票持有期限两年期（即在期权授权日期和通过行使期权获得的股票出售日期之间至少有六年，包括股份持有期至少为两年），以33.5%的固定税率征税（包括15.5%的社会税），最高税额限额为152500欧元，或者以平均税率45.5%（包括15.5%的社会税）计征资本利得税。当以家庭为单位申报纳税时，应纳税家庭出售上市或非上市股份，债券或相关资金实现的资本利得按纳税人边际税率征税（2014年最高边际税率为45%）。此外，法国税法规定从授予之日起至交付之日至少为期两年的股份加上收到股份的最低持有期限为两年（自2012年9月28日以来批准的限售股，如果归属期为四年以上，不再要求两年持有期）。满足归属及持有期限的，所得税费用推迟至股份出售之日，不加征社会保障税。对于证券的遗赠环节，一般来说，根据遗赠证券的市场价值征收5%—45%超额累进税率的遗产税与赠与税。满足条件的兄弟姐妹可以免征遗产税。在没有满足条件的前提下，每个兄弟姐妹可以每个纳税年度分别享受15932欧元免征额，超过24430欧元的，遗产税率为35%，超额税率为45%。其他亲属超过5794欧元的部分按55%的税率征收，其他人超过5994欧元的部分以60%的税率征税。赠与税税率通常与遗产税相同。然而，对于配偶的遗赠所得可享受80724欧元的个人免税额，超出的部分适用5%—45%超额累进税率。[①]

此外，2005年，法国对上市证券转让资本利得超过15000欧元的，征收11%的社会附加。同时对居民获得股利的税收饶让予以承认；对于从非税收协定国获得的股利所得，只就现金股利征收，但不能享受税收优惠。

（五）澳大利亚

澳大利亚对证券买卖行为征收印花税，由买卖双方缴纳，税率为3‰，计税依据为买卖成交的金额。对于法人投资所得，将证券转让的净资本利得并入公司所得额，按照30%计征公司所得税，对于净资本损

---

① 根据EY（安永）会计师事务所编辑出版的 *Worldwide Corporate Tax Guide*（2015）和 *Worldwide Personal Tax Guide*（2015）整理而成。

失,允许往后结转,用以后年度的资本利得进行弥补。对于集团公司内部的净资本损失,在一定限制条件下允许集团公司内部之间相互结转弥补。澳大利亚的税法使用判例法的原则来区分收入的收益和损失。概括地说,资本损益不适用按普通所得税相关法规定的抵扣或扣除。但是,税法中的资本利得税(CGT)规定可能适用。按照澳大利亚公司所得税法规定,资本损失只能从应税资本收益中扣除;它们不能从普通收入中扣除,但普通或交易亏损可从应纳税所得额净利润中扣除。对于因证券投资而获得的股息、股利所得,为了避免重复征税,采用归集抵免的方法。比如,对应纳税所得计征税款的同时,允许被支付公司代扣代缴的税款从应纳税额中抵免,但是对于非居民纳税人发放的股息等投资所得则不能享受税收抵免待遇。

对于个人投资所得,包括投资转让的资本利得和股息、股利等投资所得,居民(但不是临时居民)就全球收入纳税,包括出售资本资产所获得的收益。资本资产包括不动产和个人财产以及为个人投资收购的股份。对于持有至少 12 个月(不包括购买和销售的日期)的资产,只就其资本收益的 50% 纳税。超过本年度资本利得的资本损失〔在适用 50% 折扣之前(如适用)〕不能抵扣其他收入,但可以结转以抵消未来资本收益。非居民和临时居民仅在处置澳大利亚境内应税资产(包括应税证券)产生的收益时才应纳税。从 2012 年 5 月 8 日起,50% 的资本利得折扣不再适用于澳大利亚的临时居民和非居民。如果个人对 2012 年 5 月 8 日的资产进行市场估值,那么在 2012 年 5 月 8 日之前累积的收益部分仍然有资格获得全部资本利得税折扣。

对汇出境外的股息、利息征收预提税。一般情况下,与澳大利亚没有签订税收协定国家的居民在澳大利亚取得的下述三项收入并汇出国外的,税率分别为:股息 30%,利息 10%,特许权使用费 30%。有税收协定国家的居民按协定税率缴纳预提税。[①] 同样,为了避免股息所得的重复征税问题,澳大利亚对个人股息收入实行归集抵免制度,

---

① 贵州省国家税务局网(http://www.gz-n-tax.gov.cn/zcfg/fwzcqqy/fwzcqqy_4/201506/t20150610_57439.html)。

即居民个人获得居民公司发放的股息在缴纳个人所得税时可以与用在公司环节缴纳的公司所得税相抵,多退少补。

根据澳大利亚个人所得税的规定,居民只有超过 18200 澳元才开始适用 19%—45% 的超额累进税率。此外,澳大利亚对证券的遗赠环节并没有开征遗产税与赠与税。

### (六) 加拿大

与美国证券市场一样,加拿大并没有征收证券交易印花税。加拿大规定,对于法人投资所得并入公司所得税的应税所得计征,居民纳税人资本收益的应纳税所得额和资本损失的可抵扣部分为 50%,即将 50% 资本收益计入应纳税所得额,同时允许税前抵扣的资本损失也为 50%。资本损失(允许营业投资损失除外)超过应纳税所得额的可抵扣部分被称为"净资本损失",可以转回三年,无限期结转,但仅适用于应纳税所得额。如果一个人或一组人取得对公司的控制,则在控制权变更前一年内不能扣除控制权变更前发生的净资产损失。此外,禁止在变更管制之前将资本损失转回多年。如果以其他方式出售证券的经销商或作为正常交易性质的承诺中被视为出售,则产生的任何损益可被完全纳税或扣除。对于股息所得,一般规定从另一家收到的股息是完全可以扣除的,但是为防止私人公司使用投资组合股息收入获得大幅减税,此类公司从投资组合获得的股息将享受 33.33% 的特殊税率退税。对某些偏好型股票支付的股息可能征收附加税。加拿大公司向加拿大居民个人支付的股息一般都是应纳税的,但个人也因为收入已经通过公司缴税而得到税收抵免。从作为加拿大纳税人的外国子公司的非居民公司收到的股息可以免税。加拿大的税法规定,无论居住国家如何,加拿大的国民税法都可以免除加拿大支付给长期非居民的利息的预扣税。此外,不论收款人与付款人的关系如何,预扣税不适用于被视为限定范围的"完全免税利息"。对于非居民纳税人,只就来源于加拿大境内的资本利得计征预扣税,对于来源于加拿大境内的股息所得计征 25% 的预扣税。对于加拿大居民纳税人来说,联邦公司所得税的基本税率为 15%,但是各省在此基础上计征附加税。2015 年由联邦和省联合计征的税率水平在

25%—31%变动。

对于个人投资所得,加拿大区分外国投资者和国内投资者进行征税。对外国投资者而言,无资本利得税,股息税税率为25%,中加税收协定规定股息税税率为15%;对拥有支付股息公司至少百分之十选举权股份的公司,不应超过该股息总额的10%。对居民在加拿大公司收到的股息进行特别处理,区分"合格股息"或"不合格股息"予以差别课税。合格股息是指加拿大公民从加拿大公司中获取的股息,而非合格股息则是指非加拿大居民从加拿大公司中获取的股息。从2013年2月起,合格股息与非合格股息的最终数额都需要折合成税前数额计算,折合方法是:合格股息按照最终分得的股息乘以1.38计算应纳税所得额,非合格股息按照最终分得的股息乘以1.25作为最终应纳税所得额。将合格股息和非合格股息合计作为应纳税所得额,适用15%—33%的累进税率。同时,不同的股息所得拥有不同额度的股息抵免额。对于合格股息,可以享受合格股息所得15.0198%的抵免额;对于非合格股息可以享受11.0169%的抵免额。加拿大联邦个人所得税税率见表6-2。

表6-2　　　　　　　　2016年加拿大联邦个人所得税税率

| 税率(%) | 应税所得(加元) |
| --- | --- |
| 15 | 45282及以下 |
| 20.5 | 45283—90563 |
| 26 | 90564—140388 |
| 29 | 140389—200000 |
| 33 | 200001及以上 |

资料来源:Canada Revenue Agency.

对于符合条件的股息,收到的实际金额的138%包括在收入中,并且允许联邦税的抵免额相当于股息现金金额的20.73%。对于来自加拿大公司的其他应税股利,所收到的实际金额的118%包括在收入中,并且允许对联邦税的抵免额相当于股息现金金额的13%。对于上市公司支付给非居民纳税人的股息所得，计征 25% 的预扣税，由上市公司在支付时代扣代缴。但加拿大的双重征税协议在大多数类型的非居民被动收入中普遍将预扣税减免到 15% 或更少。

对于资本利得和资本损失，个人持有股份的年度资本收益的 50% 被纳入应纳税所得额，是指超过该年度资本损失的 50%。如果个人在不同日期取得了特定公司的股份，则必须对相同股份的调整后成本基础进行平均，以确定处置该股份的资本收益或亏损。出售证券的资本损失不能用于减少本年度的其他应税所得。实际发生年度未使用的资本性损益只能在以后年度内实现净资本收益时扣减。未利用的资本损失可以转回前三年中的任何一年，或者可以无限期结转。此外，由于加拿大只征收房产遗产税，对于证券的遗赠环节以资本利得税形式收取遗产税。

（七）英国

对于股票的买卖交易行为，以购买金额的 5‰ 缴纳印花税、以非货币性交易获得股票等证券的，则以资产价值为基础计征印花税。但是对受赠而获得的证券交易，不需要支付印花税。

法人投资所得，包括转让的资本利得和投资所得。英国规定，资本利得按正常公司税率征税，自 2014 年 4 月 1 日起的财政年度，大公司（应税利润高于 150 万英镑的公司）的公司税的主要税率为 21%。从 2015 年 4 月 1 日起的财政年度，税率将降至 20%。主要股权豁免（SSE）指在其他贸易公司或集团的大额持股量（超过 10%）的贸易公司或集团所占的出售资金中，宽免豁免英国税收。资本利得税一般不对非居民征收。因此，外国非居民母公司在英国子公司出售股份时不支付任何税款。但是从 2013 年 4 月 6 日起，对公司（英国和非英国居民）可以收取 28% 的资本利得税。资本损失可以抵消同一会计期间的资本收益或无限期结转，但不能退回，而且资本损失不得用于减少交易利润。

对英国居民公司支付的股息不征收预扣税。对于英国居民公司收到的股息，实施股息免税制度，即可以抵免股息支付公司代扣代缴的税款。"小"公司 2009 年 7 月 1 日后获得由居民企业支付的免税类、非指定类的境内支付的股息，通常免英国公司税。公司以外的英国居民股东将根据所收到的分配收取所得税加上认定的税收抵免。股息附加的被视为税收抵免等于净股息的1/9。对于与英国签订双边税收协定的部分国家，英国公司的外国股东可能会要求支付一部分或全部这种被认可的英国个人可以使用的税收抵免。但是，在大多数情况下，利益被消除或减少到可忽略的数额。

对于个人投资所得，英国规定，股票、债券（包括国债）、基金投资都必须缴纳资本利得税，以同一纳税年度证券转让所得依次扣除证券转让损失和年度免征额后为年度应纳税净资本利得，实行18%—20%的超额累进税率，属于个人基本利率区间限制的应课税收益适用18%的税率，超过基本利率区间的应课税收益适用28%的税率。资本损失可以从同一年度的资本收益中扣除。任何允许的未使用资本损失可以无限期结转，以减轻未来收益的税负。此外，如果资金不汇入英国，被认为不在英国居住的个人可能不会对离岸收入和资本利得缴纳英国税。所有接受英国资本利得税（CGT）的个人都有权享受每年的资本利得税的豁免，但是如果要求汇款基础，则需要满足汇款基础条件。

对于来自公司、单位信托或是开放式投资公司（即基金公司）的股息红利所得，如果股息所得低于35000英镑，适用10%的基础税率；股息所得在35000—150000英镑的，适用32.5%较高的税率；超过150000英镑的股息所得，按照42.5%税率纳税。同时，允许股息已纳税款从应纳税额中抵减。但如果股息的税收抵免额超过应纳所得税税额，则无法获得相应的税收返还。英国股息持有不可退回的10%名义税收抵免。自2008年4月6日起，由申请或有权从汇款中受益的较高或额外的纳税人汇入英国的外国股息将被征收40%的高税率或45%的附加税率，而不是32.5%或37.5%（不使用汇款基础的居民收到的外国股息仍然按照与英国股息相同的税率征税）。对于股票等证券的遗赠环节，英国开征遗产税与赠与税，同时享受税前免征额40万英镑，视不同情况适用0—40%的税率水平。

## 二 西方发达国家证券二级市场课税制度所呈现的制度性特点

### （一）涉及证券课税的所有环节，体现普遍征税的原则

证券市场税收包括证券发行环节税收、证券交易环节税收、证券转让环节税收、证券分配环节税收和证券遗赠环节税收。从西方发达国家主要证券市场课税的政策来看，课税涉及证券市场发展的所有环节，主要体现在日本和德国的证券课税上。根据日本证券的课税规定，不仅在证券的发行环节征收证券许可税和印花税，而且还对包括转让形成的资本利得和股息、红利等投资所得予以课税，也对证券的遗赠所得征收遗产税与赠与税；不仅对证券的发行课税，也对证券交易、转让、分配环节和遗赠环节课税；不仅流转税比较齐全，所得税也比较全面。根据德国证券课税的规定，德国逐步形成多环节的课税体系，税基宽而税率低是德国证券课税的主要特点。从这些国家证券市场课税的规定来看，充分体现了普遍征税的原则，但美国和加拿大对证券交易环节并不征收印花税。

### （二）为防止课税对市场流动性的影响，对证券交易课税普遍采用低税率

对证券交易行为进行征税，会增加证券交易的成本，进而影响市场的交易频率和量能的流动性。从世界西方发达国家证券交易课税来看，虽然各国采用不同的征税方式对证券交易行为按照成交金额课税，但是对证券交易课税的同时，普遍采用低税率，甚至取消对证券买卖交易行为的课税，这主要是为了避免影响证券市场的流动性。从各国的证券交易印花税的税率水平来看，普遍采用3‰的税率水平，也采用1‰的税率水平，最高税率为5‰。但是法国证券交易税比较特别，按照交易金额的大小实行累进税率。美国和加拿大，为了避免课税对证券市场流动性的抑制作用，取消了对证券交易行为的课税。

### （三）法人投资所得普遍并入普通所得课税，普遍采用比例税率

从各国证券市场课税的规定来看，区分法人投资者和自然人个人投资者，分别对证券投资所得（包括资本利得和股息、红利等投资所得）课税。对于法人投资所得，各国普遍的做法是将其并入普通所得计征公司所得税，采用比例税率形式，但各国税率存在差异。各国普遍允许投资损失税前扣除，而且可以结转扣除。虽然各国规定税前豁免额度不一，但是大部分国家允许税前豁免。同时，各国对法人投资所得并入普通所得计征公司所得税的做法存在差异，主要是体现在投资损失扣除方面。有的国家允许将投资损失无限期结转扣除，但是普遍规定只能从未来相应投资收益中抵扣，不得弥补其他应税收入。而且，为了避免法人的投资所得的重复课税问题，普遍采用归集抵免的办法，允许从当期应纳公司税额中予以扣除，有的国家则直接将已缴纳税额的投资所得作为公司所得税予以免税。

### （四）个人投资所得、利得普遍独立课税

将个人证券投资转让的资本所得和因持有证券获得的利得计征个人所得税或者资本利得税，是各国的普遍做法。关于个人投资所得的课税，各国普遍独立课税，即使没有设立独立资本利得税的国家，对个人证券投资所得和损失均独立规定课税。从各国证券课税政策中可以看出，美国根据持有时间对个人投资所得区分长期投资所得和短期投资所得计征所得税，同时允许个人投资者税前每年限额扣除投资损失3000美元，当年没有抵扣完的投资损失，允许无限期结转抵扣证券资本所得。法国则征收16%的资本利得税，允许一定的年度豁免额。各国对个人投资所得要么并入个人所得税独立课税，要么作为资本利得独立设立资本利得税。无论采用什么方式对个人证券投资所得予以课税，各国普遍采用超额累进税率形式，体现量能课税原则，不仅有根据持有时间长短而实施的累进税率，如美国、加拿大等国，也有在给予一定年度豁免额度的基础上采用超额累进税率，如德国、法国、澳大利亚等。

### （五）力求避免重复课税问题

从各国股息红利所得的课税规定来看，各国采用不同的方式方法

避免重复课税问题，这主要体现在对所得的课税方面。对法人投资所得采用抵免的方式避免重复课税问题，对于法人投资者从另一境内上市公司获得的投资所得，如果已经被支付者代扣代缴税款，在普遍并入普通所得计征公司所得税的同时，允许从应纳所得税额中扣除支付者代扣代缴的税款。对于个人投资者获得的由支付者代扣代缴税款的投资所得，如股息红利所得，允许抵免支付者代扣代缴的税款。虽然不同的国家避免重复征税的方式方法存在差异，但是体现了各国力求避免因投资而获得的税后所得的重复课税问题，体现了各国利用税收手段对市场运行的调节。

**（六）税种设置差异较大**

各国证券课税涉及证券市场运行的各个环节和各个交易行为，也根据本国证券市场发展需要和社会政治经济文化背景设立了相应的证券课税税种。但是从各国证券税种设置来看，不仅税种的名称各异，而且每个税种的具体征税范围、税率水平、征税环节以及征税方式方法等均存在明显的差异，与实体经济一般流转税、所得税不断趋同的现象明显不同。就遗产税与赠与税来说，美国实行总遗产与赠与税制，而日本实行分遗产与赠与税制，更能体现差别课税和课税的公平性。

**（七）体现课税利益与投资风险共担的特点**

西方发达国家证券市场课税体现了政府课税与投资风险共担的特点，主要体现在允许损失扣除，而且是无限结转扣除。这就等于是在证券投资盈利时，政府正常征税；在投资损失时，体现风险分担原则，允许投资损失税前扣除。虽然很多国家是采用限额的方式扣除，但也体现了国家征税的同时对市场风险的承担。

**（八）注重税收对证券市场的调控作用**

这一方面体现了普遍课税，涉及证券市场运行的各个方面，在税基宽的同时普遍采用了低税率，甚至免税；另一方面还体现在普遍采用累进税率形式、采用不同方式方法避免重复征税方面。此外，允许投资损失限额扣除或结转扣除，以及给予年度相应限额豁免等做法，体现了国家在课税的同时，注重对证券市场的税收调控作用。

## 三 西方发达国家证券二级市场所体现效率课税的制度性问题

以美、日为代表的西方发达国家的证券市场，也是逐步发展成熟的。从其发展的市场调控历程，从市场投资者投资行为和投资理念的培养等进行分析，可以发现西方发达国家证券市场发展中税收调控产生的重要影响。总体上而言，与我国证券市场相比，现阶段西方发达国家证券市场发展相对平稳，特别是2008年金融危机爆发以来，市场波动性并不比我国证券市场大，市场投资者非理性投机行为并没有盛行，市场分配特别是主动性分配意愿强于我国，现金分红比例比我国高。影响证券市场的因素是多方面的，但是无论是从上市公司质量、信息披露质量等方面，还是从粉饰、包装等市场行为方面来观察，美、日等西方发达国家证券市场效率课税的制度性问题非常明显。

首先，全面、系统的课税制度体系，保证了对市场的有效课税。从前述美国、日本、德国、法国、加拿大、澳大利亚以及英国等国证券市场课税制度可以看出，相对我国，西方发达国家的证券课税较为完善，征税面广、税种设置体系相对完善，课税环节已经形成多环节的课税体系，这主要是由于其市场起步比较早，市场制度体系相对健全所导致的。但是从市场运行来看，全面、系统的课税制度体系，保证了对市场交投行为和交投所得尽可能地有效课税。美国虽然取消了对证券交易环节的课税，但是有相对完善的证券所得课税制度。日本证券税制不仅税种设置多，而且涉及发行、交易、分配和遗赠等证券市场运行的全环节。虽然课税制度的豁免以及课税优惠政策会不可避免地导致一定课税流失，但全面、系统的课税制度规定，对各环节的交投行为形成一定的牵制，影响投资者的投资策略选择，更为重要的是对市场的有效课税，平衡了各种市场交易行为和投资所得的税负问题。

其次，合理的、充分考虑市场运行的课税制度体系，增强了市场抗风险能力。普遍征税，但是普遍采用低税率的方法，充分考虑了课税对市场运行的影响，降低了对市场流动性的影响。美国等取消证券交易税，注重对市场投资所得的课税，更加注重税收在证券市场的合理布局，也充分考虑了证券市场运行的特殊性，避免了我国当前证券交易印花税制度形成的"无论盈亏，均需缴纳"的不利于市场运行的交易税收环境。股息、红利重复征税问题的解决，允许股息、红利已纳税款的抵扣，增强了上市公司主动分配的意愿，也就促进了市场投资者特别是中小投资者进行中长期投资的意愿，从而降低市场的波动性。对资本利得普遍采用累进税率形式，获利越大，适用的税率水平就越高，对市场投资者的短期投机行为形成了良好的抑制作用，降低了市场投资者的炒作投机策略选择的意愿，而且对不同盈利水平的投资主体之间的有效课税，也促进了相互之间的策略选择。若税收政策有效地提高了上市公司的分红比例特别是现金分红比例，将在很大程度上降低那些愿意进行价值投资的投资者的交易频率，也就降低了市场高频交易行为。从对美、日等发达国家证券课税的整理可见，现有政策以提高上市公司发行质量、鼓励上市公司主动分配、参与纳税主体风险共担为主要特点，其累进税率普遍的、合理的税收布局，充分考虑市场运行的实际情况，对于市场各个环节形成了相互牵制制衡的课税体系，增强了市场抗风险的能力。特别是 2008 年金融危机以来，美、日股票市场的波动性明显比我国证券市场波动性小，合理的课税制度是一个不可忽视的重要因素。

## 第三节  我国证券二级市场效率课税的制度问题研究

证券市场从起步，到不断发展成熟，欧、美、日的调控历程说明，证券市场的稳定健康发展是各项调控政策措施综合作用的结果。税收是国家宏观调控的重要手段，在现代经济不断发展、社会不断金融化的背景下，税收已经成为世界各国调控证券市场的一种重要杠杆和手段，是世界各国倡导的减少行政干预的一种重要经济调节手段。合理系统地考虑市场运行特点和实际情况的课税体系，对证券市场的稳定健康和长远发展至关重要。多层次的资本市场体系必须要求多层次的税收制度与之相适应。我国证券课税与证券市场发展不相适应的问题一直存在，从我国证券市场建立之初，证券市场课税的问题就一直是投资者、学术界和管理层所普遍讨论的问题。2000—2005 年持续熊市，包括股票、债券和基金市场在内的证券市场发展与经济发展速度相背离，证券市场不能成为实体经济发展的晴雨表。2005 年开始市场复苏，到 2006—2007 年我国证券市场非理性上涨行情，以及 2007—2008 年由于金融危机所带来的市场非理性暴跌行情，期间印花税的调整持续成为市场关注的热点，市场运行与印花税调整目标背离也成为学界和社会普遍热议的话题。此外，我国市场交投过程中的各种"市场化"的投机行为普遍存在，市场监管的适度性和恰当性问题也是市场投资者普遍讨论的问题。现行证券市场税收政策的效率低下、体系不完善、方式不当等带来的税收流失的问题也十分常见。与西方发达国家证券市场课税相比较，我国证券市场课税长期存在诸多的制度与征管问题，需要进一步完善我国的证券市场课税体系，使之布局合理，与我国证券市场运行实际相适应，充分考虑中小投资者利益以及课税行为对市场运行的宏观调控作用。

## 一　税收调控思路问题

### （一）我国现有证券市场交易行为和交易所得课税政策主要规定

证券市场课税主要涉及发行、交易、转让、分配和遗赠环节的课税，不同的国家虽然存在课税方式和方法的差异，但是总体上均是根据不同的交易环节予以课税，日本证券市场课税主要体现了这一点。我国当前证券市场课税主要涉及营改增后的增值税、企业所得税、个人所得税和印花税等，是一种流转税为主、所得税为辅的证券课税结构。

1. 流转税方面

主要涉及增值税和印花税。根据印花税有关规定，股份制企业向社会公开发行的股票，因购买、继承、赠与所书立的股权转让书据，均依当日实际成交价格计算的成交金额，由立据双方当事人分别按照

3‰的税率缴纳印花税（包括 A 股和 B 股）；从 2008 年 4 月 23 日，财政部宣布将证券交易印花税税率调整为 1‰，2008 年 9 月 19 日起，实行单边征收，由卖方缴纳 1‰的印花税，买方不再缴纳印花税。① 同时规定，在沪深证券交易所、全国中小企业股份转让系统买卖、继承、赠与优先股、股票所书立的股权转让书据，均依书立时实际成交金额，由出让方按 1‰的税率计算缴纳证券交易印花税，实行单边征收②；香港市场投资者通过沪港通买卖、继承、赠与上交所上市 A 股，按内地现行税制规定缴纳证券（股票）交易印花税；内地投资者通过沪港通买卖、继承、赠与联交所上市股票，按香港特别行政区现行税法规定缴纳印花税。③ 但是根据印花税规定和沪深交易所的规定，对债券、基金的买卖行为，不征印花税。按照现行营改增后的增值税规定，金融服务、金融商品转让均属增值税的征税范围，金融服务以直接收取的费用按照 6%的增值税税率计征增值税，金融商品转让则以金融商品转让的差价，按照 6%的增值税税率计征增值税，金融商品差价转让为负数的，允许其在一个纳税年度内同一证券产品的正负差价之间进行抵扣。但是，对 QFII 委托境内公司在我国从事证券买卖业务、香港市场投资者（包括单位和个人）通过沪港通买卖上海证券交易所上市的 A 股以及通过基金互认买卖内地基金份额、证券投资基金管理人运用基金买卖股票和债券、个人从事金融商品转让业务、持有政策性金融债券等，免征增值税。④

2. 所得税方面

主要涉及企业所得税和个人所得税。根据企业所得税规定，法人

---

① 《中华人民共和国印花税暂行条例》，1988 年 8 月 6 日国务院令第 11 号发布，2011 年 1 月 8 日国务院令第 588 号修改。

② 《财政部 国家税务总局关于在全国中小企业股份转让系统转让股票有关证券（股票）交易印花税政策的通知》（财税〔2014〕47 号），2014 年 5 月 27 日；《财政部 国家税务总局关于转让优先股有关证券（股票）交易印花税政策的通知》（财税〔2014〕46 号），2014 年 5 月 27 日。

③ 《财政部 国家税务总局 证监会关于沪港股票市场交易互联互通机制试点有关税收政策的通知》（财税〔2014〕81 号），2014 年 10 月 31 日。

④ 《财政部 国家税务总局关于全面推开营业税改征增值税试点的通知》（财税〔2016〕36 号），2016 年 3 月 23 日。

投资者从证券投资获得的转让所得以及因持有证券等权益性资产而获得的权益性所得，属于企业所得税的应纳税所得额，按规定计征企业所得税。但是持有时间超过 12 个月的权益性投资所得以及国债的利息收入，属于我国企业所得税的免税收入。根据个人所得税的有关规定，个人转让股票的所得，暂免征收个人所得税，除此之外的转让所得，均需按照财产转让所得缴纳个人所得税，但沪港通的转让所得有相应的优惠政策。对于个人因持有而获得的股息红利所得，我国个人所得税规定，根据持有期限而实施差别化个人所得税政策，具体规定，个人从公开发行和转让市场取得的上市公司股票，持股期限在 1 个月以内（含 1 个月）的，其股息红利所得全额计入应纳税所得额；持股期限在 1 个月以上至 1 年（含 1 年）的，暂减按 50% 计入应纳税所得额；上述所得统一适用 20% 的税率计征个人所得税。自 2015 年 9 月 8 日起，个人从公开发行和转让市场取得的上市公司股票，持股期限超过 1 年的，股息红利所得暂免征收个人所得税。全国股份转让系统的股息红利所得执行上述同样的个人所得税政策。[1] 对于沪港通的内地投资者的股票转让差价所得，自 2014 年 11 月 17 日起至 2017 年 11 月 16 日止，暂免征收个人所得税；通过沪港通从上市 H 股、非 H 股取得的股息红利，按照 20% 的税率缴纳个人所得税。个人投资者在国外已缴纳的预提税，可持有效扣税凭证到中国结算的主管税务机关申请税收抵免。对于沪港通的香港市场投资者（包括企业和个人）投资上交所上市 A 股取得的转让差价所得，暂免征收所得税；因投资上交所上市 A 股取得的股息红利所得，暂不执行按持股时间实行差别化征税政策，由上市公司按照 10% 的税率代扣所得税。[2] 此外，对于个人买卖基金的价差收入免征个人所得税，对于从基金分回的股息、红利收

---

[1] 《财政部 国家税务总局 证监会关于实施上市公司股息红利差别化个人所得税政策有关问题的通知》（财税〔2012〕85 号），2012 年 11 月 16 日；《财政部 国家税务总局 证监会关于实施全国中小企业股份转让系统挂牌公司股息红利差别化个人所得税政策有关问题的通知》（财税〔2014〕48 号），2014 年 6 月 27 日；《财政部 国家税务总局 证监会关于上市公司股息红利差别化个人所得税政策有关问题的通知》（财税〔2015〕101 号），2015 年 9 月 7 日。

[2] 《财政部 国家税务总局 证监会关于沪港股票市场交易互联互通机制试点有关税收政策的通知》（财税〔2014〕81 号），2014 年 10 月 31 日。

入免征个人所得税。对于国债、金融债券的利息收入免征个人所得税，但是对于债券的买卖价差收入需要缴纳所得税（包括企业所得税和个人所得税）。

3. 财产税方面

主要涉及遗赠行为的课税。由于我国还没有开征遗产税和赠与税，对于证券市场的遗赠行为并没有开征遗产税和赠与税，只是就遗赠行为的所有权转移行为，计征证券交易印花税，而且对于公益性捐赠行为免征证券交易印花税。对于受赠人取得的受赠收入，需要作为企业所得税的其他收入纳入应纳税所得额，而对于受赠人为个人的，则作为其他所得，作为一种偶然性所得计征个人所得税。对于赠与人而言，运行期内可以在企业所得税或个人所得税前按照规定扣除其公益性捐赠支出，但是对于其直接捐赠行为不得税前扣除。

(二) 主要存在的税收调控思路问题

从上述证券课税的规定来看，总体上，我国基本上是证券投资所得并入普通所得课税，证券课税的整体调控不明显。虽然对特殊业务进行了一些特别优惠的规定，但是从课税在不同环节的布局来看，我国证券课税的整体调控思路不明显，更多地体现为为了税收收入而课税，税收政策对市场投资的导向功能不强，特别是利用不同环节的课税相互制衡的调控思路不明显。一方面，课税范围比较窄，导致税收调控面非常有限。从现有的税收政策来看，我国对一级市场的交投行为并没有征税，对场外交易以及有价证券的继承与遗赠，均缺乏相应的税收政策规定，并没有形成系统的、类似于西方发达国家那样的比较接近市场运行的税收政策体系。而且，对于债券、基金的买卖行为不征印花税，不利于公平税负。另一方面，无论是不同环节的课税布局，还是股息、红利等税收政策的设计，我国证券课税制度不仅缺乏不同环节的交投行为和交投频率的因素考虑，而且也缺乏通过鼓励上市公司分配的税收政策安排来引导市场价值投资。对所得课税，我国并没有独立课税，更多的是将其并入普通所得税计征企业所得税和个人所得税，容易形成对市场课税不足的问题，也就弱化了税收政策对市场的调控力度。此外，我国证券课税普遍采用比例税率，比例税率的累退性，也导致了对市场课税不足。

从总体上来看，我国课税布局不够合理、征税范围窄，导致调控范围有限等。我国证券市场税收制度与市场发展不相适应，缺乏规范性和系统性的同时，课税面窄，重复征税现象比较严重，对证券一级市场和二级市场诸多交易行为和交易所得缺乏相应的税收约束，有失税收公平性，造成经济行为扭曲，容易误导投资，降低市场效率，影响证券市场的稳定和长远发展。而且，由于税收对市场的调控思路不够明显，课税政策带来诸多市场投机行为，也弱化证券市场优化资源配置的基础性功能。

## 二　印花税的双重性问题

对于证券买卖交易行为，我国主要课征的税种是印花税，但是根据印花税的规定，我国对股指期货交易和基金买卖行为并不用缴纳印花税。而根据我国证券市场交投的实际情况，证券一级市场的交投是不用缴纳任何印花税的，买卖债券特别是特殊债券的买卖交投行为以及基金买卖行为，是不用缴纳印花税的。所谓印花税的双重性问题，是指我国对投资所得（包括转让的资本利得和因持有而获得的投资所得）征税不足，印花税既调节证券交投行为，又承担对投资者收入的调节责任。根据我国个人所得税规定，个人股票的转让所得暂不征收个人所得税，而现行股票交投行为的印花税是单向征收，由股票卖方于出售时，根据成交金额缴纳1‰的印花税。这种单向征收，无论投资者是否盈利，均需要根据卖出时的成交金额缴纳印花税，由于我国对股票的转让所得暂免征收个人所得税，特别是我国诸多环节均缺乏相应的税收调节，比如遗赠环节，这种印花税课征方面被赋予了多重调控目标。特别是对于各种沪港通以及特殊交投行为的减免规定，印花税的这种双重性问题更为明显。

印花税的这种双重性问题，造成了对市场收入的课税不足，特别是对遗赠环节的课税不足。而且，由于担忧课税行为对市场流动性的影响，世界各国普遍对证券交易印花税采用低税率，这就导致了我国现行印花税的双重调节身份与其本身不符，固定比例税率的采用加剧了市场对投资所得的累退性课税。总体上来说，印花税的双重调节目标，不利于市场对交投行为的课税，获利空间越大的，其实际所得的税负相对越低，实际上造成市场个人投资者之间的一种不公平税负，也就导致了不同投资规模的投资者之间对市场的炒作等投机行为，不会考虑投资对象的实际投资价值，因为印花税的交易成本在投资者交投总成本中的占比非常小，不足以影响投资者的投资策略，更何况我国现有印花税并没有类似于法国的证券交易印花税按照交易额大小实施具有累进性的印花税税率。此外，印花税长期以来的这种双重性问题是我国频频印花税调整却对市场调节效果在弱化的重要原因。从我国历史上印花税调整及市场表现的实际情况可以看出，2000年以来的每次印花税调整对市场的短期效果比较明显，但是中长期影响效果并不明显，而且印花税调整时频频与市场调节目标相背离，频频成为市场短期炒作的契机，这是我国现行印花税的这种双重性所导致的市场调节力度弱化的重要体现。

## 三　重复征税问题

所谓重复征税是指同一征税主体或者多个征税主体对同一征税对象进行两次或者两次以上的征税行为，其表现为同一主体的同一课税对象的多次征税行为，或者是不同主体对同一征税对象的多次征税行为。我国证券市场中最为明显的重复征税问题是股息、红利的重复征税。首先是法人与法人之间的股息红利所得的重复征税问题。股息红利所得是上市企业税后的利润分配，是企业已经缴纳企业所得税后的净利润，按照我国税法规定，股息红利所得一般情况下是由支付者在分配支付时代扣代缴应纳税款。法人投资者因投资持有而获得的股息红利所得，则构成其应纳税所得额的组成部分，如果其持有时间不超过12个月，则这一部分股息红利所得则会因为法人投资者再次计征企业所得税而存在重复征税问题。其次是法人与个人之间的股息红利所得的重复征税问题。也是由于个人投资者获得的股息红利所得，已经是上市公司的税后利润的分配，但是个人投资者取得时还需要按照"利息、股息与红利所得"项目计征个人所得税，由上市企业在支付股息红利所得时代扣代缴。这种重复征税问题同样也存在于上市企业与基金管理单位以及基金管理单位等代理理财单位与个人投资者之间。对我国的股息红利所得的重复征税普遍存在，这造成上市企业分配的股息红利所得越多，特别是现金分红越多，则股东的税负越高，越不利于激发投资者的投资积极性。

对于股息红利所得带来的重复征税问题，西方发达国家主要通过归集抵免的办法或者直接免税的方法进行避免或者缓解。所谓归集抵免是将股息红利所得的已纳税款从当期应纳税额中扣减，就其多余的税款缴纳。直接免税的方法是将已税的股息红利所得从应纳税所得额中直接免除，以其差额计征税款。无论是法人投资者还是个人投资者，我国现行税法的规定均缺乏相应的避免重复征税的方法，从而扭曲了市场主体的投资行为，影响了市场的运行效率，不利于市场的稳定健康发展。

更为严重的是这种重复征税的存在不利于鼓励分红，特别是鼓励上市公司主动分红和提高现金的意愿。从我国上市公司公开的信息追踪可以发现，我国证券市场上市公司分红更多的是体现为行政命令式的分红，主动分红的意愿并不强。因为我国管理层明确规定上市公司分红比例不得低于三年净盈利水平的30%。我国上市公司分红特别是现金分红的比例并不高，1994年以来，我国上市公司每年现金分红的比例不超过2%，明显低于西方发达国家的分红比例，这与我国现有的股息红利所得的重复征税问题是密切相关的。我国现有的股息红利所得存在企业所得税与个人所得税之间的重复征税问题，也抑制了上市公司分红特别是现金分红的意愿，这主要是因为上市公司现金分红已经承担了现金的压力，同时在支付现金分红时还得承担代扣代缴的个人所得税，名义上是由投资者承担，实际上是由分红的上市公司承担，这样造成上市公司不仅需要承担现金分红所带来的现金流压力，还得承担因代扣所得税带来的现金支付压力，这就使得上市公司现金分红比例越高，其承担的现金支付压力就越大，更何况这部分股息、红利已纳税款不能得到扣除，这影响了上市公司分红特别是现金分红的积极性。

## 四 税率结构选择问题

我国证券市场课税缺乏系统的课税体系，存在重复征税的问题，课税范围窄带来税收调控面窄等问题，而且在税率结构的选择上反映了我国证券课税缺乏对市场的调控问题。从西方发达国家的证券课税制度来看，之所以能够很好地调节市场，抑制市场的投机行为，很大程度上是由于其税率结构的恰当选择。西方发达国家的课税制度显示，虽然对证券所得普遍并入普通所得课税，但是很大程度上采用了累进税率，根据证券净所得实施不同累进程度的累进税率，避免了比例税率带来的所得课税累退性问题，实际上对市场投资者频繁交易形成一种抑制作用。这种超额累进税率与投资损失税前扣除的做法，特别是其所形成的根据持有期限的适度累进，对市场交投行为形成一种鼓励与抑制的制衡机制，在鼓励和吸引投资的同时，抑制市场短期投机行为，引导市场投资者进行中长期价值投资。

无论是对证券买卖交投行为课税，还是对转让的资本利得和因持有而获得的投资所得课税，我国基本上采用固定比例税率形式。增值税规定金融服务和金融商品转让业务适用6%的增值税税率；企业所得税将证券所得并入普通所得征税，适用的基本税率为25%，小型微利企业适用20%的企业所得税税率；个人所得税规定股票等有价证券的转让所得，按照"财产转让所得"计征个人所得税，税率为20%，对于股息红利所得，税率为20%。这种单一的比例税率形式，不能根据市场获利能力进行足额征税，不能形成不同证券行为的税负牵制，从而影响市场的运行效率。特别是缺乏通过累进税率实现"盈利越多，税负也就越高"和"持有时间越短，税负越高，持有时间越长，税负越低"的课税机制，促使投资者不频繁交易，而选择中长期价值投资，从而稳定市场。虽然对现有股息、红利的差别化税收政策给予了一定持有时间的累进程度，但是这种一年持有时间的累进依据缺乏对市场因素的考虑，也忽略了中小投资者的利益。相反，普遍采用比例税率，意味着盈利越多，实际税负越低。特别是资本利得的固定比例税率形式，一定程度上还鼓励市场短期投机，投资者进行长期价值投资反而会处于不利博弈地位。总体上来说，从我国现有的证券课税来说，不仅缺乏税前扣除投资损失，实现课税与投资者风险共担的课税制度，而且还缺乏超额累进税率对市场投机的抑制和投资的引导。

# 第七章 我国证券市场国际化进程中课税问题研究

生产要素的全球化流动，带来经济的全球化进程。从一国的角度来看，随着经济的深化发展，资本要素的跨国自由流动成为一种趋势，带来证券市场的深化发展，而且世界经济一体化、金融全球化以及本国证券市场的深化发展必然带来证券市场国际化的要求。经济全球化背景下，证券市场国际化进程中的税收权益保护成为新兴发展市场不可忽视的问题，不仅需要合理培育国际投资者，而且需要在"走出去"与"引进来"双向进程中，合理保护本国税收利益。如何在税权冲突的前提下消除和避免证券市场国际化所带来的重复征税问题，也是世界各国所普遍关注的问题。本章主要是基于税权保护视角，阐述我国证券市场国际化进程中课税问题。

## 第一节 我国证券市场国际化进程中税权流失问题

### 一 我国证券市场的国际化进程

随着我国经济发展的不断深化，证券市场国际化进程明显加快，特别是人民币国际化进程甚至加速了我国证券市场的国际化进程。在我国证券市场快速发展的同时，证券市场对外开放的程度不断提高。由最初的开辟 B 股市场，吸引国际资本，解决外汇不足等问题，到现在已经形成了多层次的境外证券筹资渠道。1993—2016 年间，我国利用境外证券市场发行股票筹资规模达人民币 19040.9 亿元[①]；根据国家外汇管理局的统计数据，自 2002 年年底《合格境外机构投资者境内证券投资暂行办法》实施以来，截至 2017 年 9 月 29 日，共有 287 家境外企业获得 QFII 资格，批准投资额度达 944.94 亿美元，涉及美国、日本、英国、加拿大、新加坡、韩国、德国、法国、意大利、阿联酋、澳大利亚、中国香港、中国台湾等注册地；获批人民币合格境外机构投资者（RQFII）资格的机构共有 191 家，获准额度人民币 5894.56 亿元，其中中国香港地区 2951.37 亿元人民币，新加坡 691.55 亿元人民币，英国 389.94 亿元人民币，法国 240 亿元人民币，韩国 753.87 亿元人民币，德国 105.43 亿元人民币，澳大利亚 311 亿元人民币，加拿大 86.53 亿元人民币，卢森堡 151.87 亿元人民币[②]。2012 年我国将 QFII 和 RQFII 合计在 A 股持股限制比例由 20% 放宽至 30%，2016 年 9 月证监会表示不再对 QFII 和 RQFII 的持股比例作具体限制。在"引进来"的同时，也积极"走出去"。截至 2017 年 9 月 29 日，获得合格境内机构投资者（QDII）的境内机构达 132 家，获批准投资额度为 899.93 亿美元[③]；从中国对外证券投资资产来看，2015 年为 2808 亿美元，2016 年为 3596 亿美元，增加了 788 亿美元。同时，鼓励境内证券公司和境内基金管理公司在香港设立分支机构，利用香港登录海外市场，实现"走出去"和国际化经营战略。

无论是从市场的筹资规模，还是从市场的投资规模和国际主体的参与度来看，我国证券市场的国际化程度越来越高，国际主体参与的深度和广度均得到提高。人民币国际化过程中所带来的上海证券交易所和伦敦证券交易所的互联互通、中德两国在证券市场的具体合作，

---

[①] 根据中国证监会公布的证券市场月报统计数据整理而成。

[②] 数据来源于国家外汇管理局《合格境外机构投资者（QFII）投资额度审批情况表（截至 2017 年 9 月 29 日）》和《人民币合格境外机构投资者（RQFII）投资额度审批情况表（截至 2017 年 9 月 29 日）》。

[③] 数据来源于国家外汇管理局《合格境内机构投资者（QDII）投资额度审批情况表（截至 2017 年 9 月 29 日）》。

均加速了我国证券市场的"引进来"与"走出去"双向进程的国际化。证券市场国际化也加剧了市场的不稳定，与实体经济一样，扩大了国内企业投融资的广度，也带来了国与国之间的税收管辖权冲突问题。

税收管辖权是一国管辖权在税收领域的体现，是一国行使的征税权力，赋予了一国政府决定征税的范围和征税的方式的权力，其解决的主要是各国在税收征管上的权力协调问题。由于各国政治经济文化的不同，各国税收管辖权存在差异，独立且具有明显排他性的各国税收管辖权在具体的运行过程中存在交叉、重复。如何避免这种交叉和重复，实际上是各国税权的划分。证券市场国际化进程带来证券交投的跨国，而且也对实体经济所适用的国际税收体系产生严重的冲击，使得传统的税收惯例很难适用，因为证券所得和行为无法通过常设机构加以确认。由于国际证券市场的一体化和复杂化，国际资本频繁的流动以及各国政府管理工具的滞后等，证券市场国际化给传统的国际税收体系带来严重冲击，使得税收监控和税收管理面临困难。无论是"引进来"，还是"走出去"，各国政府特别是新兴发展中国家对证券市场国际化往往采取各种税收优惠，忽略了证券市场国际化进程主要取决于市场的发展程度和市场本身的竞争力，从而带来各国的税权流失问题。此外，证券市场国际化交投行为所带来的税基易变性导致税基归属确定困难，带来税权流失。

## 二 "引进来"过程中税权流失问题

### (一)"引进来"过程中的税收政策

证券市场国际化过程中的课税主要涉及证券收益所得课税、证券交易所得课税、证券交易行为课税以及证券的遗赠课税。我国证券市场交投课税主要涉及的税种包括增值税、印花税、企业所得税和个人所得税等税种。我国证券市场成立之初，为了吸引外国投资者，弥补外汇不足等问题，对外国投资者给予了诸多的税收政策。

首先，根据现行营改增政策规定，合格境外投资者（QFII）委托境内公司在我国从事证券（包括A、B股）买卖业务、香港市场投资者（包括单位和个人）通过沪港通买卖上海证券交易所上市A股、证券投资基金（封闭式证券投资基金、开放式证券投资基金）管理人运用基金买卖股票和债券等业务以及个人从事有价证券转让业务等，免征增值税。①包括银行、信托公司、公募基金管理公司及其子公司、证券公司及其子公司、期货公司及其子公司、私募基金管理人、保险资产管理公司、专业保险资产管理机构、养老保险公司等在内的资管产品管理人运营资管产品过程中发生的增值税应税行为（以下称资管产品运营业务），暂适用简易计税方法，按照3%的征收率缴纳增值税。②对香港市场投资者（包括单位和个人）通过深港通买卖A股取得的差价收入，在营改增试点期间免征增值税。③对QFII的债券市场买卖行为免征增值税；对于债券等买断式买入返售（包括质押式返售和买断式返售）金融商品、持有金融债券等利息收入免征增值税；对政策性金融债券和商业银行债券的利息收入免征增值税。④

其次，关于企业所得税，根据财税〔2008〕1号关于鼓励证券投资基金发展的优惠政策规定，包括QFII、RQFII在内的证券投资基金从证券市场取得的买卖股票、债券的差价收入以及因持有股票、债券而获得股息、红利收入及其他收入，暂不征收企业所得税。⑤ 2009年规定QFII取得来源于中国境内的股息、红利和利息收入，应当按照《企业所得税法》规定缴纳10%的企业所得税。QFII取得股息、红利和利息收入，可以享受税收协定安排待遇的，可向主管税务机关提出申请，主管税务机关审核无误后按照税收协定的规定执标涉及退税的，应及时

---

① 《财政部　国家税务总局〈关于全面推开营业税改征增值税试点的通知〉》（财税〔2016〕36号）。
② 《财政部　税务总局关于资管产品增值税有关问题的通知》（财税〔2017〕56号）。
③ 《财政部　国家税务总局　证监会关于深港股票市场交易互联互通机制试点有关税收政策的通知》（财税〔2016〕127号）。
④ 《财政部　国家税务总局关于全面推开营业税改征增值税试点的通知》（财税〔2016〕36号）。
⑤ 《财政部　国家税务总局关于企业所得税若干优惠政策的通知》（财税〔2008〕1号）"二、关于鼓励证券投资基金发展的优惠政策"。

予以办理。① 经国务院批准，自 2014 年 11 月 17 日起，QFII 和 RQFII 取得来源于中国境内的股票等权益性投资资产转让所得暂免征收企业所得税。② 对香港市场投资者（包括企业和个人）投资深交所上市 A 股取得的转让差价所得，暂免征收所得税。对香港市场投资者（包括企业和个人）投资深交所上市 A 股取得的股息红利所得，在香港中央结算有限公司（以下简称香港结算）不具备向中国结算提供投资者的身份及持股时间等明细数据的条件之前，暂不执行按持股时间实行差别化征税政策，由上市公司按照 10% 的税率代扣所得税，并向其主管税务机关办理扣缴申报。对于香港投资者中属于其他国家税收居民且其所在国与中国签订的税收协定规定股息红利所得税税率低于 10% 的，企业或个人可以自行或委托代扣代缴义务人，向上市公司主管税务机关提出享受税收协定待遇退还多缴税款的申请，主管税务机关查实后，对符合退税条件的，应按已征税款和根据税收协定税率计算的应纳税款的差额予以退税。③

最后，关于个人所得税，对个人的股票转让所得免征个人所得税，对外籍个人转让境内上市公司的股票转让所得亦免征个人所得税。外籍个人从外商投资企业取得的股息红利所得暂免征收个人所得税。④ 外国投资者从外商投资企业取得的利润（股息）和外籍个人从中外合资经营企业分得的股息、红利，免征所得税。对持有 B 股或海外股外国企业和外籍个人，从发行该 B 股或海外股的中国境内企业所取得的股息（红利）所得，暂免征收企业所得税和个人所得税。⑤

---

① 《国家税务总局关于中国居民企业向 QFII 支付股息、红利、利息代扣代缴企业所得税有关问题的通知》（国税函〔2009〕47 号），2009 年 1 月 23 日。

② 《关于 QFII 和 RQFII 取得中国境内的股票等权益性投资资产转让所得暂免征收企业所得税问题的通知》（财税〔2014〕79 号），2014 年 10 月 31 日；《财政部　国家税务总局　证监会关于 QFII 和 RQFII 取得中国境内的股票等权益性投资资产转让所得暂免征收企业所得税问题的通知》（财税〔2014〕79 号），2014 年 10 月 31 日。

③ 《财政部　国家税务总局　证监会关于深港股票市场交易互联互通机制试点有关税收政策的通知》（财税〔2016〕127 号）。

④ 《财政部　国家税务总局关于个人所得税若干政策问题的通知》（财税字〔1994〕20 号）第二条规定。

⑤ 《关于外商投资企业、外国企业和外籍个人取得股票（股权）转让收益和股息所得税收问题的通知》（国税发〔1993〕45 号规定）。

此外，关于印花税，对香港市场投资者通过沪股通和深股通参与股票担保卖空涉及的股票借入、归还，暂免征收证券（股票）交易印花税。[①] 对投资者（包括个人和机构）买卖封闭式证券投资基金免征印花税。无论是对 QFII 和 RQFII 等外籍投资者还是对境内投资者，买卖债券和基金的交易行为免征印花税。对 A、B 股的购买、继承、赠与行为所书立的股权转让书据，均按照我国印花税规定缴纳证券交易印花税，由卖方承担 1‰的印花税，实行单边征收。

### （二）"引进来"过程中税权流失问题

从上述税收政策可以看出，我国在证券市场"引进来"过程中给予了境外投资者诸多的优惠待遇，在同等竞争条件下的证券市场之间凸显了我国证券市场的竞争优势，但这不仅使得我国证券市场课税存在公平性问题，也带来效率课税的问题，在为我国证券市场"引进来"国际化进程起到促进作用的同时也带来了我国税权的流失问题，虽然这种税权流失在一定程度上是必要的。

第一，关于证券市场课税，我国主要注重对市场行为的课税，相对缺乏对证券所得的课税和将证券所得并入一般所得课税的做法，这虽然简化了税收监管，但是弱化了税收对市场的调节，也弱化了对所得课税的监管。从我国证券市场税种体系来看，对所得课税，特别是对个人投资者的证券所得课税存在明显不足。我国长期以来为了引进外国投资者，制定了诸多的税收优惠政策，实际上是证券市场国际化进程中税收管辖权的流失。一方面，我国并没有因为税收优惠政策而增加外国投资者，投资者是否参与一国证券市场，不是取决于税收待遇有多优惠，而是取决于该国证券市场的规范程度以及市场的整体竞争力。另一方面，这种优惠政策实际上是本国政府对自身税权的放弃，特别是在我国证券市场规模跃居世界第二、成为第二大证券市场的情况下，证券市场国际化进程加快的同时，税收优惠带来的税权流失问题更为严重。以个人投资者为例，外籍转让 B 股所得不用缴纳个人所

---

① 《财政部 国家税务总局 证监会关于深港股票市场交易互联互通机制试点有关税收政策的通知》（财税〔2016〕127 号）。

得税，那么意味着外籍个人投资者每股盈利1美元，我国损失20%的税收收入。对在我国没有机构场所的非居民纳税人投资者而言，由于我国对其征收10%的预提所得税，则意味着每盈利100万美元，则造成我国税收流失15万美元企业所得税。

第二，对常设机构的税收管理规定不适应证券市场国际化交易，造成税权的流失。按照现行《OECD税收协定》第7条的内容以及各国征税规定，常设机构从事业务产生的所得，原则上应归属于常设机构，机构所在国有优先课税权。但证券市场国际化交易对传统的税收管理造成很大冲击。我国对于常设机构的税收管辖规定是有来源于我国境内的所得才属于其课税对象。但是证券国际化后，国际投资者可以通过网络实现跨地区的24小时交易，位于A国的某一证券投资机构在A国未完的交易行为，可以通过电脑网络等转移到B国继续进行交易，实现24小时的全天候交易。A国营业机构的业务行为通过国际化跨国流动延伸至B国的营业机构税收管辖权下。我国对常设机构的税收管辖权规定，基本上采用的是来源地税收管辖权，并未对证券市场交易频繁时他国金融机构在我国的经营活动达到什么程度构成常设机构做出具体解释，也未对于涉及我国的跨国交投行为的利润或者收入如何区分等作出详细的说明，对24小时全天候交易的证券市场跨国流动税收管辖界定不够明确，只是笼统地提出预提所得税的计征，忽略了预提税所带来的国际税收收入再分配而使非参与国蒙受税收损失，使得市场可以利用跨国流动和避税地的办法而逃避税收管辖，形成税权流失。

第三，港股通、沪股通以及深股通过程中的税权流失。现有税收政策的安排，无疑是为了更加有利于香港投资者投资A股市场，为A股市场引源，促进A股市场的稳定健康发展，但是这种政策忽略了投资者是否参与A股市场的投资主要取决于A股市场本身的吸引力和竞争力，即使在允许香港投资者投资A股的前提下，具体是否投资A股、是否真正能够带来A股市场的外援资金，关键因素不是因为交易买卖的税收优惠待遇，而是整个A股市场的回报率和稳定性等所带来的赚钱效应。相反，这种税收政策等于是对香港投资者投资A股的流转税予以免征，而且香港投资者在A股市场的买卖价差收入不用缴纳所得税，仅仅就股息红利所得部分由上市公司代扣代缴个人所得税即可，而内地投资者投资A股市场，则不会享受相应对等的税收优惠政策，形成在市场交投过程中"走出去"的税权流失，"引进来"也因税收优惠而带来市场实际交投的税收流失。此外，在具体的市场交投买卖过程中，还会促进香港投资者利用资金优势和信息优势，特别是借道香港市场投资A股市场的国外投资者，利用资金优势、信息优势和对市场研究能力优势等进行频繁市场短期交投，带来市场波动。更为重要的是，由于市场股指期货"做空"机制的存在，而缺乏相应类似"税收"手段对市场做空机制的约束，助长了市场做空行为，不利于市场的稳定健康发展。相反，香港投资者不断利用做空机制或者短期频繁操作获利而导致内地损失税收权益。

## 三 "走出去"过程中税权保护不足问题

证券市场国际化进程中"走出去"主要是表现为合格境内机构投资者（QDII）政策的实施，境内个人投资外国证券市场主要也是通过购买QDII基金实现的。就业务开展主体而言，目前我国QDII主要有银行类的QDII、保险类的QDII、证券类的QDII和信托类的QDII等几种类别。2006年保监会的《全国社会保障基金境外投资管理暂行规定》、银监会的《关于调整商业银行代客境外理财业务境外投资范围的通知》及2007年证监会的《合格境内机构投资者境外证券投资管理试行办法》等文件相继出台，为QDII投资境外证券市场提供了制度保障。截至2017年9月，132家境内机构获得QDII资格，获批额度899.93亿美元，具体QDII的审批额度情况详见表7-1。但是由于我国QDII"走出去"的过程中面临2008年金融危机的影响，对投资国证券市场不够熟悉，风险防控意识不够强，导致严重亏损，QDII业绩不够理想。据好买基金研究中心数据，5月QDII全线下跌，平均跌幅为6.99%；信诚金砖四国5月净值下跌15.91%，自成立以来累计下跌26.5%；招商标普金砖四国单月下跌 13.25%。① 2008 年 5 月曾一度引起外汇管理局对 QDII 投资额度审批工作的暂停，2009 年才重启额度的审批。

表 7-1　合格境内机构投资者（QDII）投资额度审批情况

（2017 年 9 月 29 日）

|  | 获准机构数量（家） | 获准机构占比（%） | 获批额度（亿美元） | 获批额度占比（%） |
| --- | --- | --- | --- | --- |
| 银行类 QDII | 30 | 22.73 | 138.40 | 15.48 |
| 证券类 QDII | 48 | 36.36 | 375.50 | 42.00 |
| 保险类 QDII | 40 | 30.30 | 308.53 | 34.51 |
| 信托类 QDII | 14 | 10.61 | 77.50 | 8.01 |
| 合计 | 132 | 100 | 893.93 | 100 |

资料来源：根据国家外汇管理局合格境内机构投资者（QDII）投资额度审批情况表整理而成。

在我国，QDII 是我国居民纳税人，按照规定应就来源于境内、境外的所得在我国承担无限纳税义务，但是在境外被投资国和地区缴纳的税收允许在境内缴纳税款时抵免，抵免限额不得超过按照中国境内税法规定计算的税额限额。对于被投资国和地区而言，QDII 则一般属于非居民纳税人，享有有限的纳税义务，就来源于该被投资国和地区的资本利得和因持有证券而获得的股息、利息、红利所得按照该国和地区的税法缴纳税款。根据 OECD 各国的普遍做法，一般征收预提所得税，税率水平为 10%—30%。同时，QDII 作为我国居民纳税人，享有与境内投资基金同样的企业所得税和个人所得税的免征税收待遇。从欧美各国来说，对于 QDII 等非居民投资机构而言，投资于欧美国家的资本利得需要纳入其公司税的征税范围，计征 30% 的公司税。虽然中美、中法等税收协定规定，可以将预提所得税税率减至 10%，但是公司所得税的税额并没有因此而减少，更为严重的是，除了美国取消证券交易税以

---

① 程亮亮：《内外冷暖有别　QDII、QFII"冰火两重天"》，《第一财经日报》2012 年 6 月 19 日第 A16 版。

外，其他各国并没有因为 QDII 是外国投资者而减免其他相应的证券交易税。就我国对于 QFII、RQFII 等外国投资者的税收减免规定而言，我国证券市场"走出去"过程中的税权保护还是不足。允许 QDII 境外缴纳税款抵免，实际上就是境外缴纳越多，境内抵免空间也就越大。从鼓励走出去的市场管理视角来看，这有利于鼓励 QDII 等机构投资者"走出去"，但是从国与国之间的税收保护视角而言，同等的税收优惠政策并没有享受境外同等的税收待遇，实际上就是本国对无限纳税义务人的税权保护不足。特别是，在我国现阶段证券市场国际化程度提高的前提下，通过税收优惠政策吸引外资的必要性显得不那么重要，QDII"走出去"过程中承担的被投资国和地区的税收义务，与我国吸引外资投资者而放弃的征税权而言，更显得我国对证券投资"走出去"的税权保护不足。

## 第二节　欧美日各国在证券市场"走出去"和"引进来"过程中税权保护借鉴问题

税权保护既是一个税收问题，又是一个政治问题，更是一个涉及现代经济运行的问题。世界各国关于证券市场国际化进程中资本跨国流动与本国税权保护之间的抉择争议比较大。整体上而言，欧美各国证券市场起步比较早，相应税制建设比较完善，与我国证券市场课税政策相比较，在证券市场"走出去"和"引进来"过程中比较注重对本国税权的保护。在我国证券市场国际化程度不断深化的前提下，在欧美各国证券市场"走出去"和"引进来"双向进程中，通过合理税收政策安排，在促进市场稳定健康发展的同时合理保护本国税权的经验和做法很值得借鉴。

### 一　欧美日各国跨国证券交易税权保护政策设置

（一）美国

美国证券市场课税在注重市场保护的同时，非常注重对税权的保护，首先体现在其对证券课税的普遍性，除非明确指出，普遍对内外投资者均保留征税权，特别是对"走出去"的本国投资者的征税权的保护。虽然对证券发行与我国一样采取收费的方式，但是附有严格的限制条件和监管制度体系，在源头上保证了"病从口入"的问题。美国 IPO 费用一般包括律师费用、保荐人费用、中介费用、公开发行说明书费用以及承销商的佣金，而且费用水平比较高，一般在支付 8%—12% 筹资佣金的基础上为 100 万—150 万美金，基本上超过上市筹资额的 10%。对于证券买卖特别是股票买卖行为，美国曾经开征证券交易税，特别是在美国证券市场还不怎么成熟的时候，也试图通过证券交易税抑制市场普遍存在的投机行为。随着美国证券市场的不断成熟，市场越来越注重价值投资的前提下，美国认为证券交易税影响市场交投行为，不利于市场发展而取消了证券交易税。但对证券买卖交易行为仍然采取收费的方式予以控制，不再以"交易金额"为依据进行征收，而是以交易笔数为依据收取，而且美国居民和非美国居民之间是存在差别的。美国居民每笔交易收取费用，非美国居民每笔交易也收取费用。虽然是以收费的方式进行控制，但还是可以看出美国注重对本国税权保护的意识。其次，体现在资本利得的税权保护问题。这是美国证券市场课税税权保护最为突出的方面，也是美国证券市场课税的一个重要特点。资本利得的课税，主要体现在个人投资者的资本利得课税方面。对于证券买卖带来的资本利得，美国区分短期资本利得和长期资本利得进行课税，对于短期资本利得，一般是并入普通所得课税，按照纳税人正常税率水平纳税，最高不超过 35%。2011 年美国联邦税务局统一将短期资本利得税率水平提高至 20%。对于长期资本利得而言，当纳税人资本利得处于普通所得 10% 和 15% 税率级次的按 5% 税率水平缴纳，处在普通所得 25%、28%、33% 和 35% 税率累进级次的统一按照 15% 税率水平缴纳。① 同时，允许个人投资者的亏损税前限额扣除，每年允许税前扣除亏损额为 3000 美元，当年未扣完的，允许无限期结转至以后纳税年度进行抵免。对于股息红利所得，美国政府普遍将其视为普通所得，按照累进税率计征联邦所得税，个

---

① 董登新：《美国人"炒股"是如何缴税的？——以资本所得税为主体，以红利税为补充》，百度。

人投资者因持有时间长短累进税率水平为0—35%，对居民企业投资者而言，税率水平为0—20%，但对非居民投资者，不征缴股息税。对于证券遗赠所得，征收遗产税与赠与税，遗产税和赠与税适用相同的超额累进税率，税率为18%—55%。对于美国居民投资者而言，要承担无限纳税义务，就来源于全球的投资所得对美国承担纳税义务，从市场交投行为来看，有效地保证了"走出去"和"引进来"双向进程中的税权保护。我国虽然对证券市场进行了课税，但是诸多证券课税不够全面，涉及面窄且存在诸多减免税政策。与我国证券市场的课税政策相比，美国关于证券课税更加突出对本国税权的保护，不仅居民和非居民之间存在差别，而且也给予了非居民投资者一定的减免税，但是并没有类似于我国QFII以及B股市场等证券课税完全减免至不征状态，而且需事先声明享受优惠政策的身份，仍然保留了一定的征税权。特别是，就美国资本利得的范围来看，美国关于证券资本利得的税权保护就更为明显，不仅保留了对短期资本利得的课税权，而且在对长期资本利得减免的同时，并没有完全放弃对长期资本利得的课税权，还根据所得程度进行了适度的累进计税。

（二）英国

在英国投资股票、债券和基金等证券产品，主要涉及印花税、资本利得税和红利税。英国保留了证券发行环节的部分课税权，规定发行不记名票据时缴纳1.5%的印花税，同时规定股票交易过程分别缴纳5‰的印花税和印花储备税，以购买股票等证券产品时所支付的代价为计税依据，并不是以证券产品的实际价值为计税依据；如果以非现金形式取得的股票等证券产品，则以换出产品价值为计税依据，但对由于遗赠等无偿取得的股票等证券产品免征印花税。上述是针对所有投资者，包括非居民投资者在内，显示了英国政府对证券课税权的保护意愿。其次，所得和遗赠课税方面，虽然英国政府对不同投资者给予了不同的税收待遇，但是从税制设置来看，无论是居民投资者还是非居民投资者，仍然保留了很强的课税权。对于居民个人投资者取得的股息红利所得，在扣除35000英镑免税金额后的余值按照10%—37.5%累进征税计征税额，而对于居民企业投资者取得的股息红利所得，同样允许在扣除减免额后计算股息税，股息税税率为 10%—37.5%。但是英国选择对非居民投资者不征收股息税。对居民个人投资者取得的资本利得，2009—2012 年，以纳税年度股票等证券买卖所得扣除亏损以及年度豁免额后的净额为计税依据，实行 18%—28% 的超额累进税率。但是在 2008 年以前，英国资本利得税的税率水平为 10%—40%。同时英国规定，交易对方属于卖方的配偶、同性恋人时，不用缴纳资本利得税，如果属于卖方的子女时，除非有特别规定，否则均照章征收资本利得税。对于居民企业投资者取得的资本利得，并入企业所得征税，税率为 21%。对于非居民投资者取得的资本利得，并入企业所得税征收 20% 的税收。而对于证券遗赠所得，则对超过 32.5 万英镑的部分按照 40% 计征遗赠税，未超过部分不计征。从上文所述英国证券课税来看，特别是对非居民投资者而言，英国政府保留了很强的课税权。如果将英国金融服务的增值税课税规定纳入考虑的话，英国在对证券市场税收引导的同时，其对课税权的保护程度是非常高的。

（三）德国

德国对股票发行环节征收注册费用。与美国一样，不对股票交易环节征税。对居民个人投资者因个人持有证券而取得的股息红利所得征收 25% 的预提税，但对居民企业取得的股息红利所得与资本利得一起并入企业所得，征收 15.83% 的企业所得税。对于非居民投资者的股息红利所得，与居民个人投资者一样，计征 25% 的预提税；而对于非居民投资者取得的资本利得同样并入企业所得计征 15% 的企业所得税；对于居民个人投资者取得的转让所得，并入个人所得计征资本利得税，税率为 0—45%。从德国基本证券课税的规定可以看出，与美国、英国一样，保留了相当程度的课税权，特别是对非居民投资者的课税程度，充分体现了德国在"引进来"过程中对税权的保护。与世界各国一样，由于德国规定了居民纳税人对本国的无限纳税义务，在鼓励本国投资者特别是居民企业投资者"走出去"的同时，也保留了充分的课税权。

（四）法国

对于股票发行环节，法国不仅按增资额征收 5% 的注册税，同时还根据发行规模收取 500 欧元或 375 欧元的定额注册税。同时在股票证券交易环节保留了交易税计征权,根据买卖双方交易对象是否属于上市公司的股票而向买卖双方同时计征不同税率水平的交易税。对于非上市公司,税率水平为3%,而对于上市公司,税率为1‰。这种税收政策同时适用于法国的居民投资者和非居民投资者,体现了法国在股票发行和交易环节的税收公平性,也体现了其对本国税权的保护。与其他国家的做法一样,居民投资者,包括居民个人投资者和居民企业投资者在内,需要就来自全球的证券投资所得纳税,虽然允许抵免或者抵扣境外已纳税款,但是并不否认法国对居民投资者的无限课税权。根据法国规定,居民个人投资者的股息收入和转让所得均并入个人所得,实施0—45%水平的超额累进税率,居民企业的股息税率水平为15%—34.43%,而对其取得的资本利得并入企业所得,计征33.33%的企业所得税。无论是哪一个国家,最能体现本国税权保护的是对非居民纳税人的课税政策设置。法国对非居民投资者取得的股息红利所得保留了30%预提所得税的课税权,同时对于非居民投资者取得的资本利得实施与居民企业投资者一样的税收待遇,并入企业所得征税,税率水平同样为33.33%。此外,法国对证券继承与遗赠环节采用超额累进税率,税率水平为5%—60%。从法国对证券不同环节的课税来看,特别是对非居民投资者来看,法国与英国、德国一样,保留了本国很强的课税权。

(五) 日本

与前面章节所述,从不同环节的课税来看,日本的证券税制是比较全面的,不仅税制齐全,而且涉及证券运行的不同环节。不仅在发行环节计征证券许可登记税,在注册资本超过15万日元或增资超过3万日元的情况下,以实际注册资本或增加资本为基础,征收0.7%的注册登记税,而且在发行认购环节计征证券印花税,在交易环节征收证券交易税。在发行和交易环节充分保证了政府的课税权。对交易环节的股息红利所得,无论是居民个人投资者还是居民企业投资者,均征收20%的股息税,非居民计征20%的预提税形式的股息税。而对于居民个人取得的资本利得计征资本利得税;对居民企业则将资本利得并入企业所得征收25.5%企业所得税。对非居民投资者的转让所得则计征19%—25.5%企业所得税或预提所得税。对证券的遗赠所得保了 10%—50% 税率水平的累进课税权。无论是从税种在各个环节的设置，还是从各个环节的税率水平，甚至是从日本对非居民投资者的课税政策设置，均体现了日本政府在证券市场课税过程中的税权保护。

部分国家/地区不同证券运行环节课税情况见表 7-2。

表 7-2　部分国家/地区不同证券运行环节课税情况

| 环节 | 国家/地区 | 投资者性质 | 是否征税 | 税种 | 计税方式 | 税率 |
|---|---|---|---|---|---|---|
| 发行环节 | 美国 | 居民投资者 | 否 | 无 | 无 | 无 |
| | | 非居民投资者 | | | | |
| | 英国 | 居民投资者 | 部分征 | 印花税 | 发行不记名票据时需缴纳印花税 | 1.50% |
| | | 非居民投资者 | | | | |
| | 德国 | 居民投资者 | 征 | 注册费用 | 根据发行增资额征收注册费用 | |
| | | 非居民投资者 | | | | |
| | 法国 | 居民投资者 | 征 | 注册税 | 按增资额征收注册税，同时征收定额注册税 | 比例税率：5%；定额税率：500 欧元或 375 欧元 |
| | | 非居民投资者 | | | | |
| | 日本 | 居民投资者 | 征 | 注册登记税和印花税 | 在注册资本超过 15 万日元或增资超过 3 万日元的情况下，以实际注册资本或增加资本为基础，征收 0.7% 的注册登记税；对认购行为征收印花税 | 注册登记税：0.7%；印花税：5‰ |
| | | 非居民投资者 | | | | |
| | 韩国 | 居民投资者 | 征 | 资本税和教育附加税 | 分别按股票面值征收 | 资本税：0.4%；教育附加税：0.08% |
| | | 非居民投资者 | | | | |
| | 澳大利亚 | 居民投资者 | 否 | 无 | 无 | 无 |
| | | 非居民投资者 | | | | |
| | 新加坡 | 居民投资者 | 否 | 无 | 无 | 无 |
| | | 非居民投资者 | | | | |
| | 南非 | 居民投资者 | 否 | 无 | 无 | 无 |
| | | 非居民投资者 | | | | |
| | 中国香港 | 居民投资者 | 部分征 | 印花税 | 发行不记名股票时征收 | 3‰ |
| | | 非居民投资者 | | | | |

续表

| 环节 | 国家/地区 | 投资者性质 | 是否征税 | 税种 | 计税方式 | 税率 |
|---|---|---|---|---|---|---|
| 交易与持有环节 | 美国 | 居民投资者 | 行为 否 | 无 | 无 | 无 |
| | | | 股息 征 | 股息税 | 个人投资者：根据持股时间长短区分股息税税率；居民企业：扣除减免额后计算所得税或扣除减免额后计算股息税 | 个人投资者：0—35%；居民企业：0—20% |
| | | 非居民投资者 | 行为 否 | 无 | 无 | 无 |
| | | | 股息 否 | 股息税 | 无 | 无 |
| | 英国 | 居民投资者 | 行为 征 | 印花税和印花储备税 | 单边征收 | 均为0.5% |
| | | | 股息 征 | 股息税 | 在扣除免税金额后对余值累进征税 | 个人：10%—37.5%；企业：10%—37.5% |
| | | 非居民投资者 | 行为 征 | 印花税和印花储备税 | 单边征收 | 均为0.5% |
| | | | 股息 否 | 股息税 | 无 | 无 |
| | 德国 | 居民投资者 | 行为 否 | 无 | 无 | 无 |
| | | | 股息 征 | 预提税 | 只对居民个人投资者征 | 25% |
| | | 非居民投资者 | 行为 否 | 无 | 无 | 无 |
| | | | 股息 征 | 预提税 | 未区分 | 25% |
| | 法国 | 居民投资者 | 行为 征 | 证券交易税 | 区分是否上市同时向买卖双方征收 | 上市：1‰非上市：3% |
| | | | 股息 征 | 个人所得税和企业所得税 | 居民个人投资者：纳入个人所得征税；居民企业：扣除减免额后计算所得税或扣除减免额后计算股息税 | 居民个人投资者：0—45%；居民企业：15%—34.43% |
| | | 非居民投资者 | 行为 征 | 证券交易税 | 区分是否上市同时向买卖双方征收 | 上市：1‰非上市：3% |
| | | | 股息 征 | 预提税 | 汇回居住国时计征 | 30% |

续表

| 环节 | 国家/地区 | 投资者性质 | 是否征税 | 税种 | 计税方式 | 税率 |
|---|---|---|---|---|---|---|
| 交易与持有环节 | 日本 | 居民投资者 | 行为 征 | 证券交易税 | 按照交易金额双向计征 | 5‰ |
| | | | 股息 征 | 股息税 | 居民个人投资者：纳入个人所得征税；居民企业：并入普通所得征税 | 居民个人投资者：20% |
| | | 非居民投资者 | 行为 征 | 证券交易税 | 按照交易金额双向计征 | 5‰ |
| | | | 股息 征 | 预提税 | | 20% |
| | 韩国 | 居民投资者 | 行为 征 | 证券交易税 | 向卖方征收 | 5‰ |
| | | | 股息 征 | 股息税 | 纳入普通所得征税 | 居民个人投资者：6%—38%；居民企业：10%—22% |
| | | 非居民投资者 | 行为 征 | 证券交易税 | 向卖方征收 | 5‰ |
| | | | 股息 征 | 预提税 | | 20% |
| | 澳大利亚 | 居民投资者 | 行为 否 | 无 | 无 | 无 |
| | | | 股息 征 | 个人所得税 | 只对居民个人投资者征 | 0—45% |
| | | 非居民投资者 | 行为 否 | 无 | 无 | 无 |
| | | | 股息 征 | 预提税 | | 30% |
| | 新加坡 | 居民投资者 | 行为 征 | 印花税 | 对买方征收，计税依据为实际交易价格和股票市价孰高 | 2‰ |
| | | | 股息 否 | 股息税 | 无 | 无 |
| | | 非居民投资者 | 行为 征 | 印花税 | 对买方征收，计税依据为实际交易价格和股票市价孰高 | 2‰ |
| | | | 股息 否 | 股息税 | 无 | 无 |

续表

| 环节 | 国家/地区 | 投资者性质 | 是否征税 | | 税种 | 计税方式 | 税率 |
|---|---|---|---|---|---|---|---|
| 交易与持有环节 | 南非 | 居民投资者 | 行为 | 征 | 证券交易税 | 对有价证券的买方征收，以证券市场价格或实际支付对价的较高者为计税依据 | 2.5‰ |
| | | | 股息 | 征 | 股息税 | 只对居民个人投资者获得的除石油、天然气公司以外的其他公司发放的股息征 | 15% |
| | | 非居民投资者 | 行为 | 征 | 证券交易税 | 对有价证券的买方征收，以证券市场价格或实际支付对价的较高者为计税依据 | 2.5‰ |
| | | | 股息 | 征 | 预提税 | | 15% |
| | 中国香港 | 居民投资者 | 行为 | 征 | 印花税 | 针对买卖双方征收 | 1‰ |
| | | | 股息 | 否 | 股息税 | 无 | 无 |
| | | 非居民投资者 | 行为 | 征 | 印花税 | 针对买卖双方征收 | 1‰ |
| | | | 股息 | 否 | 股息税 | 无 | 无 |
| 转让环节 | 美国 | 居民投资者 | 个人 | 征 | 资本利得税 | 并入个人所得征税 | 0—20% |
| | | | 企业 | 征 | 资本利得税 | 并入企业所得征税 | 15%—35% |
| | | 非居民投资者 | 不征 | | 资本利得税 | 个人投资者不征 | 无 |
| | 英国 | 居民投资者 | 个人 | 征 | 资本利得税 | 根据净资本利得额确定超额累进税率 | 18%—28% |
| | | | 企业 | 征 | 资本利得税 | 并入企业所得征税 | 21% |
| | | 非居民投资者 | 征 | | 资本利得税 | 并入企业所得征税 | 20% |
| | 德国 | 居民投资者 | 个人 | 征 | 资本利得税 | 并入个人所得税征税 | 0—45% |
| | | | 企业 | 征 | 资本利得税 | 并入企业所得征税 | 15.83% |
| | | 非居民投资者 | 征 | | 资本利得税 | 并入企业所得征税 | 15% |

续表

| 环节 | 国家/地区 | 投资者性质 | | 是否征税 | 税种 | 计税方式 | 税率 |
|---|---|---|---|---|---|---|---|
| 转让环节 | 法国 | 居民投资者 | 个人 | 征 | 资本利得税 | 并入个人所得税征税 | 0—45% |
| | | | 企业 | 征 | 资本利得税 | 并入企业所得征税 | 33.33% |
| | | 非居民投资者 | | 征 | 资本利得税 | 并入企业所得征税 | 33.33% |
| | 日本 | 居民投资者 | 个人 | 征 | 资本利得税 | | |
| | | | 企业 | 征 | 资本利得税 | 并入企业所得征税 | 25.50% |
| | | 非居民投资者 | | 征 | 企业所得税或预提税 | 资本利得需缴纳企业所得税或预提税 | 19%—25.5% |
| | 韩国 | 居民投资者 | 个人 | 征 | 资本利得税 | 资本利得 | 10% |
| | | | 企业 | 征 | 资本利得税 | 资本利得归集在所得额中累计征收所得税 | 0—45% |
| | | 非居民投资者 | | 征 | 预提税 | 并入企业所得征税 | 30% |
| | 澳大利亚 | 居民投资者 | 个人 | 征 | 所得税 | 资本利得归集在所得额中累计征收所得税 | 0—45% |
| | | | 企业 | 征 | 资本利得税 | 并入企业所得征税 | 30% |
| | | 非居民投资者 | | 征 | 资本利得税 | 持有上市公司10%以上股份或私人公司股份时交易所得征资本利得税 | 33% |
| | 新加坡 | 居民投资者 | 个人 | 不征 | 资本利得税 | 无 | 无 |
| | | | 企业 | 不征 | 资本利得税 | 无 | 无 |
| | | 非居民投资者 | | 不征 | 资本利得税 | 无 | 无 |

续表

| 环节 | 国家/地区 | 投资者性质 | | 是否征税 | 税种 | 计税方式 | 税率 |
|---|---|---|---|---|---|---|---|
| 转让环节 | 南非 | 居民投资者 | 个人 | 征 | 资本利得税 | 并入个人所得征税 | 0—13.32% |
| | | | 企业 | 征 | 资本利得税 | 并入企业所得征税 | 0—18.65% |
| | | 非居民投资者 | | 征 | 资本利得税 | 并入企业所得征税 | 28% |
| | 中国香港 | 居民投资者 | 个人 | 不征 | 资本利得税 | 无 | 无 |
| | | | 企业 | 征 | 资本利得税 | 并入企业所得征税 | 16.50% |
| | | 非居民投资者 | | 不征 | 资本利得税 | 无 | 无 |
| 遗赠环节 | 美国 | 居民投资者 | | 征 | 遗产税和赠与税 | 适用相同的超额累进税率 | 18%—55% |
| | | 非居民投资者 | | | | | |
| | 英国 | 居民投资者 | | 征 | 遗产税和赠与税 | 超过32.5万英镑时，超过部分征收 | 40% |
| | | 非居民投资者 | | | | | |
| | 德国 | 居民投资者 | | 征 | 遗产税和赠与税 | 实行超额累进税率 | 7%—50% |
| | | 非居民投资者 | | | | | |
| | 法国 | 居民投资者 | | 征 | 遗产税和赠与税 | 采用超额累进税率 | 5%—60% |
| | | 非居民投资者 | | | | | |
| | 日本 | 居民投资者 | | 征 | 遗产税和赠与税 | 适用累进税率 | 10%—50% |
| | | 非居民投资者 | | | | | |
| | 韩国 | 居民投资者 | | 征 | 遗产税和赠与税 | 适用累进税率 | 10%—50% |
| | | 非居民投资者 | | | | | |
| | 澳大利亚 | 居民投资者 | | 不征 | 遗产税和赠与税 | 不征收遗产税、赠与税或印花税 | 无 |
| | | 非居民投资者 | | | | | |
| | 新加坡 | 居民投资者 | | 征 | 印花税 | 有价证券的继承和赠与均征收 | 2‰ |
| | | 非居民投资者 | | | | | |
| | 南非 | 居民投资者 | | 征 | 遗产税和赠与税 | 分别征收，税率相同，采用比例税率 | 20% |
| | | 非居民投资者 | | | | | |

续表

| 环节 | 国家/地区 | 投资者性质 | 是否征税 | 税种 | 计税方式 | 税率 |
|---|---|---|---|---|---|---|
| 遗赠环节 | 中国香港 | 居民投资者 | 征 | 印花税 | 无偿转让按证券价值征收 | 2‰ |
|  |  | 非居民投资者 |  |  |  |  |

注：主要根据国家税务总局税收科学研究所2012年10月出版的《外国税制概览（第4版）》，OECD、世界银行网站以及安永出版编辑的《2015世界各国个人税制汇总》和《2015世界各国公司税制汇总》整理而成。

## 二 欧美日各国跨国证券交易税权保护政策主要呈现的特点

从欧美日各国证券课税设置来看，不同国家由于本国国情和政治经济文化以及证券市场发展的阶段不同，在证券课税政策设置上存在差异，在促进市场稳定健康发展的同时合理和适度地保护本国税权存在趋同，特别是在当今资本跨国流动常态化、各国证券市场国际化程度不断提高的前提下，跨国证券交易日益普遍化，通过课税政策的设置合理保护税权实施成为各国普遍关注的问题，而且随着证券市场的不断完善和成熟，在"走出去"和"引进来"双向过程中特别是"引进来"过程中，税权保护会越来越明显。欧美日各国在跨国证券交易过程中税权保护政策主要呈现出以下几个方面的特点。

### （一）注重"走出去"税权保护的同时，更注重保护"引进来"课税权的行使

从欧美日各国来看，与世界各国普遍做法一致，通过对居民管辖权的行使基本上形成了对居民投资者包括居民个人投资者和居民企业投资者的无限课税权，有效地保护了对本国将居民投资者在国内证券市场和全球范围证券市场的投资所得的课税权利，特别是大部分国家通过单边、双边和多边的税收协定的方式，保护本国居民投资者在外国证券市场投资的利益，从而保护了本国对居民投资者来自外国证券市场投资所得的课税权。与包括我国在内的新兴市场不同的是，欧美日各国证券市场课税更加注重对"引进来"课税权的行使。从欧美日各国证券市场税权保护政策来看，在发行和交易环节，不再区分

居民和非居民投资者而实施差别税收待遇，这就保证了发行和交易环节内外投资者之间的税收公平，同时也保证了在这两个环节对非居民投资者的课税权。在持有和转让环节，通过对持有所得和转让所得课税权的设置，既保证了对居民投资者的课税权，也保证了对非居民投资者的课税权。从欧美日等各国在证券市场各个交易环节的课税情况来看，无论是对居民投资者还是对非居民投资者，普遍保持了对股息红利所得和资本转让所得的课税权，只有极少部分国家对放弃了对持有和转让环节的所得课税权。从欧美日各国证券市场不同环节课税设置来看，不仅体现了对居民投资者的充分课税权，还对于非居民投资者保留了很大的课税权，从世界各国所得税税率水平与各国证券所得课税税率水平来比较，保留对非居民投资者的课税权就显得更为明显。从前述表格中可以看出，欧美日各国对非居民投资者课税税率水平基本上与本国居民投资者相差不大，很多是与居民投资者适用税率水平一致。尽管世界各国允许境外所得已纳税款进行抵免，但是这种高税率水平的设置基本上留给非居民投资者居住国的课税权份额就比较小了，体现了欧美日各国利用税种和税率设计对"引进来"过程中的税权保护。

**（二）不以损害本国证券市场发展为课税权保护基础，而是以本国证券市场成熟和完善为基础**

欧美日等各国虽然通过居民税收管辖权的方式保留了对居民投资者的充分课税权，通过地域管辖权的形式保护了对本国境内非居民投资者的课税权，但是这种税收保护并不是以损害本国证券市场发展为基础的，相反是以本国证券市场成熟和完善为基础，是本国证券市场竞争力不断提升条件下对本国课税权保护的体现。欧美日虽然对投资者的发行和交易环节公平课税，但是大部分采取较低的税率水平，部分国家甚至取消对发行和交易环节的课税，减少市场流通环节的税收成本，促进市场资金流动。即使对持有和转让环节的所得课税，也是以引导市场发展为前提的，普遍采用不同形式允许投资损失在税前扣除，减少投资者的风险。美国允许投资者年税前扣除损失3000美元，不足扣除部分允许无限期结转抵扣；英国、德国、法国等欧洲国家，普遍允许以年豁免额的形式税前扣除，减少投资者的风险。在保留了课税权的基础上，各国还普遍采用累进税率，特别是对于资本利得，大部分国家采用了累进税率，在体现了量能课税原则的同时，合理引导了市场发展，对市场投机炒作等行为形成一定的抑制作用。从市场交投和投资者行为策略选择来看，欧美日各国证券市场税权保护集中体现了本国证券市场成熟和完善，体现了市场竞争力对世界范围内投资者的吸引，而不是通过税收刺激，损害本国课税权来吸引投资。

**（三）大量采用预提税的方式**

这主要体现在非居民投资者的股息红利所得和资本利得的课税制度。从上述美国、英国、德国、法国、日本五国的课税制度来看，美国放弃对非居民个人投资者的所得课税，但是保留了对非居民企业投资者的课税，其余四国均采用了一定比例的预提税，最低税率为15%，法国非居民投资者预提税税率水平与居民投资者的税率水平一致，均为33.33%。这种预提税的方式是世界各国的普遍做法，但是欧美日各国的预提税税率水平的设置说明了其对本国证券市场所形成的资本利得等所得课税权的保护。一方面对非居民投资者形成一种"既来之则安之"的税收管辖态势，另一方面也抑制了非居民投资者利用税收优势所带来的市场交投优势进行投机炒作。

**（四）注重对所得课税权的保护，轻交易行为课税权的保护**

在保留发行环节和交易环节课税权的基础上，更为注重对持有和转让环节课税权的保护是欧美日各国证券市场税权保护的一大特点，不仅税种设置规范，而且通过税种设置和税率水平选择对包括非居民投资者在内的投资者形成充分的课税权。从欧美日各国来看，无论是在金融危机前还是在金融危机后，对于非居民企业投资者而言，虽然存在不同阶段的税率水平的调整，但是从来没有放弃对其证券投资所得的课税权。而对于交易行为课税，美国、德国等国取消了证券交易行为税，但是其也并没有放弃对证券所得的课税。从欧美日各国来看，对证券所得课税权的保护是世界各国普遍采取的一种方式。从上述统计的9个国家和中国香港证券课税权设置来看，大部分都保留了对证券所得的课税，与其税率水平和遗赠环节的课税相结合，对本国或本地区证券市场的课税权形成了良好的保护，出于课税对市场流动性影响的担心，相对于所得课税而言，交易行为课税保护较轻。

此外，从欧美日各国来看，普遍开征了遗赠环节的税收，对证券遗赠所得普遍采用累进税率，征收遗产税和赠与税，同时允许一定的税前减免额优惠政策。总体上而言，一般来说，证券市场发展越成熟，市场竞争力越高，证券课税权的保护程度越高。世界各国关于证券市场课税权的保护都是存在的，只是存在保护程度上的差异。欧美日各国证券市场起步比较早，市场各项配套制度比较健全，市场价值投资理念占比比较大，对包括我国在内的新兴证券市场而言，从税种设计、税种布局以及税率选择等方面来看，特别是不同税种与税率水平的选择方面，都突出体现了欧美日各国对证券市场课税权保护方面的经验和做法，非常值得我国等新兴市场国家的借鉴。

## 三 对我国证券市场国际化进程中税权保护的启示

### （一）需要注重税权保护，摒弃通过税收刺激吸引外资的思路

我国证券市场起步比较晚，市场化程度比较低，QFII等外资投资主体占比比较低。为了引进外国投资者，无论是从税种选择还是税率水平设置等方面，我国证券市场长期存在税权流失的问题。随着我国股票市场已经成为世界第二大市值的证券市场，市场化程度在不断提高，市场参与主体由原来的单一化逐步形成多元化态势，投资者规模不断扩大，证券市场国际化程度不断深化，我国证券市场长期以来存在的税权流失问题变得更为明显，不仅存在对居民投资者的课税权不足和不合理的问题，对非居民投资者的税权流失更为不足。在QFII投资额度不断扩大、投资范围不断拓宽的现状下，我国证券市场为了"引进来"而放弃的税权问题显得更为突出，与QDII等"走出去"所享受的外国税收待遇形成明显的差别。从欧美日各国证券课税权设置来看，在国际化双向进程中，我国证券市场课税需要注重对税权的保护，应摒弃利用税收政策刺激吸引外资的思路。特别是在资本跨国流

动无障碍程度加深的前提下，证券市场的外资流入不主要因为税收优惠，而更为重要的是该国证券市场的整体盈利能力、成熟程度和完善程度。在人民币国际化带来证券市场国际化的进程中，QFII 等外国投资者占比已经得到相当大的提高，市场税权保护、营造公平课税环境成为市场税制建设不可忽视的内容。

**（二）注重所得课税对"引进来"和"走出去"双向进程中的税权保护作用**

我国证券市场课税主要涉及增值税、城市维护建设税和教育费附加、企业所得税和个人所得税以及印花税。对于证券所得课税，我国设立企业所得税和个人所得税，采用的办法均是将证券所得纳入普通所得计征企业所得税和个人所得税。而我国对非居民投资者的课税主要是采用预提企业所得税的做法。在很多国家也是采用这种方式对证券所得课税的，但无论是企业所得税还是个人所得税，我国对证券所得均存在不同程度的减免税规定，特别是对于基金、债券以及非居民投资者，这种税收减免是普遍存在的，形成对市场课税不足等问题。而且即使对于非居民投资者的预提所得税，普遍实际采用的税率水平为 10%，远远低于欧美日等各国的预提税或者资本利得税的水平，造成我国在"引进来"和"走出去"双向进程中税权保护不足，课税政策设计不合理、缺乏市场交投行为实际情况的考虑等问题使得我国所得课税对市场投机行为的抑制作用不够明显。随着我国证券市场国际化进程不断扩大，外国投资者不断增多，我国证券市场课税应注重对所得课税的税权保护。特别是在提升证券市场竞争力、培育国际投资者的同时，通过合理的税种、税率水平以及计税方法的选择，以及借用实体经济的单边、双边、多边等形式的税收协定方式，扩大并谋求"走出去"过程中的税权保护问题，实现我国证券市场不断"引进来"和"走出去"双向进程中的税权保护。

**（三）注重以税控市，减少以税养市的调控思路**

我国证券市场课税调整最为明显的就是历次印花税调整，而且在证券市场低迷和疯癫的时候，管理层频频祭出印花税调整的手段来调节市场。无论是从行为税和所得税，还是从证券市场不同环节税收布局来看，我国证券市场税收引导效果并不明显，特别是在市场投资者行为不规范、投资者策略不够独立、投资者投机理念重的市场基础上，我国课税政策对市场的引导、控制以及监管等方面的效果更是不明显。在对 QFII 等税收政策中，更多体现出以税养市的课税思路，缺乏利用税收政策的合理布局达到以税控市的调控思路。欧美日各国证券课税不仅比我国证券市场税种齐全，而且税率水平比我们高，体现出来的并不是以税养市的调控思路，相反在税种设计和税率选择中体现了一种利用税收控制和引导市场发展的调控思路。随着我国证券市场不断完善，应借鉴欧美日各国证券课税的经验和做法，注重以税控市，减少甚至摒弃以税养市的调控思路。通过税种、税率形式和税率水平等的选择，实现税收对市场行为的规范和引导作用。

## 第三节　我国证券市场国际化进程中税收利益保护问题

正如前述，长期以来我国对国际投资者有诸多税收优惠政策，随着我国证券市场国际化程度深化，这种在证券市场起步阶段起到促进作用的税收优惠和减免政策，逐步成为我国证券市场课税权保护不够的问题。随着社会金融化进程和我国证券市场的逐步发展壮大，市场制度建设不断完善，我国证券市场课税权保护不足的问题不仅体现为当前内外资投资者之间的不公平税收待遇问题，而且成为我国证券市场制度健全的政治性问题。本节主要是从基础理论方面从国际投资者培育与税权保护之间基本协调以及具体的制度安排等方面，谈我国证券市场国际化进程中的税收利益保护问题。

### 一　国际投资者培育与税权保护之间基本协调问题

#### （一）培育国际投资者的必要性和必然性

首先，培育证券市场国际投资者是新兴市场国家的普遍做法，这主要是新兴证券市场发展规模不足、市场管理缺乏经验、新兴市场国家缺乏外汇造成的。一方面，通过证券市场培育国际投资者，通过国际投资者的参与，可以获取外汇储备需求，特别是在我国经济增长需求带来的外汇需求增长的时候，通过放宽QFII等外国投资者的准入额度，可以吸收全球资本流动，增加外汇储备，为实体经济发展提供支撑。另一方面，通过培育国际投资者，增强国际投资者的规模和数量，可以引入外国证券市场管理的先进经验和做法，不断完善和提升本国证券市场质量。通过培育国际投资者还可以促进一国证券市场基础设施的建设，包括健全的法律制度框架、完善的财务会计标准、信息公开披露的要求、高效的交易清算系统以及完善的市场交易机制等，也将有助于引进一批经验丰富的外国机构投资者。这些外国机构投资者善于依靠一系列宏观经济指标和市场指标体系、较为先进的电子计算机和信息处理技术，对上市公司和证券市场进行合理评价以进行套利活动。这样，在信息质量得到不断提高的情况下，外国机构投资者的价格竞争和套利活动将加快证券价格对相关因素的反映和调整，从而提高市场的信息效率。随着我国股票市场、债券市场规模的不断扩大，在社会金融化程度不断提高的前提下，通过培育国际投资者，可以吸取国际证券市场的先进经验和作为，洋为中用，去其糟粕。因此，内外市场需求成为我国证券市场培育国际投资者的必要性。

其次，对于包括我国在内的新兴市场国家而言，培育国际投资者也是具有必然性的。一方面，资本是逐利的，也是跨国流动的。这种跨国流动必然要求新兴国家证券市场国际化进程加快，必然要求新兴市场国家加快对国际投资者的培育和发展。另一方面是我国证券市场发展不断壮大，经济体量增加，"引进来"的同时也加速了"走出去"的需求。当今世界是全球一体化的世界，金融自由化、全球化趋势越来越明显，无论从流动规模还是从流动速度来看，要素资本的跨国流动成为一种不可阻挡的趋势，证券市场国际化程度成为各国利用外资发展自己的主要场所，如何通过证券市场国际化进程，提升本国证券市场对全球资本的吸引力，从而便利实体经济通过证券市场媒介充分利用外资，成为各国特别是新兴市场国家努力的方向。虽然我国近年来证券市场开放程度得到提高,证券市场国际化得到人民币国际化的加速推进,但是与欧美日等国相比,这种国际化程度还不够,还需要不断通过培育国际投资者来提升本国证券市场的国际化程度。因此,培育国际投资者在我国证券市场发展过程中具有一定的必然性。

### (二) 培育国际投资者与保护税权之间的矛盾问题与协调问题

#### 1. 矛盾问题

从我国证券市场课税和 QFII 等国际投资者的发展历程来看,似乎我国证券市场国际投资者的培育主要手段是额度控制、范围控制和税收控制。对于类似于我国这样的新兴市场国家而言,长期以来通过税收政策培育国际投资者是比较常见的事情,似乎培育国际投资者与税权保护之间形成了明显的矛盾问题。因为长期以来,由于新兴市场国家证券市场不够完善,市场竞争力不强等原因,必然利用税收减免税政策,让利国际投资者而吸引其投资,二者之间似乎形成此消彼长的关系。但是从欧美日的证券市场课税来看,二者并不是矛盾的主体,而是相互协调的主体。对上述欧美日各国证券课税而言,并没有因为高税率水平而阻挡境外投资者对本国证券市场的参与,相反课税权得到很好保护的同时规范和促进了市场稳定发展。就世界证券市场发展历程来看,对于弱小的、缺乏竞争力的证券市场而言,培育国际投资者和保护税权之间确实是矛盾的主体,但是对于市场比较成熟、市场基础制度比较健全的国家而言,培育国际投资者和保护税权之间并不是矛盾的主体。就我国证券市场而言,已经成为世界第二大市值的证券市场,而且我国经济体发展的内外部环境促使了我国证券市场世界竞争力的提升,因此我国证券市场已经跨越了二者矛盾主体的阶段。

#### 2. 协调问题

培育国际投资者具有其必要性和必然性,而课税权的行使至关重要。如何在培育国际投资者规模和数量的同时,在资本跨国流动过程中保护好本国税权,是新兴市场国家随着市场发展不可忽视的问题。欧洲各国以及日本等国的证券市场发展也经历过利用放弃税权吸引外国投资者的历程,在证券市场发展壮大后才逐步形成如前所述的税权保护的课税政策。借鉴欧美日各国证券课税权的改革历程,培育国际投资者与税权保护之间的协调问题，只有通过市场建设才能达成一致。通过市场建设，提升市场的全球竞争力和吸引力，利用资金的逐利性吸引外资流入，实现二者的协调发展。培育国际投资者是一把双刃剑，在使资金实现跨国界的自由融通、促进世界经济发展的同时，也为各种证券跨国从事不法、违法交易行为提供了广阔的空间。如何通过课税权的保护防范国际金融风险，是各国广泛关注的。通过课税制度设置，在规范引导市场投资的前提下，培育和发展国际投资者，是各国证券市场发展经历的途径。通过放弃课税权，让渡课税利益实现对国际投资者的培育只是暂时的，并非长久之计。

## 二 证券市场国际化进程中我国税权保护的制度安排问题

### （一）税收模式的选择问题

税收是影响一国证券市场运行的重要因素，不仅影响着市场投资者交易成本，也影响着市场投资者策略的选择。公平、有效且合理的课税制度，有利于证券市场的发展。我国证券市场课税制度的调节主要是通过印花税的调整来实现的，但是如前述章节所言，由于印花税的多重目标性，印花税调整对证券市场的效果并不突出。我国虽然设置了证券市场的所得课税，但是从证券市场实际交投预期来看，我国证券课税更多地体现为流转税的调节，由于将资本利得等所得并入企业一般所得课税，缺乏独立的资本利得税，所得税对证券市场的调节效果并不明显。在证券市场国际化进程中，由于在流转税方面给予QFII等外国投资者诸多税收优惠政策，缺乏必要的所得税控制，造成实际课税不足。

证券收益所得税是各国证券税制的核心之一。世界上绝大多数国家将股息、利息、红利等证券收益所得列入所得税的征税范畴中，并对非居民实行预提税制。根据对世界上78个国家和地区的税收资料统计，有72个国家和地区对非居民的股息、利息、红利等实行预提税制。我国证券市场国际化进程中的税权保护，要借鉴欧美日成熟证券市场的经验做法，选择以所得税为主的税收模式，在不影响市场流动性的前提下,通过所得课税实现对我国税权的保护,以减少和取消流转税对证券市场交易环节的影响。此外,借用实体经济的税收谈判方式,通过单边、双边和多边的税收协定,谋求并保护"走出去"投资者由于允许境外已纳税款抵免而剩余的课税权。

(二) 税种设置问题

当前我国证券市场课税主要涉及印花税、增值税、城市维护建设税和教育费附加、企业所得税和个人所得税,涉及交易、持有和转让三个环节。实际上,我国对证券发行环节和遗赠环节不涉及独立的税收,只是在遗赠转让环节部分涉及印花税。应借鉴日本的经验,确立发行环节的课税制度,设立相应的税种,比如注册登记许可税等。对于非居民投资者,在税种设计上,应在明确对股息红利所得征税的同时,确立资本利得税,明确对证券转让差价所得征收资本利得税,将证券转让所得和股息红利所得独立纳税。减少或取消对居民企业的增值税课税,避免对市场流动性的影响。明确遗赠环节课税权,特别是通过实行遗产税和赠与税明确对非居民投资者的遗赠环节课税权。明确将非居民纳税人的债券、基金等转让所得纳入独立资本利得征税范围。

(三) 税率形式的选择问题

由于对个人转让所得暂免征收个人所得税,实际上我国关于证券市场课税,无论是流转税还是所得税,基本上采取的均是比例税率形式,不可避免地造成了比例税率固有的实际税负累退性。无论是企业所得税还是个人所得税,均缺乏对资本利得和股息红利所得的累进课税,缺乏利用税收政策鼓励投资者中长期价值投资的税率形式。对于国际化进程中的税权保护,我国对证券所得课税应确立累进税率形式。即使在确立比例税率形式的前提下,也应借鉴欧美日各国,提高预提税的税率水平,减少课税权流失。世界各国为了避免国际重复征税,普遍允许本国居民纳税人抵免在境外已纳税款。这对于跨国资本流动比较频繁的证券市场课税而言,被投资国放弃的课税权实际上属于投资国的课税权。因此,欧美日各国普遍提高所得课税的税率水平,特别是对非居民投资者的税率水平,主要是为了保护本国证券市场产生所得的课税权。因此，借鉴欧美日各国的经验和做法，我国证券市场国际化进程中对税权的保护，不仅需要明确所得课税，放弃减免税的税收待遇，施行累进税率，而且需要确立较高的税率水平。

此外，合理的税收布局不仅可以促进市场发展，而且是保护税权的重要基础。证券市场国际化进程中，我国对各种所得课税不够全面、课税面比较窄、税收布局不够合理等，导致长期以来我国证券市场不仅存在对非居民投资者课税不足的问题，也存在对居民投资者课税不足的问题。借鉴欧美日各国的做法，首先，改变现有收费方式，通过费改税等方式确立发行环节的课税权，按照发行规模实施比例税率，不仅保护了课税权，而且也平衡了股权和债券之间的融资成本问题。其次，为了增加市场流动性，借鉴美国、澳大利亚等国的做法，放弃买卖交易行为的课税权。最后，放弃所得减免税规定，确立持有和转让环节的课税权，根据持有时间和盈利规模实施累进税率，实行亏损税前扣除或定额豁免。在证券持有和转让所得汇回居住国时，根据在我国证券市场停留时间长短实施累退税率。

# 第八章 我国证券市场公平课税与效率课税的制度选择

税收是国家重要的宏观调控手段，利用税收调节证券市场是世界各国普遍的做法。我国多层次资本市场的建设目标，必然带来多层次证券市场的发展趋势，也就必然要求多层次的课税制度与之相适应。证券市场课税不仅需要公平，更为重要的是需要效率。与实体经济的差别是证券市场课税需要效率优先，兼顾公平。与欧美等发达证券市场所不同，直接参与证券市场的主体主要是中小投资者，通过合理的税收布局，在营造公平与效率的课税环境，提高上市公司质量，规范市场行为，抑制过度、非理性的投机炒作行为的同时，合理保护中小投资者利益，不但不会降低市场的流动性，还会充分发挥市场的资源配置和价值发现功能，发挥税收对证券市场的间接调节和监管的作用，增加证券市场对社会闲置资金的吸引力。从市场交投方面来看，公平、合理、效率的税收制度是促进我国证券市场稳定健康发展的重要举措，有利于提高证券市场的竞争力。因此，如何公平、有效率地课税是我国证券市场发展制度建设的重要内容。

## 第一节 我国证券市场公平课税与效率课税制度选择的原则和目标

### 一 我国证券市场公平课税与效率课税制度选择的基本原则

(一) 公平原则

我国是以中小投资者为主体的证券市场结构，保护中小投资者利益对于我国证券市场的发展至关重要。公平课税、营造公平的交投环境是保护中小投资者利益不可忽视的制度建设,也有利于发挥证券市场对社会闲置资本的"储水池"功能。

税收公平原则,不仅要求横向公平,而且还要求纵向公平。具体而言,纳税能力相同的纳税人承担相同数额的税收,纳税能力不同的人承担的税收也是不同的。实质上,税收公平原则就是要求课税的普遍性和平等性。这种税收公平原则应用在证券市场中,则要求在对市场所有参与者征税的同时,对一定时期内因证券交易而获得不同盈利能力的投资主体征收不同的税,证券交易累计所得相同的纳税人,税负理应是公平的。但是市场的获利是由市场运行态势确定的,也与投资者的投资能力密切相关。对于因证券投资获得暴利收入的投资者理应通过高税率手段予以调节,也应采取免税或者抵免的方式鼓励获利小甚至亏损的投资者继续投资,以保持市场税负水平的横向与纵向的双向公平。就我国证券市场课税而言,一方面不仅需要在证券市场场内投资者之间处理好不同投资主体、不同投资产品以及不同层次市场之间税负的横向公平和纵向公平问题;另一方面,需要平衡实体经济主体与证券市场等虚拟经济之间的税负公平问题。证券市场课税坚持公平原则,公平税负设计必须考虑投资者心理预期对税收政策的敏感性以及证券市场税基的虚拟性和市场的风险性、波动性等因素。对我国证券市场而言,在投机氛围比较浓厚的前提下,坚持公平课税原则不仅需要考虑市场不同主体之间的话语权对公平税负的影响,市场投资者的投资能力和交投能力,市场交易频率对不同投资者、不同产品以及不同层次市场之间税负的影响,还需要结合市场发展目的,考虑我国证券市场不同交易环节之间的合理税收布局。

(二) 效率原则

税收效率原则既包括税收的行政效率,体现在税制设计过程中就是课税成本最小化,也包括税收的经济效率,体现为政府课税行为对市场所产生的最佳影响。税收效率原则运用于证券市场,主要体现为以下两个方面。一是对证券市场运行课税是否充分的问题,这主要表现为各国证券市场税制设计是否全面、课税范围是否宽等方面。就我国而言，证券税制设置存在税基窄、课税面窄以及大量采用比例税率等情况，证券课税存在诸多方面的问题，使得大量的税收流失；不仅对一级市场课税不足，而且对投资主体、投资产品的课税不足；大量比例税率结构的存在，使得证券市场场内实际税负的累退性，不利于抑制投机行为、促进市场价值投资。而且，我国证券市场起步比较晚，大量吸引外资税收优惠政策的存在，使得我国证券市场国际化进程中税权保护不足。二是体现为课税制度设计对市场的治理、价值发现和市场监管等方面的影响。合理的税收布局，不仅不会影响市场的发展，反而会促进证券市场基础性功能的发挥。效率课税原则，要求通过税制设计，充分发挥税收对证券市场的治理、价值发现和市场监管方面的作用。这不仅需要通过税制设计，提升上市公司的质量，而且需要通过税收调节，引导市场价值投资，鼓励市场真正的价值投资行为，通过税种、税率结构以及计税方式等要素的选择，实现对市场投机炒作、信息披露粉饰等不利于市场发展行为的威慑监管，形成虚拟经济与实体经济的良性互动，促进虚实经济之间的相互增长。

此外，证券市场坚持税收效率原则，要求具有相同经济实质的交易行为和交易所得享有同等的税收待遇，需要防止课税对市场真正价值投资者和真实的对冲交易的影响；也要求税制具有确定性，避免税收处理的不确定性对市场交投行为的损害；更为重要的是要求课税具有适应性，不仅适应市场的发展需要，而且需要具有一定的灵活性，避免证券市场发展带来的交易多样化税收问题。

### （三）适度税负原则

经济全球化背景下，资本跨国流动成为常态，证券市场的发展及其成熟程度，对一国经济发展具有重要意义，不仅有利于扩大对外开放，满足社会规避风险和资产保值增值的需求，而且有利于一国吸收外汇储备和利用外资发展本国经济。虽然经过多年的发展我国证券市场已经成为世界第二大市值市场，但无论是投资理念，还是市场的投资能力，市场的供给方和需求方都还需要国家政策的鼓励和扶持，特别是大量中小投资者的存在，使得市场对国家课税行为的承受能力还是比较脆弱的。我国证券市场存在诸多不规范的行为和现象，需要加强对投机炒作行为的抑制，也需要强化上市公司信息披露质量的管理，还需要通过税收等各种手段促进市场的价值发现功能。适度税负的选择和布局，是我国证券市场课税的关键，因为适度税负影响着投资者的交投行为，也影响着税收手段对市场交投行为的调节程度。过低的税负水平，将弱化对市场交投行为的调节作用，而过高的税负水平，则会让投资者望而生畏，不利于市场对社会资本的吸收，会因过重的税负政策扼杀市场本应有的活跃程度。证券市场的税负水平选择及其布局应坚持"在规范中增加财政收入，避免在增加收入中来规范市场"的思路。适度税负原则则要求证券课税制度需要合理选择税率水平和税率结构，在税收对市场的限制作用和鼓励作用之间寻求平衡，在尽可能地防范市场各种投机炒作行为的同时，充分发挥税收引导社会闲置资本流向证券市场的作用，鼓励风险投资，培育潜在税源。

### （四）与国际接轨的原则

随着我国证券市场国际化进程的加快，特别是在人民币国际化的推动下，无论是产品和证券业务类型，还是市场的投资方式和理念，都越来越与欧美日等发达经济体接轨。在国际化双向进程中如何保护国家税权，是各国所关注的。内外市场发展环境要求我国必须遵循国际证券市场的通行做法，借鉴国际经验完善我国证券市场的涉外课税。应借鉴欧美日各国长期以来"走出去"和"引进来"过程中对本国税权保护的经验和做法，针对我国当前税权保护不足问题，增加和补充具体的反避税条款，维护国家"引进来"过程中的税权利益；借鉴国际上通行的单边、双边和多边税收协定方式，保护"走出去"所带来的税权利益。

### （五）便利原则

课税的便利原则，一直是世界各国所普遍努力的方向。证券课税应坚持便利原则，一方面要便利投资者履行纳税义务。通过制度建设和法律建设，明确课税要素，依法稽查，尽可能地简化纳税申报和税款缴纳的烦琐程度，降低纳税人履行纳税行为的资金成本和时间成本，提高纳税人遵从度。另一方面则是便利税收征管机关的征管。与实体经济课税相比,证券市场课税依据具有其特有的特征,虚拟性和零和性是比较明显的两个特征。这需要课税制度的设置与现有的税收征管能力相适应,与现有的征税能力和税源监控能力相适应。利用证券市场运行的信息化和数字化等特点,转变传统税收征管思路,与社会网络特别是证券交易网络的完备性相适应,提高税务人员信息化征管程度和证券业务稽查等业务能力,尽量减少税收征管成本。便利原则不仅涉及税制设置的合理性和简化性,还涉及税款计征方式和监管方式的灵活性。特别是在证券市场交投多样性的前提下,保证税款计征和监管的灵活性,是遵循证券课税便利原则的重要思路。

### (六) 鼓励价值投资,抑制投机炒作原则

根据市场调查,我国投资者普遍认为我国证券市场特别是股票市场的典型特征是"重投机,轻投资",这种市场特征带来的是市场投资者的概念炒作、资金操作等各种投机交投行为,使市场呈现非理性的剧烈波动,运行极不稳定。第一,上市公司大量存在粉饰上市、抱团炒作等行为。概念炒作在我国证券市场特别是股票市场中是普遍存在的,真正具有价值投资的上市公司得不到市场的足够重视。第二,我国的融资规模与分配规模不相匹配,现金股息分配比例过低,如前述的统计,由于缺乏相应的税收等鼓励政策,我国现金分配比例仅有1%—2%,严重低于世界主要发达国家的现金分红比例。市场投资者参与市场不是为了价值投资,大部分投资者期待通过概念和资金炒作,获取短期差价。第三,长期以来,我国证券市场保持着较高的换手率和市盈率,在市场交投行为极为活跃的同时,市场估值风险也非常高。从成交量、成交金额、平均换手率和平均市盈率指标来看,较高的换手率和高市盈率已经成为我国股票市场的典型特征。除了少数年份以外,我国大部分年份的股票市场市盈率均超过20倍,2010年以前,我国相当一部分年份的平均市盈率保持在30倍以上,明显高于西方发达国家成熟证券市场的股票市盈率水平,西方发达国家股票市盈率同期保持在15—25倍。平均换手率大部分年份保持在200%以上,有的年份甚至超过900%,远远高于西方发达国家证券市场30%左右的水平。市场成交量和成交金额呈现大幅波动态势,说

明我国市场参与者投机性比较大。总体而言，我国股票市场投机氛围比较浓重，带来市场频繁非理性波动，不利于我国证券市场长期稳定健康发展，对社会经济发展，以及社会资源再分配产生巨大损害（见表 8-1）。

表 8-1　我国股票市场成交量、成交金额和平均市盈率、平均换手率

| 年份 | 股票成交量（亿股） | 股票成交额（亿元） | 加权平均市盈率（倍）上海证券交易所 | 加权平均市盈率（倍）深圳证券交易所 | 加权平均换手率（%）上海证券交易所 | 加权平均换手率（%）深圳证券交易所 |
| --- | --- | --- | --- | --- | --- | --- |
| 1993 | 226.56 | 3627.00 | | | | |
| 1994 | 101.33 | 8127.63 | | | | |
| 1995 | 705.31 | 4036.45 | | | | |
| 1996 | 2560.02 | 30722.00 | 31.13 | 38.52 | 760.05 | 949.68 |
| 1997 | 2560.02 | 30721.83 | 42.44 | 42.38 | 534.99 | 662.32 |
| 1998 | 2154.11 | 23544.30 | 33.66 | 32.18 | 355.30 | 411.14 |
| 1999 | 2932.39 | 31319.60 | 36.59 | 38.28 | 421.55 | 371.61 |
| 2000 | 4758.38 | 60826.65 | 58.63 | 59.62 | 504.07 | 396.47 |
| 2001 | 3152.29 | 38305.18 | 41.39 | 41.02 | 216.67 | 189.97 |
| 2002 | 3016.19 | 27990.45 | 34.43 | 36.97 | 214.00 | 198.79 |
| 2003 | 4163.08 | 32115.27 | 36.54 | 36.19 | 250.75 | 214.18 |
| 2004 | 5827.73 | 42333.95 | 24.23 | 24.63 | 288.71 | 288.29 |
| 2005 | 6623.73 | 31664.78 | 16.33 | 16.36 | 274.37 | 316.43 |
| 2006 | 16145.23 | 90468.89 | 33.33 | 32.72 | 541.12 | 609.38 |
| 2007 | 36403.75 | 460556.23 | 59.24 | 69.74 | 927.19 | 987.42 |
| 2008 | 24131.39 | 267112.66 | 14.86 | 16.72 | 393.00 | 469.00 |
| 2009 | 51106.99 | 535987.00 | 28.73 | 46.01 | 499.41 | 793.27 |
| 2010 | 42151.98 | 545634.00 | 21.61 | 44.69 | 198.00 | 557.00 |
| 2011 | 33956.57 | 421645.00 | 13.40 | 23.11 | 124.80 | 340.49 |
| 2012 | 32860.54 | 314667.41 | 12.30 | 22.01 | 128.20 | 325.80 |
| 2013 | 48372.68 | 468728.60 | 10.99 | 27.76 | 169.20 | 423.80 |
| 2014 | 73383.09 | 742385.26 | 16.85 | 41.91 | 242.01 | 471.99 |
| 2015 | 171039.47 | 2550541.31 | 18.94 | 62.36 | 489.63 | 826.28 |

续表

| 年份 | 股票成交量（亿股） | 股票成交额（亿元） | 加权平均市盈率（倍） ||  加权平均换手率（%） ||
| --- | --- | --- | --- | --- | --- | --- |
| | | | 上海证券交易所 | 深圳证券交易所 | 上海证券交易所 | 深圳证券交易所 |
| 2016 | 94690.52 | 1273846.00 | 18.03 | 52.20 | 220.89 | 539.68 |

注：2001年以前的数据来源于上海证券交易所和深圳证券交易所；2002年以后的数据来源于中经网统计数据库。

无论是当前还是未来，我国证券市场课税应注重对价值投资的鼓励，抑制投机行为，稳定市场运行，提高税收调节市场的效率和公平性。首先，通过税收政策的合理布局，促使上市公司提高信息披露质量，引导上市公司理性融资。通过课税方式的选择，引导上市公司注重对股东的回报理念。其次，通过课税政策的合理布局，提高上市公司的股息分配比例，利用适当的课税方式引导投资者进行中长期价值投资，形成理性投资理念。最后，利用税收政策适度抑制市场的投机行为，抑制市场非理性的投机，通过税率结构和税率水平的合理搭配，借鉴国外经验，采取课税与风险共担等方式，促使和引导市场投资者坚持价值投资理念。

（七）相机抉择原则

我们强调课税政策的稳定性和确定性，并不是意味着课税政策一成不变，只是强调课税政策在一定时期内保持相对稳定。从欧美日各国证券市场的发展历程来看，证券市场课税政策的选择是要与证券市场发展的阶段相适应的。不同的证券市场，发展阶段不同，对应着国家对证券市场发展的不同期待目标，包括税收在内的市场管理手段均必须与市场不同发展阶段相适应。在总体课税趋势不变的前提下，根据近期目标与远期目标相机抉择和调整课税要素也是各国证券市场的普遍做法。发展证券市场的根本目的在于利用证券市场的价值发现功能，优化配置社会资源，提高社会资源特别是社会闲置资源的利用效率。因此，在我国改革开放初期，注重税收对市场的调节效率，注重引导外资进入我国证券市场，所以给予了诸多的税收优惠政策，造成当前我国证券市场国际化进程中税权保护不足等问题。另外，需要注重税收调节的灵活性。根据市场发展的不同阶段以及证券产品发展的不同成熟程度，相机选择适当的税收减免扶持政策，也是各国证券市场的普遍做法。

我国证券市场起步比较晚，市场发展的基础性制度和产品建设还不够完善，相机抉择原则理应成为我国证券市场课税制度选择的一个原则。随着我国证券市场不断成熟，注重税收调节的公平原则已经成为市场发展和社会共同期待的趋势。当前我国证券市场课税制度的选择应坚持效率与公平相结合的原则，坚持效率优先、注重公平的课税原则，在提高市场运行效率的基础上，注重公平课税对营造公平市场环境的重要性。

## 二　我国证券市场公平课税与效率课税制度选择的基本目标

在保证课税公平性和效率性的同时，根据证券市场发展的不同阶段，选择不同的证券市场课税制度，是世界各国证券市场发展过程中的普遍做法。欧美日根据证券市场发展的实际情况，在不同阶段进行资本利得税税率调整以及证券交易税的征免调整，充分体现了其根据不同阶段选择不同的课税制度的做法。我们认为，应该根据我国证券市场发展的实际情况以及市场发展的各种条件成熟程度，分阶段设置选择不同的税制，选择不同的税率结构和税率水平，逐步实现我国证券市场的公平课税与效率课税的制度选择。

### （一）短期目标

首先，针对我国当前证券市场税制主要面临的问题以及我国证券市场运行存在的粉饰上市圈钱、业绩变脸、抱团炒作以及上市公司信息披露质量不高等诸多问题，证券市场课税选择近期应构筑相应的课税制度，减少投机行为，确立发行环节课税制度，平衡股权与债权的融资成本和融资责任风险。针对市场普遍存在的投机问题，完善相应的证券交易税收，特别是对证券持有所得的课税制度，在引导上市企业回报投资者的同时，促使和引导市场机构投资者和中小投资者进行中长期价值投资，提高证券市场的价值发现功能。

其次，针对我国证券税制不同主体、不同产品以及不同层次市场之间的公平课税问题，在现有税收政策的基础上，调整和补充相应的课税政策。通过合理的税率类型搭配及税率水平和计税依据的选择，充分考虑市场交投行为，提高证券课税的效率问题。通过证券投资的股息红利税的合理设计，调节投资者的获利能力和获利水平，引导投资者价值投资，减缓市场投机行为。

最后，通过完善中介机构的税制，完善委托—代理投资的税收监管机制，强化代理人的税收风险。根据基金、债券的基本业务，完善基金、债券投资者的相关税收。借鉴国外经验做法，完善我国证券市场国际化进程中的税权保护制度。

此外，还需针对当前课税制度面窄等问题，扩大证券课税的征税范围，着力解决好当前企业所得税与个人所得税之间存在的重复征税问题。

### （二）长期目标

由于所得税具有良好的弹性、调节面比较广、调节力度大的特点，可以灵活通过选择课税要素对证券市场进行调节。从西方发达国家的证券课税来看，所得税是世界各国普遍采用的调节证券市场的工具。从长期来看，我国证券市场的税制结构应从现有的流转税调节为主的税制模式，逐步过渡到复合证券税制，确立资本利得课税，减少流通环节交易的税收成本，强化市场所得课税。在我国证券市场进入成熟期后，主要依靠资本利得税在内的所得税发挥调节证券市场的作用，辅之以印花税、遗赠税等其他税种，形成对证券投资的课税体系。通过超额累进税率的形式形成公平与效率课税制度。

## 第二节　我国证券市场公平课税的制度选择

我国证券市场课税不仅存在不同主体、不同产品以及不同层次市场之间的公平课税与效率课税问题，还存在不同交易环节之间的公平课税与效率课税问题；不仅税制结构选择不够合理，税率结构选择也不能充分体现公平课税与效率课税原则；不仅内外资投资者之间课税不够公平，不同组织形式、不同投资规模之间也存在公平课税问题，且个人投资者与机构投资者之间也存在公平课税问题。

## 一 树立正确的公平课税思路

税收具有无偿性、固定性和强制性，征税行为具有严肃性、非随意性。虚拟资产交易的虚拟性、波动性、不确定性等，决定了证券市场税收调控具有税基的虚拟性、税收调控的灵敏性和强烈性以及税务管理的复杂性等特点。对于证券市场的交投行为和证券所得公平课税制度选择，需要具备前瞻性，必须树立正确的课税思路。首先，树立正确的税收调节思路。坚持以税收对市场的疏导，树立风险分摊的证券课税思路，合理制定长短期投资风险的税收政策。在合理利用税收手段调节市场的同时，避免市场税收流失。通过征税手段倡导价值投资，抑制市场投机行为，在培育机构投资者的同时，注重对中小投资利益的保护，减少或者避免市场剧烈波动。借鉴国际先进经验和做法，改变现有单一税种对市场交投行为的调控思路，明确流转税与所得税相结合的复合税制调控思路。在证券市场国际化进程中，通过税收安排来有效培育市场的同时，需要在"走出去"与"引进来"的双向进程中，合理保护我国的税收权益。其次，以促进市场融资功能有效运行为价值取向，合理利用税收优惠政策、税率结构等税收手段，避免课税行为对市场资金流动性的损害，优化证券市场税收政策的布局，合理缩小不同投资者主体之间、不同证券产品之间以及不同层次市场之间的税收差异，营造公平、有效的税收环境，充分发挥证券市场对社会闲置资金"储水池"功能，促进虚拟经济与实体经济的良性互动发展。[①]

## 二 一级市场公平课税制度选择

### （一）不同投资主体之间的课税制度选择

我国证券一级市场的投资主体，主要包括供给方的上市公司、需求

---

[①] 杨志银：《基于公平视角下我国现行证券市场课税制度选择》，《经济体制改革》2017年第1期。

方的投资者，包括机构投资者和中小投资者。长期以来，我国在证券一级市场对股票、证券投资基金、权证以及企业债券等证券产品的发行行为主要是采取收取服务费的方式进行调节，不增加任何的税收成本。无论是上市年费还是上市初费，特别是上市初费，实质上是一种一次性调节，对市场交投主体而言，等于是一次性购买了上市发行权利，作为发行方一定会通过从高定价的方式获取补贴，从而带来一级市场非理性的定价发行，更为严重的是这种定价发行是经过管理层审核通过的。此外，我国证券一级市场认购准入条件的限制带来的课税差异，与证券认购收益形成明显的不合理，大部分中小投资者由于资金规模而无法参与认购，只能在二级市场通过高于发行定价的价格进行购买。市场准入和中签率等带来不同投资规模投资者之间的税负差异。

对于一级市场不同投资主体之间的公平课税，首先通过费改税的方式，改变现有发行环节课税空白现状，解决发行环节的课税问题。借鉴日本的经验和做法，按照上市公司发行规模征收一定比例的证券登记许可税，同时保持较低的税率水平。这样一方面减少上市公司利用做假粉饰业绩，甚至不惜补缴上市前三年的税收而实现业绩粉饰上市的做法，降低炒作、包装对中小投资者利益的损害，另一方面也就降低了上市公司从高定价的强烈意愿，为二级市场的价值投资带来投资空间。其次，对一级市场的认购行为征收证券印花税。对于申购行为不征收任何税收，但对中签的新股认购行为征收印花税，减少因资金优势高中签率而带来的实际税负过低问题。与二级市场的证券所得课税相匹配，通过合理的税率结构设计，对因一级市场认购和企业内部职工因上市发行取得的内部股而获得高额利润进行调节，避免市场利用资金优势申购新股，通过二级市场短期资金哄抬而获得高额利润的做法。

总之，从市场实际交投而言，我国当前对股票、证券投资基金、权证以及企业债券等证券产品的发行行为，根据发行规模，采取收费的方式，征收一定的费用，而不增加任何税收成本，以利于规范直接融资行为和合理保护中小投资者利益。完善我国发行市场的税收制度，需要改变现有的收费方式，进行税费改革。规范管理层与发行方之间的利益，避免出现恶性循环的，无节制、无秩序的融资行为对证券市场融资功能的限制。

### （二）不同证券产品之间的课税制度选择

按照现行的税收制度，发行股权筹资和发行债券筹资，在税收待遇上也存在明显差别。市场发行并没有实行完全的市值配售，执行的市值限售加剧了课税制度的不公平性和不合理性。此外，由于溢价收益不征收任何的税收成本，中小投资者在上市定价权和信息获取能力上处于劣势地位，上市公司往往通过弄虚作假、粉饰上市公司财务报表，甚至与券商合作从高定价，获取高额溢价收益，损害了中小投资者利益。现有发行市场的税收布局，加剧了机构投资者与中小投资者之间的不公平竞争。[①]

虽然取消股票购买行为缴纳印花税，改为由卖方缴纳，在一定程度上缓解了不同证券产品之间的认购课税上差异问题，但是由于调节股权和债权之间的融资成本，调节一级市场上市公司无节制的融资行为，对上市公司发行股票收入征税的同时，借鉴日本的做法，需要对所有证券产品发行收益征收比例形式的证券登记许可税，对认购笔数征收定额的印花税。取消现有减免税政策给不同证券产品之间带来的不公平课税，无论是所得税还是流转税，均采用统一的课税政策。

## 三 二级市场公平课税制度选择

### （一）不同投资主体的课税制度选择

我国证券二级市场上不同投资主体的课税不公平问题，主要体现在对所得的课税方面。首先，确立证券投资所得和股息红利所得的课税。对于具有法人资格的不同组织形式的机构投资者，借鉴国外先进经验和做法，将证券所得和股息红利所得并入一般所得计征法人所得税，实施累进税率，避免因不同组织形式等原因带来的比例税率具有

---

① 杨志银：《完善我国现行证券市场税收制度的思路：基于中小投资者利益保护视角》，《证券市场导报》2016年10月。

的累退性，平衡实际税负水平。对于个人投资者，可以选择将证券投资所得独立纳税，根据盈利能力实施累进税率。借鉴国外经验做法，通过免征额或者限额扣除的方式，允许个人投资者税前扣除一定比例或者一定额度的亏损额，允许未抵扣完的年度亏损无限期结转抵扣。这样使无论是原始股东与认购股东之间，还是内外资投资者之间以及不同投资方式之间，因盈利能力造成的实际税负累退的问题得到缓解。其次，完善现有证券所得税制度，化解所得课税的重复征税问题。长期以来，我国上市公司企业所得税和股息红利的个人所得税之前的重复征税是我国所得课税存在的弊端。化解企业所得税与个人所得税之间的重复征税问题，不仅是完善我国所得课税的重要内容，而且也是我国通过完善税制鼓励上市公司分红比例、回报股东的一个重大举措。建议允许上市公司分红特别是现金分红的税前扣除，化解企业所得税与个人所得税之间的重复征税问题。第三，平衡不同投资方式的课税问题。正如第五章所分析的，无论是在流转税（主要是印花税和增值税），还是在所得税（包括企业所得税和个人所得税），我国现行税收制度对股票投资、债券投资和基金投资的征免税规定存在明显差异。不同投资方式的课税政策不同，带来不同投资者方式的实际税负不同。虽然这种减免税政策导致的税收差异与政策扶持意愿是相一致的，但是不利于多层次市场结构的形成，不利于市场交投行为的活跃。建议取消现有关于债券投资和基金投资的减免税优惠政策，在统一流转税课税待遇的基础上，利用所得课税的累进程度体现相应的扶持程度。

**（二）不同交易环节的课税制度选择**

第一，交易环节课税。对于交易环节的课税，主要体现在印花税的征收上，从表8-2中可以看出，我国2002年以来的证券交易印花税收入在全国和中央税收收入中所占的比重并不大，且印花税长期以来的多重调节目标的特性，不利于多层次市场结构的建设和发展，学界普遍认为应该取消证券交易印花税，改为证券交易税，甚至取消证券交易税。为了促进市场的交投频率，促进市场的资金流动性，应取消当前具有多重管理目标的印花税，改为征收证券交易税。比如，美国免征证券交易税，日本虽然对证券发行征收印花税，但只是按照交易凭证金额定额征收，而证券交易税根据股票类和债券类证券产品、场内交易与场外交易分别实施差别税率，对地方债和公司债券实施万分之一的税率。其次，根据多层次的资本市场发展目标，构建多层次的证券交易税收制度。对一级发行市场的发行行为征收证券交易税；对于二级市场，可以借鉴美国免税经验，降低交易成本，活跃市场行为。最后，合理优化不同证券产品与不同层次市场之间的证券交易税收制度。消除现有不同证券产品市场的证券交易税收制度，免除股票市场的证券交易税，消除股票投资与债券投资的税收差异。消除A、B股的证券交易税收差异，明确对股指期货市场的交投行为征收证券交易税，消除内外资投资主体之间的交易税收差异，构筑公平、有效的证券交易税收环境。[①]

表 8-2　　我国 2002—2015 年证券交易印花税规模与占比

单位：亿元，%

| 年份 | 证券交易印花税 ||| 税收收入 ||| 各级证券交易印花税占其税收收入比 |||
|---|---|---|---|---|---|---|---|---|---|
| | 全国 | 中央 | 地方 | 全国 | 中央 | 地方 | 全国 | 中央 | 地方 |
| 2002 | 111.98 | 108.62 | 3.36 | 17636.45 | 10230.29 | 7406.16 | 0.63 | 1.06 | 0.045 |
| 2003 | 127.70 | 123.87 | 3.83 | 20017.31 | 11604.04 | 8413.27 | 0.64 | 1.07 | 0.046 |
| 2004 | 171.85 | 166.69 | 2.16 | 24165.68 | 14166.09 | 9999.59 | 0.71 | 1.18 | 0.022 |
| 2005 | 67.30 | 65.30 | 2.00 | 28778.54 | 16051.81 | 12726.73 | 0.23 | 0.41 | 0.016 |
| 2006 | 179.46 | 174.09 | 5.37 | 34804.35 | 19576.14 | 15228.21 | 0.52 | 0.89 | 0.035 |
| 2007 | 2005.31 | 1945.15 | 60.16 | 45621.97 | 26369.85 | 19252.12 | 4.40 | 7.38 | 0.310 |
| 2008 | 979.16 | 949.68 | 29.48 | 54223.79 | 30968.68 | 23255.11 | 1.81 | 3.07 | 0.130 |
| 2009 | 510.38 | 495.04 | 15.34 | 59514.70 | 33045.02 | 26469.68 | 0.86 | 1.50 | 0.060 |
| 2010 | 544.17 | 527.84 | 16.33 | 73202.00 | 37420.43 | 35781.57 | 0.74 | 1.41 | 0.046 |
| 2011 | 438.00 | 424.86 | 13.14 | 89720.00 | 44372.22 | 45347.78 | 0.49 | 0.96 | 0.029 |
| 2012 | 304.00 | 294.88 | 9.12 | 100601.00 | 48178.79 | 52422.21 | 0.30 | 0.61 | 0.017 |
| 2013 | 473.16 | 458.96 | 14.20 | 110497.00 | 51491.60 | 59005.40 | 0.43 | 0.89 | 0.024 |

---

① 杨志银：《完善我国现行证券市场税收制度的思路：基于中小投资者利益保护视角》，《证券市场导报》2016 年 10 月。

续表

| 年份 | 证券交易印花税 ||| 税收收入 ||| 各级证券交易印花税占其税收收入比 |||
|---|---|---|---|---|---|---|---|---|---|
| | 全国 | 中央 | 地方 | 全国 | 中央 | 地方 | 全国 | 中央 | 地方 |
| 2014 | 667.00 | 647.00 | 20.00 | 119158.00 | 54752.40 | 64405.60 | 0.56 | 1.18 | 0.031 |
| 2015 | 2553.00 | 2476.41 | 76.59 | 124892.00 | 56805.57 | 68086.43 | 2.04 | 4.36 | 0.112 |

注：上述数据根据历年《中国税务统计年鉴》《中国财政年鉴》以及历年财政部公布的公共财政收支情况整理而成。

第二，持有环节课税。持有环节的课税主要是因持有证券而获得的股息红利所得。首先，我国当前对股息红利所得主要征收所得税，对于法人投资者而言，采用了国际上的普遍做法，并入企业的普遍所得征收企业所得税，但是对于持有时间超过12个月的股权投资收益免税，但这一部分所得在缴纳企业所得税后的分配中仍需缴纳个人所得税。而对于个人投资者而言，因持有证券而取得的股息红利所得，不允许扣除任何费用，以收入额全额计征个人所得，征收差异化个人所得税税率。法人投资者和个人投资者的股息红利所得税收明显存在差异，而且普遍适用比例税率，造成所得课税实际税负的累退性，难以体现税收公平性。税收理论表明，累进税率比比例税率更能体现课税的公平性。建议在现有股息红利所得课税根据持有时间减免的基础上，根据所得收入规模实施累进税率。其次，取消对基金投资所得的免税规定，平衡不同投资方式和不同投资标的所得的实际税负差异。

第三，转让环节课税。我国现行证券税收政策似乎已经将各种证券所得纳入征税范围，但是由于QFII、基金投资者等减免税规定，以及各地区之间的税收优惠政策，市场交投过程中的实际征税不足。因此，坚持公平课税，建议取消特殊投资者的减免税规定，包括增值税和企业所得税的减免税政策规定，对普通投资者实施同等税收政策。限制或取消各地区关于证券投资转让所得的各种形式的税收返还形式的优惠政策限制投资者特别是机构投资者利用地区优惠政策减少实际税负而增强市场话语权。确立将资本利得独立课税原则，通过适当的累进税率形式平衡不同投资规模和盈利水平带来的实际税负差异，避免比例税率的累退性。

第四，分配环节课税。对证券市场分配环节的公平课税主要体现为不同分配方式的公平课税问题。我国现有比较常见的分配方式是转增、转送、转送派、送派以及派现等几种分配方式，分配形式主要有现金股利、股票股利、财产股息等几种方式。我国对不同分配方式和不同的分配形式的税务处理不同，规定的税种不同，且不同税种间存在重复征税现象，给不同的投资者带来差别的税收负担。坚持公平课税，主张明确以资本公积和未分配利润转增股份的分配形式纳入股息所得征税，以转增股票当日收盘价格为计税依据，与现金股利实施一样的差异化税收政策。在现有根据持有时间实施差异化个人所得税的基础上，实施累进税率。对于法人投资者取得的不同分配方式的不同股息红利所得等权益性投资所得，取消12个月的免税规定，根据持有时间比例计入普通所得计征个人所得税。具体而言，与个人所得税差异化税率相适应，对持有时间不超过1年的，全额并入普通企业所得计征企业所得税，而对于持有时间超过1年但不足2年的股息红利等权益性所得，按照取得股息红利所得的50%并入普通所得计征企业所得税，而对于持有时间超过2年的股息红利等权益性投资所得，减按25%并入普通所得计征企业所得税，而对于持有时间超过3年的，免征企业所得税。利用持有时间的累退计税方法，平衡法人投资者相对于中小投资者而言具有分配优势带来的实际税负差异问题。

第五，遗赠环节课税。欧美各国均对证券遗赠行为征收遗产税与赠与税。对于证券遗赠环节的课税是我国证券市场课税的缺位问题，我国没有对证券的遗赠所得征收任何税收，这造成一定程度的税收流失。建议借鉴欧美各国的经验做法，将证券的遗赠行为和实体经济的遗赠行为区别对待，对证券遗赠行为征收遗产税与赠与税，堵塞由于税收缺失带来的可能的避税行为。

（三）税种结构和税率结构的选择问题

首先是在税种结构选择上，建议我国确立资本利得税，特别是我国现在证券理财得到很大发展的前提下,印花税等流转税对市场调整效果并不理想,需要将证券所得区别于其他所得,独立开征资本利得税。在借鉴国外经验的基础上,遵循国际惯例,将法人资本利得并入企业普通所得,计征资本利得税。而对于个人投资者,独立资本利得税,在扩大资本利得税计征范围的基础上,形成从以流转税为主体的证券课税模式过渡到以所得税为主体的证券课税模式上,在保证效率的基础上,发挥资本利得税对证券市场的调节作用。

其次,在税率结构选择上,逐步过渡到以所得税为主体的课税模式,大量采用累进税率,根据投资者获利能力的大小量能课税。一般来说,持有时间越长,不确定就越高,投资风险越大。在持有投资收益课税方面,选择根据持有时间长短和承担风险的大小,实施累退性税率结构。在转让投资所得课税方面,根据持有时间和盈利能力大小,设计累退性的计税依据,累进性的税率水平,在体现量能课税的同时体现风险分担方面的公平。

证券市场公平课税,不仅需要解决一级市场与二级市场之间的税收差别问题,更要注重市场上不同投资者主体、不同交投环节以及不同层次市场之间的公平课税问题。公平课税不仅体现在税种布局和税率结构选择方面,还体现在计税依据、征税范围等方面的选择上。我国证券市场起步比较晚,市场运行的社会和政治基础以及其他相关制度建设相对比较脆弱,而且证券市场运行的复杂性带来公平课税制度的设计难度,需要根据市场运行的特点设计公平课税制度。但是,公平制度的选择更需要注重对市场效率课税的影响,我们主张效率课税下的公平课税制度选择。

## 四 公平课税制度选择的可操性分析

无论是公平课税制度选择,还是效率课税制度选择,均是以现有课税制度为依托的制度修订式选择。现有税制体系为公平课税制度选择与效率课税制度选择的可操作性提供强有力的基础。就一级市场公平课税制度而言,原有根据发行情况收费方式为费改税后征收证券发行登记许可税提供了基础,至于认购征收证券交易税,现有证券网上、网下发行认购系统可以提供便利。这使一级市场不同投资主体、不同产品之间的公平课税制度选择具有了可操作性。

对于二级市场公平课税制度选择而言,主要体现在交易所得的课税和取消证券交易印花税的主张上,至于允许税前扣除、取消减免税优惠政策以及不同分配形式的税率等政策主张,均是基于现有课税制度基础上的修订完善以使其适应市场发展,只需在现有课税制度中予以补充和修改政策条款即可实现。国际证券交易印花税税制改革的社会背景来自凯恩斯国家干预主义。40多年来国际证券市场取消、调降证券交易印花税,增强市场机制对证券市场的调节作用,减少政府对市场交易行为课税所带来的市场耗散,提高本国证券市场交投活跃程度以及国际竞争力的改革总体趋势已经得到世界各国的普遍认可,取消证券交易印花税是顺应世界证券交易印花税改革大趋势。而且,取消证券交易印花税对我国税收收入的影响比较小。我国已经是世界第二大市值证券市场,证券交易印花税具有扭曲有价证券价格和资金结构的副作用,美国证券市场早就取消了证券交易印花税,为我国取消证券交易印花税提供经验借鉴。

关于证券交易所得税课税的主张,主要是试图通过逐步建立以所得税为主的证券市场税收体系,从而通过证券投资者所得而不是印花税来调控证券,这不仅是全球各国证券市场的发展趋势,更是我国证券市场的发展趋势。长期以来,我国以印花税调控为主的单一税制,不能很好地体现公平课税的原则,税收不能发挥其"内在稳定器"的功能,这是我国证券市场面临的一大问题。无论从市值规模,还是从市场层次发展,以及市场投资者规模和机构来看,我国证券市场都得到了长足的发展。目前,我国证券市场发展面临的不是市场的规模和参与主体结构的问题,而是我国证券市场的制度环境以及因制度建设不足所带来的市场质量问题。确立以所得税为主的证券市场课税制度,符合当前证券市场发展形势,不仅有利于发挥调节级差收入并鼓励长期资本的作用,对于收入的协调和证券市场稳定、健康的发展也有重要作用。更为重要的是,可以利用税率结构和税种布局,影响投资者短中长期之间的收益预期，达到税收强制性、固定性和无偿性带来的市场治理功能，促进虚实经济之间的良性循环。因此，证券市场的长足发展为交易所得课税奠定了基础。

此外，确立证券交投所得课税，并不会带来诸多的税收征管问题。首先，当前证券交投结算渠道、证券交易平台等技术层面的完善程度为交易所得课税奠定了有利的基础。其次，我国证券交投不再局限于柜台交易，基本上均是通过软件系统平台进行交易，这为证券交投所得课税的申报、缴纳以及代扣代缴等征管方式的选择奠定了基础，不同主体、不同产品以及不同税率结构和根据持股时间长短计税等征管问题，均可以通过现有结算渠道和软件系统等交易平台予以解决。最后，我国证券中介服务公司的大力发展，也为交易所得的代扣代缴、申报缴纳等提供便利。

## 第三节　我国证券市场效率课税的制度选择

证券市场课税不仅需要公平，更为重要的是注重效率。不仅我国现行证券市场课税存在课税面窄、不系统、缺乏整体性的问题，证券课税设置也存在"为了征税而设计"的现象。当前证券市场一级市场不仅存在上市投机炒作等行为，而且长期以来的免税政策导致一级市场缺乏相应的课税制度对上市融资行为形成节制，上市公司质量不够高，信息披露质量不够完善等问题屡禁不止，频频发生。二级市场上，不同交易环节的课税难以形成相互制衡的税收征管机制，短期投机行为比较浓重，上市公司融资行为与分红回报特别是现金分红比例很低，对上市公司的分红意愿缺乏相应的政策引导和激励。同时，不同的税制设计不够合理，缺乏相应的税收政策合理布局以保护中小投资者利益，降低了对中小投资者的吸引力。在全面公平课税制度设计的基础上，如何通过税收的合理安排，保护中小投资者利益，引导市场价值投资，提升市场对实体经济体的价值发现能力，发挥税收对市场的整体治理功能，是包括我国在内的世界各国证券课税制度完善的方向。

## 一 效率课税制度选择的思路问题

### (一) 树立正确的课税思路

由于税收具有的固定性、无偿性和强制性的特点,税收政策对市场的调节作用具有很强的威慑作用。树立正确的课税思路,对于课税制度的正确选择非常重要。正确的课税思路决定了选择什么样的课税制度。我国证券市场效率课税制度的选择,首先,需要树立以税控市、以税调市的调控思路,摒弃以税养市的调控思路。税收政策选择和税种布局,应以促进市场价值投资、抑制投机为导向。通过税种在不同环节的布局、税种选择、税率结构的选择以及计税依据的确定等课税方式和课税要素的设计,充分考虑市场运行的实际情况,达到对市场的效率课税,促进市场价值发现功能的提高。通过税收制度在不同环节和不同层次市场之间的合理布局,实现税收对市场的整体治理。比如,通过选择合理的税收政策,规范一级市场的融资行为,化解当前普遍存在的上市公司质量低、发行定价高以及上市发行"拥挤"等问题。通过税收制度的合理布局以及计税方式的合理选择,抑制短期投机交易行为,鼓励和引导中长期持股,激励上市公司分红意愿,提高现金分红比例。结合市场国际化进程,通过税收政策的安排,在培育市场国际投资者的同时,有效地在"走出去"和"引进来"过程中实现对我国税权保护。其次,注重税率结构和税率水平的选择。在确立所得课税的基础上,从以流转税为主的单一市场调节税制结构逐步过渡到以所得税为主、流转税为辅的复合证券税制结构,合理的税制结构选择和税率水平选择是利用税收政策引导市场发展和规范市场行为的重要内容。注重比例税率与累进税率的合理搭配,针对不同的调控目标选择适当的税率水平;借鉴国际经验做法,在通过流转税调节时选择轻税政策,而对证券所得课税时则需要结合市场灵活设计税率类型和税率水平,以利于市场发展。避免由于限制和鼓励市场发展而放弃征税权和征收高额税收,影响市场正常发展;避免由于税收调控而对市场正常交投行为产生直接干预影响。

## （二）注重税制体系的完整性和布局的效率性

我国当前证券课税存在税种设置不够合理的问题，不仅存在不同环节的课税缺失，而且也存在不同产品之间的课税缺失。不能因为鼓励和扶持市场发展而放弃对市场的课税权，而应注重税收对市场的整体调控，注重税制体系的完整性，避免税制设置带来的公平课税与效率课税问题。另外，也要注重税收布局的效率性，降低甚至避免重复征税的问题，在不影响市场基本融资功能的基础上，防止"病从口入"，规范上市公司的融资行为，避免二级市场对上市公司股票的哄抬炒作。要激励上市公司，引导上市公司回报股东。注重税制体系的完整性，则坚持了对市场的有效课税，而注重税制布局的效率性，则保证了课税对市场投资行为产生的有效规范和引导。

## 二 一级市场效率课税制度选择

### （一）化解一级市场与二级市场之间的差别课税问题

我们认为，一级市场与二级市场之间的差别课税，是当前我国一级市场 IPO 排队拥挤的根本问题，因为其避免了债券融资的固定融资成本。可以借鉴日本的经验做法，根据市场发行行为和发行规模适当计征印花税和证券发行登记许可税，以弥补一级市场融资收入和债券融资收入之间的成本差异，既避免了一级市场诸多交易行为的税收缺失，也利用税收政策规范了一级市场的融资行为，至少可以减缓一级市场无节制和高额定价发行的融资行为。应取消一级市场对认购参与的不合理的限制性交易制度，针对证券一级市场与二级市场购买上市公司股票等行为所带来的税收成本差别，建议对于一级市场的认购行为征收印花税。[①]

### （二）构筑并实施上市公司融资收入与上市之后经营业绩承诺挂钩的课税制度

在保持企业原有经营规模不变的前提下，将上市前的业绩承诺与

---

[①] 杨志银：《完善我国现行证券市场税收制度的思路：基于中小投资者利益保护视角》，《证券市场导报》2016 年 10 月。

上市后企业经营业绩相挂钩，甚至可以与上市后主营业务经营业绩相挂钩，对其溢价收入实施阶梯式递减的税收优惠政策。企业上市后企业经营业绩能够维持上市前三年的业绩增长速度，与上市前招股说明书业绩承诺保持一致的年限在 1 年以内的，对上市企业因上市而获得的溢价收入部分征收 80%；保持一致年限在 1 年以上 3 年以下的，对溢价收入部分征收 50%；对保持一致年限在 3 年以上 5 年以下的，征收 20%；对保持一致年限超过 5 年的，对其溢价收入不再征税。

对于上市企业而言，这种课税设想对其形成违约风险，增加其违约成本，也增加了做假虚构、带"病"发行获取短期溢价收益的风险成本，从源头上倡导价值投资，保护了投资者特别是中小投资者利益。通过税收优惠政策引导其努力经营，通过证券发行真正解决企业发展资金瓶颈，真正服务实体经济发展。同时，通过这种方式课税促使上市企业优质资产上市发行，从而提高上市发行的质量。对于包括作为保荐人的券商以及参与定价的机构投资者而言，降低了其通过包装、信息传播等方式进行炒作、从高定价发行的意愿，同时也增加了其与上市企业合谋炒作高价发行的成本。对于中小投资者而言，这种课税主要是改变投资者的投资策略，从原来的投机策略转变为价值投资策略，在进行投资对象选择时，更加注重上市企业的未来成长空间，减少甚至不会卷入市场资金炒作的操作之中。此外，这种课税方式对于提高市场的管理效率、通过证券发行市场优化资源配置效率以及通过证券市场实现对上市企业的价值发现等方面的影响也是不言而喻的，在源头价值投资管理的过程中，通过这种课税方式引导市场价值投资，促进市场对上市企业的价值发现，优者更优，劣者则转变经营方式和经营策略，提高企业盈利水平，争取获得证券发行筹资的相对优势利益。

## 三　二级市场效率课税制度选择

**（一）改革现有印花税的双重性问题，优化证券交易行为课税**

我国现行证券印花税以卖方的卖出金额为计税依据，实际上承担着对交易行为和交易所得的双重调节，虽然税率比较低，但是比例税率的累退性使得印花税对市场交易行为的调节效果并不明显。要改革现有印花税的这种双重调节的性质，可以借鉴国外先进经验和做法，改征证券交易税，甚至可以为了减少课税对市场流动性的影响，逐步取消证券交易税。在证券市场从流转税为主的课税模式逐步过渡到以所得税为主的课税模式过程中，可以逐步优化证券交易税，借鉴日本经验做法，对证券交易税实施低税率，也可以结合我国证券市场发展的需要，考虑根据交易净额的大小实施具有一定累进程度的定额印花税，引导市场交投行为。我们主张取消证券交易税，减少政府课税行为对市场流动性的影响，既消除了不同投资者主体因投资规模和盈利能力带来的交易税收成本差异，也消除了不同证券产品的征免税规定带来的产品之间交投成本差异。

（二）消除重复征税问题，激励上市公司现金分红意愿

股息红利所得的企业所得税和个人所得税之间的重复征税问题，是我国证券投资课税的一大弊病。从市场课税的实际情况来说，这种重复征税问题阻碍了上市公司分红派息的意愿。因为虽然股息红利所得由投资者来缴纳，但实际上是由上市公司来代扣代缴，对于上市公司而言，现金分红已经承担了一部分现金支付压力，如果因自己的现金分红还需额外承担税款所带来的支付压力，从企业经营视角而言，上市公司不会也不愿意这么分红，因为对上市公司而言，虽然现金分红传递了公司的良好形象，但是容易给公司带来财务压力。我们认为，这是我国当前上市公司不愿意主动进行现金分红而是选择股票分红的主要原因。

建议消除重复征税问题，允许上市公司税前扣除分红的规模，特别是现金分红。建议将公司分配的股息红利，按一定比例允许上市公司税前扣除，一部分由投资者实际取得时税前按照一定比例扣除，引导上市公司主动分配意愿，特别是现金分红的意愿，从而提高上市公司的回报率。

（三）开征资本利得税，利用合理税率结构引导价值投资

从欧美日各国证券课税来看，随着证券市场的不断发展壮大，

市场成熟度不断提高，开征资本利得税是一种必然的选择。从公平课税的角度，建议开征资本利得税，而从效率课税的角度，建议实施合理的税率结构，引导市场价值投资，避免因课税而使市场流动性大幅受到影响。一方面通过开征资本利得税，减少市场短期投资行为和投资策略选择，有效抑制投机；另一方面通过实施阶梯式差别税率，避免对市场流动性产生冲击影响，保护中小投资者利益。具体而言，要根据持有时间，实施差别税率，持有时间越短，适用税率水平越高，持有时间越短，使用税率越低。建议对于持有时间不超过1个月的，依据转让所得计征50%的资本利得税，而对于持有时间超过1个月但不超过1年的，依据转让所得计征30%的资本利得税，对持有时间超过1年的但不超过3年的，转让所得计征15%的资本利得税，对于持有时间超过3年的转让所得，计征10%甚至5%的资本利得税，引导投资者包括机构投资者和个人投资者进行中长期价值投资，从而实现了风险分摊的课税策略，减少机构投资者和大户资金投资者利用资金优势短期频繁哄抬股价的行为。此外，遵循风险分摊的原则，借鉴美国的经验做法，允许个人投资者一定比例的亏损额无限期结转税前扣除。总之，在确立对资本利得课税的基础上，通过合理的税制布局，保证上市公司回报率不低于银行等金融机构同类存款利润水平，那么课税不仅不会降低市场对社会闲置资金的吸引力，还会提高证券市场的市场竞争力，实现优胜劣汰。

**（四）提高预提所得税税率，采用多边税收协定方式保护本国税权收益**

首先，通过提高预提所得税税率水平，来确保对非居民投资者的课税权。对于非居民纳税人，世界普遍的做法是允许对其境外所得已纳税款进行抵免。对于被投资国而言，其放弃的课税权也是投资者履行居民税收管辖权而获得境外课税权。因此，世界各国普遍通过提高预提所得税来保护本国境内非居民投资者的课税权。我国预提所得税为20%，但实际计征时往往按10%。与其他国家相比，我国预提所得税税率水平还是比较低的，法国基本达到33.33%，与其境内居民企业所得税税率一致。建议将我国预提所得税税率水平提高至25%，同时逐步减少各种非居民税收优惠政策。其次，借鉴实体经济税收管辖的经验和做法，通过单边、双边和多边的税收协定方式，保护本国税权。

## 四 效率课税制度选择的可操性分析

效率课税制度的选择主要体现在一级市场与二级市场之间的差别课税问题化解、构筑与上市公司上市后业绩承诺挂钩的课税制度设想、通过分担的方式消除股息红利等重复征税问题以及通过资本利得税合理税率结构选择，从市场端引导投资者进行中长期价值投资等方面。本书的效率课税制度选择是以现有课税制度为基础的，很大程度上是对现有课税制度相对于市场发展做出修改补充的制度优化选择，因此很大程度上现有课税制度在征收管理方面的可操作性为效率课税制度优化选择的可操作性奠定了良好基础。比如，一级市场与二级市场之间的差别课税问题化解、消除印花税双重性问题、消除股息红利等证券所得重复征税问题、激励上市公司现金分红意愿等方面的政策建议，只需在现有课税体系下进行适当的条款补充和政策明确，即可完成可操作性，而且证券市场各层次投资者的不断发展壮大，特别是证券公司等中介服务主体发展的成熟程度得到很大提高，尤其是结算和会计核算方面的完善程度，为这种效率课税制度优化设想提供了可操作性。此外，实体经济跨国经营所得征收预提所得税以及通过双边或多边税收协定避免国际重复征税的经验和做法，为证券市场国际化日趋发展的进程中通过多边税收协定方式保护本国税权收益提供了操作层面基础。

关于构筑并实施上市公司融资收入与上市之后经营业绩承诺挂钩的课税制度设想，也具有良好可操作性的市场基础和征管经验。首先，上市公司的溢价发行收入是在"资本公积——股本溢价"会计科目核算，为这种课税制度的税基操作奠定基础。这种课税制度设想，主要是试图避免通过业绩粉饰包装上市的欺诈、高价发行的行为，通过这种课税制度在治理一级市场"圈钱"式发行行为的同时引导上市公司实体经营的良性发展,促进虚实经济之间的良性循环。一方面可以通过这种课税制度避免或减少当前证券市场特别是股票市场所存在"圈钱"、欺诈发行的行为,另一方面在虚实经济之间寻找平衡,增强证券市场对实体经济发展的支撑作用,进而促进实体经济税收的增长,实现"一举多得"的政策效果。当前证券发行逐步常态化,证券发行质量受到市场的普遍关注,IPO招股说明书中未来收益的承诺以及未来项目的投资及其盈利水平的说明,为这种课税制度设想提供了良好的可操作基础。其次,环境保护税的征管为这种课税制度的操作提供了征管经验。也可以借助如证券交易所、证监会等证券监管部门提供的征管比对信息。现在税务信息共享程度不断深化,也为这种协同征管模式提供可操作性,更为关键的是,我国证券融资逐步常态化,证券市场发展规模和市场参与度的提高也为该种课税制度设想奠定操作基础。此外,也利于上市公司税务自查操作,为上市公司上市融资的未来风险和收益提供参考,形成上市公司理性融资行为。

关于开征资本利得税,利用合理税率结构引导价值投资的课税设想,在操作方面也具有良好的市场基础、国际经验以及征管技术平台的支撑。我国资本利得征税制度的规定是针对早期的证券交易而设定的,而现在的证券交易已经不同于早期柜台交易的情况,大量网络证券交易平台和交易服务主体的出现和服务,已经为准确核算证券转让所得提供了操作平台。再者,根据我国《上海证券交易所统计年鉴》(2018卷)的数据,截至2017年年底,我国证券市场投资者数量为1.95亿户,其中自然人投资者为1.94358亿户,非自然人投资者(机构投资者)为64.3万户,与1994年相比,我国证券市场参与度也得到了明显提高,具备了开征资本利得税的市场条件。无论是对资本利得独立开征资本利得税,还是将资本利得并入一般所得征税,我国现有课税制度均为其奠定了良好的操作基础,只需要在现有所得课税制度基础上对相应的资本利得课税予以明确规定即可。同时,资本利得的核算和结算,也由于证券交投计算机软件平台和中国证券结算有限公司而显得更具有操作性。此外,美国等证券市场资本利得税课税经验为我国开征资本利得税、利用合理税率结构引导市场进行价值投资提供了良好征管操作借鉴。

  总的来说，现有公平课税制度选择与效率课税制度选择均是在现有课税制度体系下的完善和补充，是为了更加适应证券市场的发展，充分发挥税收对证券市场的治理作用。现有课税制度的可操作性以及当前证券市场发展水平和利用证券市场进行理财的观念，均为课税制度选择可操作性提供了便利。国外先进国家证券市场课税经验为这种课税制度选择提供了操作层面的借鉴。

# 结　语

　　关于证券市场课税的研究，既是一个传统的话题，也是一个新的税收研究领域。说其是传统的话题，是因为关于证券市场课税方面的研究，前人有了不少的探索，且有许多成果面世；说其是一个新的税收研究领域，是因为综观国内的诸多研究成果，结合中国证券市场实际交投、监管以及市场运行方式情况，特别是上市公司以及市场投资者的交投行为和交投心理等实际情况，对市场运行全过程的公平课税与效率课税问题系统性研究的较少。对如何解决一级市场、债券市场以及期货市场之间税收差别等的公平课税问题，以及多层次市场税收征管过程的效率课税问题的研究，如何利用公平课税与效率课税手段调节市场发行排队拥挤等现象，规范发行市场上市公司融资行为，结合整个证券市场各环节各主体实际情况，讨论税收该如何布局，以便于市场发展，以及基于市场参与主体的多元化、复杂性，探讨不同投资主体之间的实际税负等方面的研究，相对缺乏。

　　本书主要是从制度研究的方面，结合市场当前存在的问题，来探讨如何实现公平课税和效率课税，不仅从不同投资者主体、不同交易环节等方面，结合市场交投策略和预期投资心理选择等因素，分析现有证券市场课税存在的公平课税和效率课税，还从税种设置，现有课税政策调整和完善，计税方式、税率结构和税率水平选择等方面探究公平课税与效率课税制度的选择。相对于已有的研究成果而言，本书并不是泛泛而谈，泛泛借鉴国外经验和做法，而是融入诸多市场交投分析的思路和内容，也提出了从以流转税为主的证券课税模式逐步过渡到以所得税为主的证券课税模式的制度选择建议。

随着我国证券市场的不断发展,尤其是证券参与主体多元化、证券产品的多样化的进程发展,证券市场课税制度的研究还有很长的路要走,也将成为笔者继续深入研究本主题的努力方向。

# 参考文献

［意］埃里希·科齐勒：《税收行为的经济心理学》，国家税务总局税收科学研究所译，中国财政经济出版社 2012 年版。

［美］安沃·沙赫主编：《促进投资与创新的财政激励》，匡小平等译，郭庆旺校，经济科学出版社 2000 年版。

巴曙松、陈华良：《证券投资基金税收政策的比较研究及其借鉴》，《学术月刊》2004 年第 9 期。

贝政新、茆晓颖：《我国证券市场税制存在的问题及框架设计》，《税务研究》2004 年第 3 期。

卜永祥：《证券交易税的国际比较》，《中央财政金融学院学报》1994 年第 6 期。

蔡军：《证券市场税制：缺陷分析与政策建议》，《税务研究》2005 年第 10 期。

蔡庆丰、郭懿、吴斌：《完善我国证券流转税的若干思考》，《当代财经》2004 年第 3 期。

蔡庆丰、李鹏、吴斌：《我国证券流转税的现状分析与改革思路探讨》，《新疆财经》2004 年第 1 期。

常华兵：《关于构建我国证券税制体系的设想》，《河北经贸大学学报》2000 年第 3 期。

常亮、王闯、李玉洁：《证券交易印花税调整效应的实证分析》，《金融经济》2010 年第 6 期。

陈宝熙：《证券市场发展中的税收问题》，《税务研究》2009 年第 11 期。

陈兵：《美国资本利得税及其对我国证券市场的启示》，《外国经济与管理》1994年第6期。

陈金池：《对证券市场税收制度改革的建言》，《现代经济探讨》2005年第6期。

陈秀花：《谈我国证券市场税制的完善》，《税务研究》2001年第6期。

陈赵戬：《我国证券税收体系的研究》，《税务研究》2005年第1期。

成学真、李燕：《中国证券市场中政府监管的理论分析与现实思考》，《甘肃金融》2001年第4期。

程丹、王奎：《我国台湾地区证券交易税的演变历史研究》，《南方金融》2015年第2期。

崔百胜：《资本利得税对股票收益波动影响的模型分析》，《河南金融管理干部学院学报》2008年第3期。

邓远军：《德国证券税制的基本经验与借鉴》，《涉外税务》2003年第3期。

邓远军：《证券税制对市场的影响》，《经济研究参考》2005年第63期。

丁宏术：《我国证券市场功能失衡问题分析》，《经济研究参考》2012年第54期。

董再平：《我国证券税制的功能定位和发展完善》，《财会研究》2000年第3期。

段从军：《国际税收实务与案例》，中国市场出版社2016年版。

范南、王礼平：《我国印花税变动对证券市场波动性影响实证研究》，《金融研究》2003年第6期。

冯黎：《我国资本利得课税的问题及对策》，《商业会计》2010年第13期。

冯亚彬：《美国证券市场税制建立对我国的启示》，《时代金融》2016年第9期。

傅萍：《转让上市公司限售股纳税政策若干问题的探讨》，《商业会计》2010年第7期。

高立蓉：《完善我国证券税收制度的路径选择》，《商业会计》2013年第2期。

高小萍：《税收对金融市场效率的作用分析》，《税务研究》2001 年第 6 期。

高云慧主编：《金融创新业务的税收筹划》，中国法制出版社 2015 年版。

葛云虎：《关于期货市场税收的探讨》，《税务研究》1994 年第 8 期。

龚辉文：《资本利得课税的政策选择》，《税务研究》1998 年第 7 期。

郭庆旺、匡小平：《最适课税理论及对我国税制建设的启示》，《财政研究》2001 年第 5 期。

郭田勇：《当前完善资本市场税收制度的策略》，《经济研究参考》2009 年第 18 期。

郭田勇、陆洋：《我国资本市场税收制度的问题与对策》，《税务研究》2008 年第 12 期。

郭彦峰、黄登仕、魏宇：《证券交易印花税与市场质量——来自中国证券市场的实证分析》，《数理统计与管理》2012 年第 5 期。

国家税务总局金融税收政策研究小组：《关于我国金融税收政策若干问题的研究》，《税务研究》2002 年第 11 期。

[德] 汉斯-沃纳·斯恩：《资本所得课税与资源配置》，赵志耘、郭庆旺译，中国财政经济出版社 1998 年版。

何德旭、周宇：《中国证券投资者保护机制的创新方向与实现路径》，《金融评论》2015 年第 1 期。

何辉：《金融市场税收经济效应研究：基于中国经验数据的实证分析》，经济科学出版社 2011 年版。

何涛、崔轶：《关于红股征收个人所得税的探析》，《税务研究》2002 年第 4 期。

何雁明、朱震：《改革证券交易佣金制度对中国证券业结构调整的影响》，《经济科学》2002 年第 1 期。

胡关金：《浮动佣金制下客户交易行为的实证研究》，《经济研究》2002 年第 11 期。

胡海峰、李忠：《我国资本市场投资者利益保护与上市公司价值研究》，《数量经济技术经济研究》2009 年第 7 期。

胡浩：《论我国证券税制的改革》，《财经研究》1998 年第 4 期。

胡晓涛：《也谈我国证券资本利得税的征收》，《金融与经济》2008 年第 7 期。

黄凤羽：《中国证券市场税收制度中存在的问题及其改革的政策性建议》，《税务与经济（长春税务学院学报）》1999 年第 1 期。

黄桦：《对我国证券市场税制建设的几点构想》，《中央财经大学学报》1997 年第 11 期。

黄子波、王旭：《证券市场投资者保护新机制探索》，《证券市场导报》2015 年第 3 期。

贾文勤：《境外股票市场税收政策研究》，《金融会计》2015 年第 6 期。

姜付秀、支晓强、张敏：《投资者利益保护与股权融资成本——以中国上市公司为例的研究》，《管理世界》2008 年第 2 期。

姜雪晴：《我国证券市场中税收的功能》，《经济研究参考》1999 年第 55 期。

蒋维静、邓远军：《完善证券税制，促进证券市场健康发展》，《现代经济探讨》2004 年第 9 期。

焦一曼、刘婷：《完善我国证券税制的对策思考》，《涉外税务》2000 年第 5 期。

解宏、翟景明：《美国资本利得税制的历史演变、原因及借鉴意义》，《涉外税务》2002 年第 5 期。

靳春平：《税收政策对证券市场的调控效果分析》，《税务与经济（长春税务学院学报）》2006 年第 1 期。

雷根强、沈峰：《证券税制的发展动态与政策调整》，《厦门大学学报》（哲学社会科学版）2007 年第 4 期。

雷霆：《资本交易税务疑难问题解析与实务指引》，中国法制出版社 2016 年版。

李春年：《英国税制中资本利得概念的引入对我国税制改革的借鉴作用》，《东南大学学报》（哲学社会科学版）2006 年第 S1 期。

李刚为：《对上市股份公司送股进行征税的质疑》，《福建税务》2001 年第 10 期。

李晶、李文明、魏亚楠：《促进新三板市场发展的税收政策研究》，《宏观经济研究》2017 年第 1 期。

李靖野、梁春满：《证券交易税的经济效应分析》，《财经问题研究》2002 年第 1 期。

李文磊、杨茜、黄嫒、张娅：《证券印花税调整对股市流动性及波动性影响的实证分析》，《中国传媒大学学报》（自然科学版）2010 年第 2 期。

李新：《构建复合证券税收体制：中国证券税制改革的目标》，《扬州大学税务学院学报》2010 年第 6 期。

李蕴洁：《证券税制的国际比较与借鉴》，《云南财贸学院学报》2003 年第 6 期。

李珍萍：《促进资本市场发展的税收政策研究》，《扬州大学税务学院学报》2005 年第 4 期。

梁柯：《"最适课税理论"及其实践意义》，《经济问题探索》2003 年第 12 期。

［美］林德尔·G. 霍尔库姆：《公共经济学：政府在国家经济中的作用》，顾建光译，中国人民大学出版社 2012 年版。

林恩焕：《对资本利得课税的国际比较及我国的政策选择》，《涉外税务》1999 年第 7 期。

林烺：《印花税体系的改革：两种印花税存废之辩》，《税务与经济》2016 年第 3 期。

林楠：《完善我国资本市场税收政策的若干思考》，《价格月刊》2008 年第 8 期。

凌兰兰、朱卫东：《资本利得税经济效应研究：美国的经验与启示》，《税务研究》2008 年第 12 期。

刘芳、刘海潇：《中美证券税收制度比较》，《金融会计》2004 年第 3 期。

刘飞鹏：《税收负担理论与政策》，中国财政经济出版社 1995 年版。

刘建红：《资产证券化中的税收问题》，《证券市场导报》2005 年第 1 期。

刘剑：《对完善我国证券市场税收制度的几点设想》，《经济问题探索》

2000 年第 3 期。

刘剑文：《税法基础理论》，北京大学出版社 2004 年版。

刘献灿、欧阳婷：《我国证券市场税收制度的问题及对策》，《税务与经济（长春税务学院学报）》2004 年第 4 期。

刘心一、刘从戎：《证券跨国发行中的税收问题》，《税务研究》1996 年第 10 期。

刘勇：《股票交易印花税对股票价格影响研究——以上海股市为例》，《上海管理科学》2004 年第 3 期。

鲁锦锋：《公平与效率：证券税制的完善和证券市场的发展》，《吉林财税高等专科学校学报》2005 年第 1 期。

陆一：《证券交易印花税：是市场调控工具，还是政府创收财源？》，《中国证券期货》2008 年第 4 期。

吕良、顾华：《规范证券业纳税行为》，《经济研究参考》2002 年第 71 期。

罗晓林：《关于我国股票市场税收若干问题的探讨》，《税务研究》1994 年第 2 期。

[美] 罗伊·罗哈吉：《国际税收基础》，林海宁、范文祥译，北京大学出版社 2006 年版。

罗振华：《对证券市场税收若干问题的思考》，《新疆财经》2001 年第 5 期。

马蔡琛：《各国证券税制模式与我国税制选型》，《现代经济探讨》2000 年第 2 期。

马蔡琛、万鑫：《我国私募股权基金税收政策的取向》，《税务研究》2015 年第 10 期。

茆晓颖：《论中国证券市场课税的公平与效率》，《预测》2012 年第 6 期。

茆晓颖：《证券交易环节课税的国际比较与启示》，《山西财政税务专科学校学报》2003 年第 1 期。

茆晓颖：《证券市场税收制度的国际经验》，《经济论坛》2005 年第 13 期。

茆晓颖：《证券投资所得课税的国际比较与启示》，《财会月刊》2009年第 11 期。

潘昕昕、房斌：《证券交易印花税对证券市场资源配置影响实证研究》，《数学的实践与认识》2011 年第 15 期。

潘昕昕、杨如彦：《证券交易印花税调整对证券市场资源配置的影响》，《经济与管理研究》2009 年第 6 期。

裴育、李永友：《我国证券市场税制优化研究》，《税务研究》2004 年第 3 期。

彭志、肖土盛、赵园：《中国资本市场 20 年内幕交易行为案例综述》，《财经研究》2017 年第 12 期。

曲顺兰、路春城：《税收在资本市场中的功能定位及政策取向》，《税务研究》2008 年第 3 期。

珊丹：《我国资本利得课税存在的问题及对策》，《涉外税务》2000 年第 5 期。

尚福林：《证券市场监管体制比较研究》，中国金融出版社 2006 年版。

深圳市税务局赴港考察证券业税收专题小组：《从国际税收惯例看股票交易所得的税收问题》，《涉外税务》1993 年第 1 期。

史晨昱、范幸丽：《证券交易税理论与实践的发展》，《财贸经济》2004 年第 5 期。

史永东、蒋贤锋：《中国证券市场印花税调整的效应分析》，《世界经济》2003 年第 12 期。

宋芳秀、何小锋：《我国开展资产证券化的税收问题分析》，《税务与经济（长春税务学院学报）》2002 年第 5 期。

孙静、李楠楠、王亚军：《对股利分配中"税收惩罚观"的一个验证》，《证券市场导报》2015 年第 7 期。

孙静：《证券交易印花税的经济效应及政策取向》，《证券市场导报》2004 年第 1 期。

孙力军：《金融发展与经济增长——基于中国转型期的实证研究》，立信会计出版社 2012 年版。

孙丽、张浩敏：《证券经纪人相关税收制度安排刍议》，《税务研究》2009

年第 11 期。

谭加劲：《证券交易税与证券市场的波动性——兼论我国证券交易税制的改革》，《学术论坛》2006 年第 8 期。

谭永全：《完善我国证券市场税制的构想》，《扬州大学税务学院学报》2006 年第 3 期。

潭洪清：《我国现行证券市场税收制度的缺陷及其完善》，《现代经济探讨》2001 年第 3 期。

汤贡亮：《关于我国开征证券交易税若干问题的探讨》，《中央财政金融学院学报》1994 年第 9 期。

汤贡亮：《建立和完善我国证券税制的构想》，《上海财税》2000 年第 10 期。

汤洁茵：《金融交易课税的理论探索与制度建构：以金融市场的稳健发展为核心》，法律出版社 2014 年版。

汤洁茵：《金融市场发展中的税收立法选择——以税收对金融市场的调控功能为核心》，《税务与经济》2012 年第 2 期。

汤洁茵、刘剑文：《金融创新的税法规制》，法律出版社 2010 年版。

汤路宏：《中国证券市场税制与国际接轨问题》，《中国投资》2000 年第 10 期。

唐敬春：《QFII 和 QDII 跨境投资税收政策分析》，《涉外税务》2012 年第 4 期。

唐腾翔：《比较税制》，中国财政经济出版社 1990 年版。

陶华磊：《我国证券市场监管中政府功能定位问题研究》，硕士学位论文，安徽财经大学，2012 年。

滕莉莉：《我国证券税收制度的比较研究与完善》，《改革与战略》2005 年第 10 期。

田志华：《关于完善我国证券市场税制的思考》，《财会月刊》2006 年第 15 期。

万明：《当前股市中政府定位的理性思考》，《中南财经政法大学学报》2002 年第 5 期。

汪昊：《完善我国资本市场税收制度的思考》，《投资研究》2011 年第

4 期。

王长江:《中国证券税制:问题与改革》,《财政研究》2006 年第 10 期。

王国华:《金融课税问题研究》,中国税务出版社 2006 年版。

王海林、董晔、余菁:《税收调控我国证券市场应持审慎态度》,《价格理论与实践》2008 年第 2 期。

王建华:《证券交易印花税税率调整效应分析及改革设想》,《涉外税务》1997 年第 8 期。

王静、张天西、郝东洋:《委托代理视角下的公司税收规避价值效应研究——来自中国资本市场的经验证据》,《证券市场导报》2014 年第 9 期。

王妍:《论我国证券税收制度的重构》,《经济问题》2001 年第 11 期。

王云平、武晓军:《印花税调整对股市收益率的影响分析》,《辽宁科技学院学报》2010 年第 4 期。

王在清:《中国金融业税收政策与制度研究》,中国税务出版社 2005 年版。

王志强:《税收影响我国上市公司股利政策的实证研究》,《税务研究》2004 年第 7 期。

魏兴耘:《证券税制设置的国际比较与相关建议》,《证券市场导报》2000 年第 8 期。

闻媛:《关于我国证券税制体系构建的分析与思考》,《财经论丛》2007 年第 3 期。

闻媛:《我国证券税制的改革与完善》,《税务研究》2010 年第 6 期。

翁晓天:《奥地利证券交易税收制度简介》,《中国税务》2002 年第 10 期。

吴克红:《QFII 内地股票投资——免税的大餐?》,《涉外税务》2008 年第 3 期。

吴林祥:《日本的证券税制及其借鉴》,《外国经济与管理》1997 年第 9 期。

吴琳芳:《浅谈投资基金的税收问题》,《财政研究》2001 年第 11 期。

吴霖:《论我国证券市场税制的重构》,《浙江金融》2007 年第 6 期。

吴小海、李本贵：《完善我国证券课税制度的政策研究》，《税务研究》2005 年第 10 期。

吴昱、秦芳、张睿、吴贾：《印花税税率调整对 A 股市场微观结构影响的实证研究》，《投资研究》2013 年第 9 期。

夏杰长：《中国证券市场发展中的几个税收问题》，《税务研究》1999 年第 3 期。

向凯：《我国证券市场税收制度改革研究》，《税务与经济》2009 年第 6 期。

肖鹏、陈石头：《证券市场税收制度的国际比较与借鉴》，《涉外税务》2000 年第 7 期。

肖鹏：《美国金融资产税收体系概况与借鉴》，《经济纵横》2001 年第 8 期。

谢毅夫：《证券交易税的负面效应以及最优设计原则——兼论我国证券交易印花税改革》，《经济论坛》2014 年第 11 期。

辛达扬：《我国证券市场的税收问题与对策》，《中央财经大学学报》1997 年第 8 期。

行伟波、刘章娣：《国际金融危机背景下的金融交易税：从理论到实践》，《上海经济研究》2012 年第 4 期。

徐为人：《证券交易印花税的理论分歧与国际经验启示》，《税务研究》2008 年第 5 期。

徐燕：《创业板的风险控制及税收制度》，《税务研究》2002 年第 4 期。

徐志忠：《我国证券税制的问题与对策》，《涉外税务》2002 年第 4 期。

杨虹：《我国证券市场亟需科学规范的税收制度》，《中央财经大学学报》2000 年第 1 期。

［美］杨奎斯特、萨金特：《递归宏观经济理论》，陈彦斌、王忠玉译，中国人民大学出版社 2005 年版。

杨乐意：《应将股票交易印花税改为证券交易税》，《经济研究参考》1999 年第 15 期。

杨林：《最适课税理论与 21 世纪中国税制结构的优化》，《财经理论与实践》2002 年第 S2 期。

杨萍：《关于股权转让税收问题的探析》，《税务研究》2009年第7期。
杨卫华：《降低税收成本提高税收效率》，《税务研究》2005年第3期。
杨小波、周宇：《完善我国证券投资者保护机制的设想》，《武汉金融》2015年第5期。
杨扬：《政协"1号"提案直指资本市场税收政策民建中央建议完善多层次资本市场税收政策》，《中国石油和化工》2008年第5期。
杨志银：《促进证券市场长期价值投资的税收政策》，《现代经济探讨》2017年第2期。
杨志银、黄静：《我国证券市场税收漏洞及征管应对措施》，《理论探讨》2015年第4期。
杨志银：《基于公平视角下我国证券市场课税制度选择》，《经济体制改革》2017年第1期。
杨志银、柯艺高：《中国证券市场税收问题研究》，科学出版社2012年版。
杨志银：《完善我国现行证券市场税收制度的思路——基于中小投资者利益保护视角》，《证券市场导报》2016年第10期。
姚涛、宋利利：《证券交易税能抑制股市泡沫吗？——基于中国股票市场的实证研究》，《重庆工商大学学报》（社会科学版）2012年第1期。
姚涛、王逸：《证券交易税调整效应的实证分析》，《特区经济》2007年第5期。
姚涛、杨欣彦：《中国股市超额税收漏损效应评估》，《云南财经大学学报》2011年第5期。
姚涛：《证券交易税对股票市场发展的影响——基于中国股票市场的实证研究》，《税务与经济》2010年第5期。
叶建芳、徐南：《我国证券市场资本利得税的改革和国际比较》，《涉外税务》2010年第8期。
尹芳、舒晓惠：《证券投资所得税制异化对证券市场影响的实证分析》，《统计与决策》2010年第11期。
尹音频等：《金融市场税收研究：理论模型、计量实证、制度安排》，经济科学出版社 2017 年版。

尹音频：《对资本市场税收管理机理的认识》，《涉外税务》2006 年第 10 期。

尹音频：《构造中国证券税制：原则·思路》，《四川财政》1998 年第 5 期。

尹音频、辜红帆：《我国资产证券化税制评析与重构》，《税务研究》2010 年第 6 期。

尹音频、阮兵：《公平与效率：资产证券化的税收政策取向》，《财经科学》2007 年第 6 期。

尹音频、杨欣彦：《中国证券市场超额税负或早已进入"拉弗禁区"》，《涉外税务》2008 年第 6 期。

尹音频、张昆明：《证券市场税收负担研究》，《光华财税年刊》2009 年。

尹音频、张昆明：《资本市场适度税负的研究与思考》，《税务研究》2005 年第 10 期。

尹音频、张昆明：《资本市场税收负担计量研究》，《光华财税年刊》2005 年。

尹音频：《资本市场税收机制的理论分析》，《财经科学》2005 年第 2 期。

尹音频：《资本市场税制优化研究》，中国财政经济出版社 2006 年版。

于海峰：《完善我国证券市场税制的思考》，《中央财政金融学院学报》1994 年第 5 期。

于洪：《中国税负归宿研究》，上海财经大学出版社 2004 年版。

余甫功：《中国资本市场制度分析与机制研究》，中国财政经济出版社 2001 年版。

苑新丽、张同青：《我国证券税制评析》，《福建税务》1998 年第 6 期。

［美］约瑟夫·斯蒂格利茨：《斯蒂格利茨经济学文集（第五卷：公共财政）》，纪沫、严焱、陈工文译，中国金融出版社 2007 年版。

［美］詹姆斯·M. 布坎南：《宪政的经济学阐释》，贾文华、任洪生译，中国社会科学出版社 2012 年版。

张兵、李晓明：《中国股票市场的渐进有效性研究》，《经济研究》2003

年第 1 期。

张东昌：《证券市场先行赔付制度的法律构造——以投资者保护基金为中心》，《证券市场导报》2015 年第 2 期。

张凤娜：《股票交易印花税税率调整对我国股市影响的实证分析》，《税务研究》2009 年第 7 期。

张辉、付广军：《证券交易税对证券市场和财政收入的影响分析》，《涉外税务》2010 年第 3 期。

张俊生：《权益资产定价中的股利所得税效应》，中国财政经济出版社 2007 年版。

张淼、邹晋：《印花税调整对我国股票市场影响的实证分析》，《地方财政研究》2008 年第 4 期。

张文国、童光法：《国外证券市场税收制度浅析》，《涉外税务》2000 年第 8 期。

张学政：《证券投资者保护的国际借鉴》，《中国金融》2014 年第 9 期。

张亦春、周颖刚：《中国股票市场：监控功能的缺陷与变革》，《管理世界》1999 年第 1 期。

张英：《我国证券市场税制问题研究》，《上海管理科学》2002 年第 6 期。

张育军：《中国证券市场监管能力和监管效率分析》，《证券市场导报》2003 年第 7 期。

赵尘、赵楠、牛忠江：《证券交易印花税单边征收对股市影响的实证研究》，《会计之友》（中旬刊）2009 年第 6 期。

赵自强、于国庆：《美国个人证券交易所得税改革历程及其经验借鉴》，《商业研究》2002 年第 8 期。

中国金融税制改革研究小组：《中国金融税制改革研究》，中国税务出版社 2004 年版。

钟素兰：《我国证券市场的税收制度优化策略》，《财会研究》2010 年第 3 期。

钟腾飞、解宏：《我国企业境外上市的税收策略》，《税务研究》2014 年第 2 期。

钟伟、李娜:《我国证券业税收制度初探》,《税务研究》2003 年第 9 期。

衷晟:《实施 QDII 和 QFII 的影响的比较分析》,《金融与经济》2004 年第 8 期。

周海东:《我国证券税制评价及思考》,《福建税务》2000 年第 3 期。

周宏:《中国资本市场风险与收益研究》,东北财经大学出版社 2007 年版。

周文斌、姚长辉:《关于边际税率与我国金融债券市场效率的实证分析》,《经济科学》2008 年第 1 期。

周战强:《行为金融理论与应用》,清华大学出版社 2004 年版。

朱庆民:《发展中国家的资本利得课税及其启示》,《税务研究》1998 年第 5 期。

邹杰、许存格、王磊:《印花税调整对我国股市的影响——基于两次印花税税率调整的事件研究》,《财会通讯》2009 年第 24 期。

Abu Nurudeen, "Does Stock Market Development Raise Economic Growth: Evidence from Nigeria", *The Review of Finance and Banking*, 2009, 1 (1): 15 – 26.

Akindayomi, Akinloye and Warsame, Hussein, "Effects of Capital Gains Taxation Changes on Stock Prices: Evidence from the February 2000 Canadian Budget", *Accounting Perspectives*, 2007, 6 (4): 369 – 387.

Alaeddin Mofidi and Joe A. Stone, "Do State and Local Taxes Affect Economic Growth?" *The Review of Economics and Statistics*, 1990, 72 (4): 686 – 691.

Amihud, Yakov, and Haim Mendelson, "Transaction Taxes and Stock Values", in Lehn, Kenneth, and Robert W. Kamphius, Jr., eds., *Modernizing US Securities Regulations*, Irwin Professional Publishing, Burr Ridge, IL, 1992.

Andrew B. Abel, "Optimal Capital Income Taxation", NBER Working Paper No. 13354, JEL No. E62, H21, 2007.

Andy Naranjo, M. Nimalendran, and Mike Ryngaert, "Stock Returns, Dividend Yields, and Taxes", *The Journal of Finance*, 1998, LIII (6).

Arin, K. Peren, Abdullah Mamun and Nanda Purushothman, "The Effects of Tax Policy on Financial Markets: G3 Evidence", *Review of Financial Economics*, 2009, 18: 33 – 46.

Arrow, K. J., *Social Choice and Individual Values*, Wiley, New York, 1951.

Auten, Gerald, and Thornton Matheson, "The Market Impact and Incidence of a Securities Transaction Tax: The Case of the US SEC Levy", Paper Presented at the 103rd Annual Conference of the National Tax Association, Chicago, IL, 2010.

Avanidhar Subrahmanyam, "Transaction Taxes and Financial Market Equilibrium", *The Journal of Business*, 1998, 71 (1): 81 – 118.

Baily, Martin Neil, and Douglas J. Elliott, "The Role of Finance in the Economy: Implications for Structural Reform of the Financial Sector", Brookings Institution, Washington, DC, http://www.brookings.edu/-/media/research/files/papers/2013/07/11-finance-role-in-economybaily-elliott/11-finance-role-in-economy-baily-elliott.pdf, 2013.

Baker, Dean, and Helene Jorgensen, "The Relationship between Financial Transactions Costs and Economic Growth", Issue Paper, Center For Economic and Policy Research, Washington, DC, 2012.

Baker, Dean, Robert Pollin, Travis McArthur, and Matt Sherman, "The Potential Revenue from Financial Transactions Taxes", Joint Working Paper No. 212, Center For Economic and Policy Research, Washington, DC, and Political Economy Research Institute, Amherst, MA, 2009.

Baker, Dean, "The Benefits of a Financial Transaction Tax", Center for Economic and Policy Research, Washington, DC, 2008.

Baltagi, Badi H., Dong Li, and Qi Li, "Transaction Tax and Stock Market Behavior: Evidence from an Emerging Market", *Empirical Eco-*

*nomics*, 2006, 31 (2): 393 – 408.

Basak, Suleyman, Gallmeyer, Michael, "Capital Market Equilibrium with Differential Taxation", *European Finance Review*, 2003, 7: 121 – 159.

Ben Amoako-Adu, M. Rashid, M. Stebbins, "Capital Gains Tax and Equity Values: Empirical Test of Stock Price Reaction to the Introduction and Reduction of Capital Gains Tax Exemption", *Journal of Banking and Finance*, 1992, 16 (2): 275 – 287.

Beryl W. Sprinkel and B. Kenneth West, "Effects of Capital Gains Taxes on Investment Decisions", *Journal of Business*, 1962, 35: 122 – 134.

Bojan Ilievski, "Stock Markets and Tax Revenue", *Journal of Applied Finance & Banking*, 2015, 5 (3): 1 – 16.

Campbell, John Y., and Kenneth A. Froot, "International Experiences with Securities Transaction Taxes", in Frankel, Jeffrey A. ed., *The Internationalization of Equity Markets*, University of Chicago Press, Chicago, IL, 1994.

Charles C. Holt and John P. Shelton, "The Implications of the Capital Gains Tax for Investment Decisions", *Journal of Finance*, 1961, XVI: 559 – 580.

Chou, Robin K., and George H. K. Wang, "Transaction Tax and Market Quality of the Taiwan Stock Index Futures", *Journal of Futures Markets*, 2006, 26 (12): 1195 – 1216.

Claudio A. Agostini and Mariel C. Siravegna, "The Effect of the Capital Gains Tax Exemption on Stock Market Prices in Chile", *Revista de Análisis Económico*, 2014, 29 (2): 25 – 46.

Collins, J. and D. Kemsley, "Capital Gains and Dividend Taxes in Firm Valuation: Evidence of Triple Taxation", *The Accounting Review*, 2000, 75 (4): 405 – 427.

Constantinides, G., "Capital Market Equilibrium with Personal Tax", *Econometrica*, 1983, 51: 611 – 636.

David M. Cutler, "Tax Reform and the Stock Market: An Asset Price Approach", *American Economic Review*, 1988, 78 (5): 1107 – 1117.

David P. Baron and Robert Forsythe, "Uncertainty and the Theory of Tax Incidence in a Stock Market Economy", *International Economic Review*, 1981, 22 (3): 567 – 576.

Deng, Yongheng, Xin Liu, and Shang-Jin Wei, "One Fundamental and Two Taxes: When Does a Tobin Tax Reduce Financial Price Volatility?" NBER Working Paper 19974, National Bureau of Economic Research, Cambridge, MA, 2014.

Dupont, Dominique, and Gabriel Lee, "Effects of Securities Transaction Taxes on Depthand Bid-Ask Spread", *Economic Theory*, 2007, 31 (2): 393 – 400.

Dyl, E., "Capital Gains Taxation and Year-End Stock Market Behavior", *The Journal of Finance*, March 1977: 165 – 175.

Eichner, M. and T. Sinai, "Capital Gains Tax Realizations and Tax Rates: New Evidence from Time Series", *National Tax Journal*, 2002, 53 (3): 663 – 681.

Ericsson, J., and R. Lindgren, "Transaction Taxes and Trading Volume on Stock Exchanges: An International Comparison", Working Paper 39, Stockholm School of Economics, Stockholm, Sweden, 1992.

Gene Amromin, Paul Harrison, and Steven Sharpe, "How Did the 2003 Dividend Tax Cut Affect Stock Prices?" *Financial Management*, Winter, 2008: 625 – 646.

Gerald W. Scully, *Tax Rate, Tax Revenues and Economic Growth*, Policy Report No. 98, National Center forPolicy Analysis, Dallas, 1991.

Grundfest, Josegh A. and Shoven, John B., "Adverse Implications of a Securities Transactions Excise Tax", *Journal of Accounting Auditing and Finance*, 1991, 6 (4): 409 – 420.

Gunther Capelle-Blancard, Olena Havrylchyk, "The Impact of the French Securities Transaction Tax on Market Liquidity and Volatility", *International Review of Financial Analysis*, July 2016: 6425 – 6461.

Haferkorn, Martin, and Kai Zimmermann, "Securities Transaction Tax and Market Quality: The Case of France", Working Paper, Goethe University, Frankfurt, Germany, 2013.

Henderson, Yolanda K., "Capital Gains Tax Rates and Stock Market Volume", *National Tax Journal*, 1990, 43 (4): 411 –425.

Hongquan Lia, Mengyun Tang, Wei Shang, Shouyang Wang, Securities Transaction Tax and Stock Market Behavior in an Agent-Based Financial Market Model", *Procedia Computer Science*, 2013, 18: 1764 – 1773.

Huston, G. Ryan and Thomas J. Smith, "The Impact of Tax Incentives on the Choice to Hold Shares Acquired from Employee Stock Option Exercises", *Journal of the American Taxation Association*, 2012, 34 (2): 67 –91.

H. Nejat Seyhun and Douglas J. Skinner, "How Do Taxes Affect Investors' Stock Market Realizations? Evidence from Tax-Return Panel Data", *The Journal of Business*, 1994, 67 (2): 231 –262.

James M. Poterba and Lawrence H. Summers, "The Economic Effects of Dividend Taxation", NBER Working Paper No. 1353, 1984.

Jane G. Gravelle, "Effects of Dividend Relief on Economic Growth, the Stock Market, and Corporate Tax Preferences", *National Tax Journal*, 2003, LVI (3).

Jeff Whitworth and Ramesh P. Rao, "Do Tax Law Changes Influence Ex-Dividend Stock Price Behavior? Evidence from 1926 to 2005", *Financial Management*, 2010, 39 (1): 419 –445.

Jeffrefe E. Horvitz and Jarrod W. Wilcox, "Tax Management of Stock Portfolios", *The Journal of Investing*, Spring 2005: 83 –89.

Jennifer L. Blouin, Jana Smith Raedy and Douglas A. Shackelford, "Capital Gains Taxes and Equity Trading: Empirical Evidence", *Journal of Accounting Research*, 2003, 41 (4): 611 –651.

Jerald R. Gober and Jane O. Burns, "The Relationship between Tax Structures and Economic Indicators", *Journal of International Accounting*,

Auditing and Taxation, 1997, 6 (1): 1 – 24.

Keynes, John Maynard, *The General Theory of Employment, Interest, and Money*, 2007 Edition, Palgrave Macmillan, New York, NY, 1936.

Kupiec, P. H., "A Security Transaction Tax and Capital Market Efficiency", *Contemporary Economics Policy*, 1995, 13: 101 – 112.

Kupiec, P. H., "Noise Trader, Excess Volatility and a Securities Transactions Tax", *Journal of Financial Service Research*, 1996 (10): 115 – 129.

Leonard E. Burman, William G. Gale, Sarah Gault, Bryan Kim, Jim Nunns, and Steve Rosenthal, "Financial Transaction Taxes in Theory and Practice", *National Tax Journal*, 2016, 69 (1): 171 – 216.

Mark Foster, Larry White, Michael T. Young, "Capital Gains, Dividends, and Taxes: Market Reactions to Tax Changes", *Academy of Accounting and Financial Studies Journal*, 2007, 11 (1): 9 – 23.

Mark H. Lang and Douglas A. Shackelford, "Capitalization of Capital Gains Taxes: Evidence from Stock Price Reactions to the 1997 Rate Reduction", *Journal of Public Economics*, 2000, 76 (1): 69 – 85.

Martin David, "Economic Effects of the Capital Gains Tax", *American Economic Review*, 1964, IX: 288 – 299.

Martin Feldstein, "Inflation, Tax Rules and the Stock Market", *Journal of Monetary Economics*, 1980, 6: 309 – 331.

Merle M. Erickson and Edward L. Maydew, "Implicit Taxes in High Dividend Yield Stocks", *The Accounting Review*, 1998, 73 (4): 435 – 458.

Merton H. Miller and Myron S. Scholes, "Dividends and Taxes: Some Empirical Evidence", *Journal of Politicat Economy*, 1982, 90 (6): 1118 – 1141.

Modigliani, Franco and Miller, Merton H., "Corporation Income Taxes and the Cost of Capital: A Correction", *American Economic Review*, 1963, 53 (3): 433 – 443.

Modigliani, Franco and Miller, Merton H., "The Cost of Capital, Corporation Finance, and the Theory of Investment", *American Economic Review*, 1958, 48 (3): 261-297.

Na Wang, Dong Li, "Impact of the Securities Transaction Tax on Stock Markets", *The Chinese Economy*, 2012, 45 (5): 26-49.

Pastor, L., and R. Stambaugh, "Liquidity Risk and Expected Stock Returns", *Journal of Political Economy*, 2003, 111 (3): 642-685.

Paul H. Kupiec, "Noise Traders, Excess Volatility, and a Securities Transactions Tax", *Journal of Financial Services Research*, 1996, 10: 115-129.

Reinhard B. Koester and Roger C. Kormendi, "Taxation Aggregate Activity and Economic Growth: Cross-Country Evidence on Some Supply-Side Hypotheses", *Economic Inquiry*, 1989, 27 (3): 367-386.

Robert A. Haugen and Dean W. Wichern, "The Diametric Effects of the Capital Gains Tax on the Stability of Stock Prices", *Journal of Finance*, 1973, XXVII: 987-996.

Robert F. Gemmill, "The Effect of the Capital Gains Tax on Asset Prices", *National Tax Journal*, 1956, IX: 289-301.

Robert H. Litzenberger, "The Effect of Personal Taxes and Dividends on Capital Asset Prices-Theory and Empirical Evidence", *Journal of Financlal Economics*, 1979, 7: 163-195.

Robert M. Dammon and Chester S. Spatt, "The Optimal Trading and Pricing of Securities with Asymmetric Capital Gains Taxes andTransacton Costs", *The Review of Financial Studies*, 1996, 9 (3): 921-952.

Ross Levine, "Stock Markets, Growth, and Tax Policy", *The Journal of Finance*, 1991, 46 (4): 1445-1465.

R. Levine, and S. Zervos, "Stock Market Development and Long-Run Growth", The World Bank, 1996.

R. Levine, "Finance and Growth: Theory and Evidence", *in Handbook of Economic Growth*, 1A, 2005: 865-934.

R. Levine, "Stock Markets, Growth, and Tax Policy", *The Journal of Finance*, 1991: 1445 – 1465.

Shing-Yang Hu, "The Effects of the Stock Transaction Tax on the Stock Market-Experiences from Asian Markets", *Pacific-Basin Finance Journal*, 1998, 6: 347 – 364.

Steven R. Umlauf, "Transaction Taxes and the Behavior of the Swedish Stock Market", *Journal of Financial Economics*, 1993, 33 (2): 227 – 240.

Stiglitz, Joseph E., "Using Tax Policy to Curb Speculative Short-Term Trading", *Journal of Financial Services Research*, 1989, 3 (2 – 3): 101 – 115.

Stuart Landon and Constance Smith, "Taxation and Bond Market Investment Strategies: Evidence from the Market for Government of Canada Bonds", MPRA Working Paper, No. 9959, Posted 11, August, 2008.

Summers, Lawrence H., and Victoria P. Summers, "When Financial Markets Work Too Well: A Cautious Case for a Securities Transactions Tax", *Journal of Financial Services Research*, 1989, 3 (2): 261 – 286.

Thomas Downs and Patric H. Hendershott, "Tax Policy and Stock Prices", NBER Working Paper No. 2094, December, 1986.

Tobin, James, "A Proposal for International Monetary Reform", *Eastern Economic Journal*, 1978, 4 (3 – 4): 153 – 159.

T. Baunsgaard, and M. Keen, "Tax Revenue and (or?) Trade Liberalization", *Journal of Public Economics*, 2010: 563 – 577.

V. Tanzi, and H. Zee, "Tax Policy for Emerging Markets: Developing Countries", *National Tax Journal*, 2000: 299 – 322.

William A. Reese, Jr., "Capital Gains Taxation and Stock Market Activity: Evidence from IPOs", *The Journal of Finance*, 1998, 53 (5): 1799 – 1819.

William T. Bogart and William M. Gentry, "Capital Gains Taxes and Realizations: Evidence from Interstate Comparisons", *The Review of Economics and Statistics*, 1995, 77 (2): 267 – 282.

Zhonglan Dai, Douglas A. Shackelford, and Harold H. Zhang, "Capital Gains Taxes and Stock Return Volatility", *Journal of the American Taxation Association*, 2010, 35 (2): 1 – 31.

Zhonglan Dai, Edward Maydew, Douglas A. Shackelford and Harold H. Zhang, "Capital Gains Taxes and Asset Prices: Capitalization or Lock-in?" *The Journal of Finance*, 2008, 63 (2): 709 – 742.